汉语教学与研究论丛

主　　编　刘晓天
执行主编　林秀琴
编　　委　惠天罡　付玉萍　王晓君
　　　　　王春辉　杨玉玲　杨　桦

首都师范大学出版社
CAPITAL NORMAL UNIVERSITY PRESS

图书在版编目(CIP)数据

汉语教学与研究论丛/刘晓天主编. 一北京：首都师范大学出版社，2011.6

ISBN 978-7-5656-0428-7

Ⅰ.①汉… Ⅱ.①刘… Ⅲ.①对外汉语教学一教学研究一文集 Ⅳ.①H195-53

中国版本图书馆 CIP 数据核字(2011)第 121292 号

HANYU JIAOXUE YU YANJIU LUNCONG

汉语教学与研究论丛

主编　刘晓天

执行主编　林秀琴

首都师范大学出版社出版发行
地　址　北京西三环北路 105 号
邮　编　100048
电　话　68418523(总编室)　68982468(发行部)
网　址　www.cnupn.com.cn
三河市富华印装厂 印刷
全国新华书店发行
版　次　2011 年 7 月第 1 版
印　次　2011 年 7 月第 1 次印刷
开　本　787mm×1092mm　1/16
印　张　19.75
字　数　343 千
定　价　40.00 元

目　录

前言 ………………………………………………………………………… (1)

第一部分　对外汉语教学研究

从对外汉语教学到汉语国际教育 ……………………… 刘　壮　阎　彤(3)
对基础阶段对外汉语教学听力训练的思考 …………………… 成　文(15)
对外汉语教学界课堂提问研究综述 ………………………… 王环宇(24)
浅谈多媒体在对外汉语教学中的应用 ………………………… 郭冰珂(32)
美国学生汉字识别的主要特点 ……………………………… 吴晓春(35)
尝试汉语口语课任务式教学
——以《汉语口语速成(提高篇)》教学为例 ………………… 阎　彤(45)
建构主义理论在对外汉语教学与学习中的应用 ……………… 沙　杰(50)
汉语作为第二语言课堂中的教师角色分析 …………………… 吕玉兰(54)
案例教学法在商务汉语教学中的应用 ………………………… 姜国权(62)
论对外汉语教学中的情感因素 ……………………………… 郝云龙(68)
论对外汉语课堂语汇教学的方法 …………………………… 胡秀春(75)
浅谈外来词的转化和在教学中的处理
——从"伊妹儿"说起 ……………………………………… 杨　桦(82)
试论汉语环境下的汉语教学侧重点
——一项关于口语与书面语的调查 ……………… 柯　航　王晓君(90)
新 HSK 与 HSK 主要区别之简析 ………………………………… 逄　岱(98)
关于目前对外汉语教学的测评方式的思考 …………………… 丁　洁(103)
高级汉语综合课生词听写的时机、频率与学习效果的调查 …… 刘　彤(114)
论对外汉语教学中的听写机制 ……………………………… 戴雪梅(126)
汉英语句结构差异对比及对外汉语教学 ……………………… 聂建军(136)
第二语言词汇测试浅述 ……………………………………… 任春艳(142)

谈谈口语课教学中的话题 …………………………………………………… 涛　亚(148)
俄罗斯汉语推广的新起点
——俄罗斯圣彼得堡大学孔子学院 …………………………………… 王　进(152)
中级汉语教材主课文的编写 ………………………………………………… 陈雪竹(158)
眼动研究与汉语二语习得 …………………………………………………… 付玉萍(163)
汉语国际教育硕士专业文化课教学初探 …………………………………… 詹　颂(169)
汉语口语词汇学习的必要性
——兼谈急需挽救的汉语口语字汇 …………………………………… 杨武元(174)

第二部分　汉语本体研究

古代汉语特殊语序的两个问题 ……………………………………………… 王春辉(185)
“S当 NP_1NP_2”句式简析 ………………………………………………… 孙红玲(193)
“颜色”的语义发展 …………………………………………………………… 李俊红(200)
汉语“名物化”问题研究述评 ……………………………………………… 曹　娟(205)
说“最爱” ……………………………………………………………………… 应晨锦(216)
四字骈语浅析 ………………………………………………………………… 刘　进(222)
体范畴和汉语进行体范畴研究述评 ………………………………………… 梁德惠(229)

第三部分　语言理论与语用研究

“再说”的话语功能 …………………………………………………………… 李秉震(243)
“陌生”话语　“民间”叙述　“狂欢”表达
——谈阎连科小说的语言特色 ………………………………………… 竺　燕(250)
“X族”类词在中日韩三国语言中的使用及文化意义比较 ………………… 申慧淑(258)
国外礼貌理论研究概述 ……………………………………… 樊青杰　白欣艳(267)
略论网络语言的交际色彩 …………………………………………………… 惠天罡(272)
“雷”语流行及其理据 ………………………………………………………… 杨玉玲(281)
宋代“说话”业产生的社会背景 ……………………………………………… 李启洁(287)
副词“都”的会话含义分析
——兼论新格莱斯原则在汉语作为第二语言教学中的运用
……………………………………………………………………………… 卫　斓(299)

前言

科研兴院如今已成为教育界的共识，通过科研锻炼教师队伍，提高教师素质，是振兴学院师资建设和学科建设的重要途径之一，首都师范大学国际文化学院一直非常重视师资队伍的建设，我们深信，师资是我们学院得以壮大的重要保证，所以我们不定期地请国内外本学科的专家、学者来我院交流，我们还定期地开展学术论文研讨会，目的有二：一是督促教师不忘科研，营造开放、积极的科研氛围；二是给教师们提供互相分享新见、心得，彼此交流思想、感情的各种机会，以形成全面进步、提高的“攀升效应”。作为高校的教师，传道、授业、解惑是应尽的义务，积极、努力地推进本学科的建设，提升自我的理论素养和研究能力，以更好地指导教学工作，则是我们每个教师的责任。

虽然平时的教学任务较为繁重，但是我院教师在教学之余不忘关注国内外的语言学及教学研究动态，不忘及时更新自身的知识结构，全面提高科研水平。2010 年深秋，我院召开了为期两天的“语言教学与研究”论文研讨会，会上宣读的论文是我院教师在平时的辛勤耕耘中取得的成果，代表着我院的科研水平。许多论文角度新颖，论证精辟，分析透彻，具有较高的学术参考价值。从研究内容上看，论文所涉及的领域较宽，研究视角趋于多样化。有语言本体方面的研究，也有语言理论方面的研究，同时也不乏结合具体的语言现象和事实进行语言学阐释的语用研究，数量最多的是对外汉语教学方面的研究文章，此类文章有从课程设置方面着手研究的，有从测试评估方面入手探讨的，有从编写、设计教材方面提出新见的，有从学生习得规律、特点及策略方面深入研究的，还有很多是从教学方法、技巧方面展开讨论的。以上提交的论文证明了我院教师的科研能力，也反映了我院良好的科研氛围。

我们把研讨会上提交的论文进行了整理，形成了现在的论文集，出版这本论文集既是一个阶段性的总结，也是一种勉励，希望我们学院的老师再接再厉，继续及时关注国内外的研究动态，撰写出数量更多、水平更高的科研论文，为我院的学科建设做出更大的贡献！

编　者

2010 年 11 月 12 日

第一部分
对外汉语教学研究

从对外汉语教学到汉语国际教育

刘 壮 阎 彤

提 要 对外汉语教学和汉语国际教育是学科概念，而汉语国际推广是扩大我国对外开放的战略举措。对外汉语教学由两属性、三要素构成，学科框架包括四个层面。汉语国际教育从以往主要对外国留学生的汉语教学发展到了对海外(或来自海外)的第一语言非汉语者的汉语教育，包含了文化传播；学科要素从国内视角发展到国际视野。这些发展，体现了我国的语言政策。

关键词 语言政策 学科框架 文化传播 国际性

一、引言

对外汉语教学主要是对外国留学生的汉语教学。汉语国际教育指对海外(或来自海外)的第一语言非汉语者的汉语教育。这是两个学科，与外语教学同属第二语言教学范畴。汉语国际推广是扩大我国对外开放的战略举措。

二、对外汉语教学

(一)对外汉语教学是一个学科

对外汉语教学至少可追溯到汉代，当时就有异域向汉朝派遣留学生。而教授外国人学习现代汉语，可上溯到20世纪20年代。1922—1924年，赵元任先生在哈佛大学讲授汉语；1922年，上海商务印书馆出版了赵元任《国语留声片课本》(赵新娜、黄培云，1998：116～124)。Halliday的学术活动是从研究汉语开始的(胡壮麟等，2005：6～48)。1947—1950年，他在北京大学师从罗常培先生、在岭南大学师从王力先生。《“元朝秘史”汉译本的语言》(博士论文，1955)和《现代汉语语法范畴》(1956)，是他汉语研究的代表作。

对外汉语教学，《中国大百科全书·语言文字》定义为“对外国人的汉语教学”；在东南亚称“华文(语)教学”；在日、韩称“中国语教学”；在美国称“中文教学”。从1950年7月清华大学成立新中国第一个对外汉语教学机构“东欧交换生中国语文专修班”到2010年7月，恰好60年。

对外汉语教学成为独立的学科，始于1978年3月中国社会科学院召开的北京地区语言学科规划座谈会，第一次提出“要把对外国人的汉语教学作为一个专门的学科来研究”(孟琮，1978：78)。1984年12月，教育部长何东昌(1989：9)在外国留学生工作会议的报告中指出：“多年的事实证明，对外汉语教学已发展成为一门新的学科。”1987年，世界汉语教学学会成立，《世界汉语教学》创刊。

对外汉语教学作为一个学科，有两属性、三要素：“汉语是学科的本体属性，是学科构成的第一要素。对外教学是学科的应用属性，‘对外’是学科构成的第二要素，‘教学’是学科构成的第三要素。”(邢福义，1996，引自张德鑫，2000：49～59)对外汉语教学作为学科，包括两个方面。一方面是外国人来华学习汉语，包括“汉语言”本科(专业代码050102)、长期进修、短期培训。另一方面是中国学生学习对外汉语教学专业，包括“对外汉语”本科(专业代码050103)和二级学科“语言学及应用语言学”下的“对外汉语教学”方向的硕士、博士研究生。

(二)对外汉语教学的学科框架

对外汉语教学的学科框架由四个层面构成：本体论、认识论、方法论、工具论(赵金铭，2001：3～11)。理论基础包括语言学(心理语言学、社会语言学、人类语言学等)、心理学、教育学、现代教育技术，及跨文化交际、认知科学等。

第一是本体论，要研究把汉语中的什么教给把汉语作为第二语言的学习者。即：教什么？

20世纪90年代国家汉办主持制订的两个纲领性文件，确定了对外汉语教学的三等、四级、五层次体系。首先是三等：《汉语水平等级标准与语法等级大纲》(1996)的框架包括初等水平(含一、二级)、中等水平(三级)、高等水平(含四、五级)，内容是从话题内容、语言范围、言语能力对各等级进行描述，并对听、说、读、写及译的长度、速度、准确率等进行界定。其次是四级：《汉语水平等级标准与语法等级大纲》(1996)和《汉语水平词汇与汉字等级大纲》(1992)归纳了1168个语法项/点、8822个词汇、2905个汉字，划分为甲乙丙丁四级。其中，甲级语法、词汇、汉字对应初等水平一级，乙级对应初等水平二级，丙级对应中等水平，丁级对应高等水平的四级和五级。再次是五层次，即：语素、词类、词组、句子、句群。

王力先生(1954：六～七)指出：“一切语法上的规律，对于本国人，至多只是‘习而不察’的，并不是尚待学习的”；“本国人觉得平平无奇，而外国人读了，觉得是很特别的，那么正是极值得叙述的地方。”

例如“把”字句，在我们接触到的外语中还没有发现相应的语言形式。对于“把”字句的语法规则，国内高校中文专业使用较多的黄伯荣、廖序东主编的《现代汉语》(2002：122～124)归纳为：是在谓语动词前头用介词“把”引出受事、对受事加以处置的一种主动句，又叫处置式，指谓语动词所表示的动作对“把”字引出的受事施加影响，使它产生某种结果，发生某种变化，或处于某种状态；用介词“把”介引的词语，不宜理解分析为动词的宾语提前或“前置宾语”。吕叔湘先生主编的《现代汉语八百词》(1999：53～56)，解释了“把”字的5种用法：处置，如“把信交了”；致使，如“把嗓子喊哑了”；处所或范围，如“把东城西城都跑遍了”；发生不如意的事情，如“偏偏把老李给病了”；拿、对，如“我把他没办法”。专为对外汉语教师编写的《实用现代汉语语法》(2001：731～753)，解释了“把”字与宾语、补语、状语、“了”“着”、动词重叠等关系。沈家煊先生(2002：387～399)提出了“把”字句“主观处置”的语法意义。

尽管二语学习者在初学汉语时就接触到了“把”字句——《汉语水平等级标准与语法等级大纲》(1996：56)甲级129项/点中包括了“把”字句——但是，在使用时常常出现偏误，例如“我把北京去过两次”、“我努力把他拉”、“他昨天把书买”等。“把”字句一直是对外汉语教学“难点中的难点”(吕必松，1992：113)，甚至成为“中外汉语学界的热门话题”，因为外国人“要么不用‘把’字句，要么一用就错”(吕文华，1994：174)。

然而，对“把”字句进行的最新研究(张宝林，2010：263～277)，提供的统计数据值得我们深思。首先，汉语作为第二语言的学习者400万字语料库中有3682个“把”字句，使用率为0.092%，比汉语为母语者还高0.026‰[①]。其次，在3682个“把”字句里，偏误句只有461个，占总数的12.52%。再次，偏误分为三种类型：一是泛化，即不该用“把”字却使用了，占34.92%；二是回避，即该用“把”字而没有用，占35.79%；三是该用“把”字并且使用了，却出现了其他错误，占29.28%。这提示我们在研究“教什么”时有必要更深入地思考：对外汉语教学确实存在着教学难点，但正如新中国成立后第一位到国外讲授汉语的朱德熙先生(1989：8～10)指出的：“上课许多问题说不清楚，是因为基础研究不够”；“对外汉语教学必须依靠汉语研究，否则会变成无源之水，无本之木。”

第二是认识论，要研究二语学习者习得汉语的过程和机制。即：如何学？

国际二语习得研究形成于上世纪六七十年代[②]；40年来，对语言习得机制、偏误分析、中介语、语言监控假说、创造性建构假说、第二语言习得顺序等，进行了大量研究。例如，为了探索是否存在着普遍的语言习得机制，研究者们考察了习得英语语素的过程，关注：习得第二语言规则是否存在着先后顺序？习得某个特定的语言规则是否存在着固定的顺序？考察内容包括英语的复数-s、进行时-ing、系动词be、冠词the/a、单数第三人称-s、所有格's等。考察对象包括母语为英语的儿童、母语为西班牙语的儿童、母语为西班牙语和母语为汉语的儿童、母语为西班牙语和母语非西班牙语的成人等。不过，国外的二语习得研究主要以印欧语言为基础，而汉语的语音、词汇、语法、文字及其文化负载有自身的规律。例如，汉语不存在复数-s、进行时-ing等形态变化，考察英语作为第二语言的习得顺序并不能推及汉语。

尽管我国开始进行二语习得研究[③]比国外晚10多年，但二语习得研究在对外汉语教学的学科框架中是不可或缺的。我们需要把汉语作为第二语言的学习者的"中介语"系统作为研究对象，描述并解释习得过程和机制。例如前文所列"把"字句的偏误句，我们可以根据偏误率鉴别出这是偏误而非失误。而且，由于外语中没有类似的形式，我们可以认为"把"字句是现代汉语最有特色的句式之一，出现这种偏误是汉语作为第二语言的学习者所特有的，由此，可以判断出这种偏误并不是二语学习者母语的负迁移，属于语内偏误而不是语际偏误。进而，我们需要探索二语学习者出现偏误的心理过程。

第三是方法论，要研究怎样把汉语教给二语学习者。即：怎样教？

国际第二语言教学经历了语法一翻译法、直接法、听说法、交际法、任务式教学法等主要教学法。汉语作为第二语言的教学法，早期如赵元任先生主张直接法(也称自然法，提倡参照母语习得)，提出"目见不如耳闻"、"耳闻不如口读"，因为"儿童学习任何语言或方言最快，就是通过耳闻口说迅速熟练掌握过来的"；同时，重视意音文字不同于表音文字，提出"通过认识方块汉字来学习中文及语言""对于外国人尤其困难"(赵新娜、黄培云，1998：119)。40年代，赵元任先生在哈佛大学主持"军队特别训练班中文部"[④]，"采用听说法和直接法，想方设法让学生跟所学语言多接触，多听多说"(赵新那、黄培云，1998：268)。其教学效果是"在半年中所有学生虽然有好的有次的，但都能说很好的中国话"(杨步伟，1999：340～341)。

到90年代，对外汉语教学界提出："目前我国流行的对外汉语教学模式是在80年代中期定型的，它反映的是60－70年代国际语言教学的认识水平，而近30年来的国内外语言学、第二语言教学、语言心理学、语言习得研究、语言认知等方面的成果，未能吸收到目前的教学模式中来。”(刘珣，2000：406)

对外汉语教学法的现状，可归纳为：1)结构与功能相结合的教学法，即引入功能意念概念和交际概念，寻求结构与功能的有机结合；2)结构、功能与文化相结合的教学法，指在注重语言结构和交际功能的基础上，揭示语言交际中的文化因素，培养文化意识；3)教与学结合的教学法，即从以教师、教学为中心向以学生、学习活动为中心或重点转移；4)科学综合的教学法，指结构、意义、功能、情景、文化的综合，综合课与技能课的综合，各技能之间的综合(马箭飞，2004：115～118)。

近年来，制订语言能力标准成为国际语言教学的发展趋势(American Council for the Teaching of Foreign Language，1983/1985；Higgs，1984；van Ek & Trim，1991、1991、1997；National Standards in Foreign Language Education Project，1999；Citizenship and Immigration Canada，2000；North，2000；Wylie，2002；The Council of Europe，2003；韩宝成，2006：443～450；杨惠中、桂诗春，2007：34～37、64)。同时，任务式语言教学(Task-based Language Teaching)和任务式语言测试(Task-based Language Assessment)在欧美盛行，国际第二语言教学界认为“20世纪末，在应用语言学上可被称为‘任务时代’”(Johnson，2001：195)。我国教育部制订的《英语课程标准》(2001：2)提出：“以学生‘能够做某事’具体描述各级别的要求”；“倡导任务型的教学模式。”对外汉语教学界也提出“研究工作应紧紧围绕‘怎样在尽可能短的时间里让外国学生尽快学好汉语’”(陆俭明，1999：封二)；主张与国际语言教学的发展前沿接轨(刘壮等，2007：118～125、2008：58～66；白乐桑、张丽，2008：58～72)；评价任务式教学法为“目前处于主流地位的世界第二语言教学法”，并从汉语和汉字的特点出发，系统探讨了汉语综合教学法(赵金铭，2008：93～107、2010：243～254)。国家汉办制订的《国际汉语能力标准》(2007：Ⅲ)也提出：“以‘能做某事’作为语言能力描述的出发点。”

第四是工具论，要研究现代教育技术、计算语言学等。

三、汉语国际推广

1987年成立的国家对外汉语教学领导小组办公室，于2006年3月更名为国家汉语国际推广领导小组办公室——现名孔子学院总部[5]。汉语国际推广并非学科概念，但表明了这一领域的深刻转变(许琳，2007：106～110)。一是发展战略，从对外汉语教学向全方位的汉语国际推广转变。二是工作重心，从将外国人“请进来”学汉语，向汉语加快“走出去”转变。三是推广理念，从专业汉语教学向大众化、普及型、应用型转变。四是推广机制，从教育系统内推进，向系统内外、政府民间、国内国外共同推进转变。五是推广模式，从政府行政主导为主，向政府推动的市场运作转变。六是教学方法，从纸质教材面授为主，向充分利用现代信息技术、多媒体网络教学为主转变。

语言战略是国家发展战略的有机组成部分(李宇明，2007：5～11)。纵观世界主要国家，大都十分重视推广本国的语言，把语言输出作为国家战略。The British Council(英国文化委员会)是由英国政府支持的语言推广机构，著名的IELTS(雅思考试)就是其语言推广项目之一。Alliance Francaise(法语联盟)成立于1883年，到2010年7月已在五大洲136个国家设立了1040个机构。以往的对外汉语教学，主要是对外国留学生的汉语教学。但是，随着我国经济的持续快速增长，汉语作为各国了解中国和与中国交往的工具在世界上越来越受重视，许多国家和地区要求学习汉语的人也越来越多。据《中国教育报》2005年7月21日报导，世界上通过各种方式学习汉语的人数已超过3000万。这种世界范围的对汉语的需求，为汉语加快走向世界提供了战略机遇和发展空间。上述“六大转变”，是扩大我国的对外开放、提高汉语的国际地位和国际竞争力、提高国家软实力和实现和平发展的战略举措。

四、汉语国际教育

2007年，国务院学位委员会批准设置汉语国际教育硕士专业学位。2008年，教育部决定汉语国际教育为二级学科(专业代码050180)。汉语国际教育指对海外(或来自海外)的第一语言非汉语者的汉语教育，其学科内涵的本质属性为第二语言教学，但外延扩展到了面向海外的汉语教育。这体现了国家的语言政策。

(一)从教学到教育

对外汉语教学学科构成的三要素之一是“教学”，而语言教育比语言教学更具文化涵义。

第二语言教学本身就包含了文化因素。因为，语言是文化的组成部分，而不同民族的语言所负载的民族文化是有差异的，培养二语学习者运用第二语言进行交际的能力包括跨文化交际能力。例如，国家汉办制订的《国际汉语教学通用课程大纲》共四个方面，其中之一就是文化意识。这"是培养学习者具备国际视野和多元文化意识，更得体地运用语言的必备要素"，"包括文化知识、文化理解、跨文化意识与国际视野"(2008：Ⅱ～Ⅳ)。再如，欧洲国家在2001年公布并于2003年修订的Common European Framework of Reference for Languages：learning，teaching，assessment(《欧洲语言共同参考框架：学习、教学、评估》)，重视语言使用中的社会文化因素，强调了社会规约，即："社会日常运转中通过语言实现的许多基本规范，涉及人的言谈举止、礼仪、辈分、性别、身份、社会团体等。"(2003：13～14)又如，1999年美国经修订公布的Standards for Foreign Language Learning in the 21st Century(《21世纪外语学习标准》)，其核心内容是以字母C开头的五个目标及11项标准，其中第二个目标是Cultures，指理解、体认多元文化。有3项标准：文化观念(perspectives)，指含义、态度、价值观等；文化习俗(practices)，指社会交往方式等；文化产物(products)，指书籍、音乐、游戏、食品等。把文化习俗、文化产物等社会文化现象都与深层的文化观念联系起来，以达到文化认知的目的。

从更深的层面看：语言是文化的载体；文化通过语言得到保存、延续，并在进行语言交流的同时得以传播。汉语国际教育包括了传播中华文化，反映了我国的语言政策。

一方面，语言文化交流不是输出价值观。据中新网2009年4月18日引美国《侨报》报导[6]，孔子学院总部总干事许琳在解答西方媒体宣称中国通过孔子学院等渠道对外进行文化渗透时，表示：中国希望世界人民能了解真正的中国，语言文化交流不是刻意宣传什么。

另一方面，语言负载着文化，在语言交流的同时势必进行文化传播。以相邻国家文字的发展为例。朝鲜半岛在15世纪前没有本民族文字，借用汉字记录朝鲜语。公元1443年，朝鲜世宗大王根据朝鲜语的音韵结构和汉语音韵学，主持创制了"训民正音"(훈민정음)，也称"谚文字母"，由音素字母组成音节方块，汉字仍配合使用。1972年韩国文教部公布了1800个常用"教育汉字"，作为中学教科书用字。日本在8世纪前借用汉字书写日语。公元759年《万叶集》开创了"万叶假名"，目前音节字母"假名"仍并用汉字。2001年日本文部科学省公布的《中学常用汉字表》，共1945个汉字。日本学者木村守(2006：195～197)统计了2001年的《朝日新闻》，数据显示1700个汉字

就覆盖了全年“新闻记事”的99%。文字类型学认为：文字分为自源和借源，后者指没有原创文字的民族往往借用其他民族已有的文字，而文字传播的规律是文字随着文化传播，即已有文字民族的文化被没有文字的民族认同，在文化传播中进行文字传播。再如汉语国际教育硕士专业核心课程之一的“中华文化与传播”。教学内容包括：中华文化的整体框架与总体特点；中国社会发展进程与重大史实；中国主要哲学思想与宗教文化；中国古典艺术精粹、民俗艺术与审美价值观；世界文明起源及其主要发展历程；世界主要哲学思想与宗教文化；当代中外文化发展现状与对比分析等。上述内容，旨在使学生兼备中外文化知识，掌握世界文明特别是中华文化精髓，通过对中外文化的对比分析与研究，寻找世界文化多元化的异同，特别是中外文化的融合相通之处。这有利于在汉语国际教育中传播中华文化。

(二)从国内到国际

从以往主要对外国留学生的汉语教学发展到当今对海外(或来自海外)的第一语言非汉语者的汉语教育，表明学科要素发生了变化：从国内视角发展到国际视野。

第一，汉语国际教育的国际性，体现在专业目标是培养国际汉语教师，以满足全球数千万人学习汉语的需求。对此，可结合孔子学院和汉语教师志愿者来认识。

海外第一所孔子学院建立于2004年11月。孔子学院是中外合作建立的非营利性教育机构，致力于适应世界各国(地区)人民对汉语学习的需要，增进世界各国(地区)人民对中国语言文化的了解，加强中国与世界各国教育文化交流合作，发展中国与外国的友好关系，促进世界多元文化发展，构建和谐世界。而此前，“汉语教师志愿者项目”已于2004年3月启动。即：适应世界汉语教学蓬勃发展的形势需要，发挥我国作为母语国的汉语人力资源优势，向世界有需求的国家提供汉语师资。到2010年7月，世界各地已建立了316所孔子学院和340个孔子课堂。到2008年年底，向五大洲派出的志愿者已有5000多名；仅2009年一年，就有2223名志愿者。这7000千多名志愿者服务于海外3000多所孔子学院和其他教育机构，为约300万名外国学生讲授汉语。汉语教师志愿者主要来源于汉语国际教育专业，部分来自外国本土⑦。

汉语国际教育是与国际汉语教师职业相衔接的专业学位，培养具有熟练的汉语作为第二语言教学技能和良好的文化传播技能、跨文化交际能力，适应汉语国际推广工作，胜任海外汉语作为第二语言教学多种教学任务的高层次、应用型、复合型、国际化专门人才。目前，全国有63所高校招收汉语国际教育专业硕士研究生。

汉语国际教育专业同时面向外国来华留学生。培养对象为热爱中国语言和文化、愿意从事国际汉语教学工作和中外友好往来、具有本科以上学历的外国学生。培养目标是：了解中国、理解中华文化，具有较熟练的中国语言文化教学技能和跨文化交际能力，胜任汉语教学任务的专门人才。

汉语国际教育专业还通过中外大学联合办学的方式，为国外汉语教学机构培养本土汉语教师。培养对象为国外大学中文专业三、四年级学生，在华培养周期为1—2年。培养目标是：能够独立、熟练地用汉语交流，掌握一定的汉语教学法，能胜任本国汉语教学工作。培养内容包括汉语本体知识、中国文化知识与才艺、汉语教学法、中外语言对比、跨文化交际等。

为此，国家汉办制订了《国际汉语教师标准》。这是对从事国际汉语教学工作的教师所应具备的知识、能力和素质的全面描述，旨在建立一套完善、科学、规范的教师标准体系，为国际汉语教师的培养、培训、能力评价和资格认证提供依据(2007：Ⅰ)。

第二，汉语国际教育的国际性，要求我们必须具有国际视野，在对外汉语教学的基础上进行新的学科建设。正如许嘉璐先生(2008，引自《世界汉语教学学会通讯》，2009)指出的："学科建设与汉语国际教育的发展形势不相匹配，即后者发展迅速，前者相对滞后。"我们应该了解世界语言、文化的多元性，尤其是海外的异质文化和海外文化传播的特点；应该了解海外不同区域、不同国别、不同需求、不同社会群体的汉语教学的多样性，了解海外汉语教学理论、教学理念、教学方法、教学模式、教学内容、教学测评等；应该研究国内与海外不同的语言环境、文化环境、社会环境中汉语教学的共性与个性；应该研究国际第二语言教学的前沿发展；应该借鉴发达国家的对外语言政策；应该与海外汉学(中国学)界共同创造良好的外部条件。总之，进行具有国际视野的学科建设，才能使汉语真正成为在世界上普遍教授的语言。对此，需专文讨论。

五、结语

从对外汉语教学发展到汉语国际教育，标志着学科地位在国家教育体系中的提升。汉语国际推广是我国的语言战略，是国家发展战略的有机组成部分。从宏观上看，这些发展体现了我国的语言政策。

附注

①对汉语为母语者335万字语料库（包括小说、戏剧、政经论文、新闻报导、人物专访、电视谈话、采访实录等）进行的统计显示，“把”字句的使用率为0．0894%（李宁，王小珊．“把”字句的语用功能调查[J]．汉语学习，2001(1)：55～62)。

②以两篇文章为标志：Corder，S. P. The Significance of Learners' Errors [J]. *International Review of Applied Linguistics in Language Teaching*，1967(5)：161～170；Selinker，L. “Interlanguage”[J]. *International Review of Applied Linguistics in Language Teaching*，1972(10)：209～232.

③始于两篇文章：胡文仲．语言习得与外语教学——评价Stephen D. Krashen关于外语教学的原则和设想[J]．外国语，2004(1)：1～7；鲁健骥．中介语理论与外国人学习汉语的语音偏误分析[J]．语言教学与研究，1984(3)：44～55.

④二战中，美国急需外语口语翻译人员去海外部队，根据Bloomfield等语言学家的意见制订了Army Specialized Training Program（军队特别培养计划）。哈佛大学开办的特别训练班中文部由赵元任先生主持。1948年，曾参与该计划的语言学家Fries等创办了*Language Learning*（《语言学习》），副标题是*A Quarterly Journal of Applied Linguistics*（《应用语言学季刊》）。1993年，副标题改为*A Journal of Research in Language Studies*.

⑤国务院办公厅2006年3月13日[2006] 17号文件：《转发教育部等部门关于加强汉语国际推广工作若干意见的通知》。

⑥http：//news. cnwest. com/content/2009－04/18/content_1980301. htm。

⑦“海外汉语教师志愿者”项目从2006年开始试行。即：通过在海外招募符合条件的外国公民、华人华侨、留学人员等从事汉语教学志愿服务，增加各国人民对中国语言文化的了解，增进中国与各国人民之间的相互交流和友谊。

参考文献

[1] American Council for the Teaching of Foreign Language. *ACTFL Proficiency Guidelines Revised* [S]. Hastings－on－Hudsonm，New York：ACTFL Material Center. 1983/1985.

[2] Citizenship and Immigration Canada. *Canadian Language Benchmarks* 2000：*English as a Second Language for Adults* [S]. 2000.

[3] Higgs，T. *Teaching for Proficiency*，*the Organizing Principle* [M]. Lincolnwood，IL：National Textbook Company. 1984.

[4] Johnson，K. *An Introduction to Foreign Language learning and Teaching* [M]. Harlow：Pearson Education Limited. 2001.（外语学习与教学导论[M]．北京：外语教学与研究出版社，2002）

[5] National Standards in Foreign Language Education Project. *Standards for Foreign*

Language Learning in the 21st *Century* [S]. Lawrence KS: Allen Press Inc. 1999.

[6] North, B. *The Development of a Common Framework Scale of Language Proficiency* [Z]. New York: Peter Lang. 2000.

[7] The Council of Europe. *Common European Framework of Reference for Languages: learning, teaching, assessment* [S]. Cambridge: Cambridge University Press. 2003.(欧洲语言共同参考架构：学习、教学、评估[S]. 北京：外语教学与研究出版社，2008)

[8] van Ek, J. A. & J. L. M. Trim. *Threshold Level* 1990 [M]. Strasbourg: Council of Europe. 1991.

[9] van Ek, J. A. & J. L. M. Trim. *Waystage* 1990 [M]. Strasbourg: Council of Europe. 1991.

[10] van Ek, J. A. & J. L. M. Trim. *Vantage Level* [M]. Strasbourg: Council of Europe; Cambridge: Cambridge University Press. 1997.

[11] Wylie, E. *An Overview of the International Second Language Proficiency Ratings* [M]. Griffith University: Center for Applied Linguistics and Languages. 2002.

[12] 白乐桑，张丽.《欧洲语言共同参考框架》新理念对汉语教学的启示与推动——处于抉择关头的汉语教学[J]. 世界汉语教学，2008(3)：58～72.

[13] 国家对外汉语教学领导小组办公室汉语水平考试部. 汉语水平词汇与汉字等级大纲[Z]. 北京：北京语言学院出版社，1992.

[14] 国家对外汉语教学领导小组办公室汉语水平考试部. 汉语水平等级标准与语法等级大纲[Z]. 北京：高等教育出版社，1996.

[15] 国家汉语国际推广领导小组办公室. 国际汉语能力标准[S]. 北京：外语教学与研究出版社，2007.

[17] 国家汉语国际推广领导小组办公室. 国际汉语教学通用课程大纲[Z]. 北京：外语教学与研究出版，2008.

[18] 韩宝成. 国外语言能力量表述评[J]. 外语教学与研究，2006(6)：443～450.

[19] 何东昌. 开创外国留学生工作的新局面[R]. 施光亨主编. 对外汉语教学是一门新型的学科[Z]. 北京：北京语言学院出版社，1989.

[20] 胡壮麟，朱永生，张德禄，李战子. 系统功能语言学概论[M]. 北京：北京大学出版社，2005.

[21] 黄伯荣，廖序东主编. 现代汉语(增订三版下册)[Z]. 北京：高等教育出版社，2002.

[22] 李宇明. 总结经验 开拓创新 努力促进“十一五”语言文字应用研究——在“国家语委‘十一五’科研工作会议”上的报告[R]. 语言文字应用，2007(1)：5～11.

[23] 刘珣. 对外汉语教育学引论[M]. 北京：北京语言大学出版社，2000.

[24] 刘月华，潘文娱，故韡. 实用现代汉语语法(增订本)[M]. 北京：商务印书

馆，2001.
[25] 刘壮，戴雪梅，阎彤，竺燕. 任务式教学法给对外汉语教学的启示[J]. 世界汉语教学，2007(2)：118～125.
[26] 刘壮，戴雪梅，竺燕，阎彤. 对任务式语言测试的探索[J]. 语言文字应用，2008(2)：58～66.
[27] 陆俭明. 卷首语[J]. 语言文字应用，1999(1)：封二.
[28] 吕必松. 华语学习讲义[Z]. 北京：北京语言学院出版社，1992.
[29] 吕叔湘主编. 现代汉语八百词(增订本)[M]. 北京：商务印书馆，1999.
[30] 吕文华. 对外汉语教学法探索[M]. 北京：北京语文出版社，1994.
[31] 马箭飞. 对外汉语教学法[M]. 赵金铭主编. 对外汉语教学概论·第四章，北京：商务印书馆，2004.
[32] 孟琮. 北京地区语言规划座谈会简况[Z]. 中国语文，1978：(1)：78.
[33] 木村守. 日本汉字教学情况[A]. 国际交流中的日本学研究——中日比较研究的新视点[C]. 北京：北京大学出版社，2006.
[34] 沈家煊. 如何处置"处置式"？——论把字句的主观性[J]. 中国语文，2002(5)：387～399.
[35] 世界汉语教学学会秘书处. 思想的碰撞 智慧的交融——记第九届国际汉语教学研讨会[Z]. 世界汉语教学学会通讯(试刊)，2009.
[36] 王力. 中国语法理论·导言[M]. 北京：中华书局，1954.
[37] 邢福义. 关于对外汉语教学的学科建设(1999 年 5 月 23 日致国家汉办函)[Z]. 引自张德鑫. 对外汉语教学五十年——世纪之交的回眸与思考[J]. 语言文字应用，2000(1)：49～59.
[38] 许琳. 汉语国际推广的形势和任务[J]. 世界汉语教学，2007(2)：106～110.
[39] 杨步伟. 杂记赵家[M]. 北京：中国文联出版社，1999.
[40] 杨惠中，桂诗春. 制订亚洲统一的英语语言能力等级量表[J]. 中国外语，2007(2)：34～37、64.
[41] 张宝林. 回避与泛化[J]. 世界汉语教学，2010(2)：263～277.
[42] 赵金铭. 对外汉语研究的基本框架[J]. 世界汉语教学，2001(3)：3～11.
[43] 赵金铭. 汉语作为第二语言教学：理念与模式[J]. 世界汉语教学，2008(1)：93～107.
[44] 赵金铭. 对外汉语教学法回视与再认识[J]. 世界汉语教学，2010(2)：243～254.
[45] 赵新娜，黄培云. 赵元任年谱[M]. 北京：商务印书馆，1998.
[46] 中华人民共和国教育部：普通高级中学英语课程标准(实验稿)[S]. 北京：北京师范大学出版社，2001.
[47] 朱德熙. 纪念《语言教学与研究》创刊 10 周年座谈会发言[R]. 语言教学与研究，1989(3)：8～28.

对基础阶段对外汉语教学听力训练的思考

成　文

提　要　对外汉语教学基础阶段的听力训练对学生的后续学习和提高将起到至关重要的作用。但因为在入门阶段学生的语言能力很低，听力训练困难重重。本文在反思以往教学实践的基础上，尝试理清这一阶段听力训练与其他并行科目的关系，应该遵循什么样的原则，训练的是什么，它所承担的任务是什么，以及阶段性训练的重点。

关键词　听力训练　目的　原则　任务　重点　图式理论

在语言学习和运用中，按照交际方式分类，听和说是口头交际，读和写是书面交际。从信息处理的过程分类，听和读是接收、解码的过程，是相对被动的；说和写是编码、表达的过程，是主动的。在交际过程中，接收、理解是编码、表达的基础和前提。因此，提高听力水平，突破听力难点，就成了语言教学基础阶段的重要任务之一。

听力过程是人的大脑通过听觉器官感知与理解的过程。声音是语言信息的载体之一，人类言语的声音对应着不同的意义，听力理解就是通过言语的声音去理解其所代表的意义，从中获取信息。听力教学应该以听为中心，并与说、读、写相结合，培养学生集中注意力、通过听觉获取信息的习惯，最终目的是建立目的语的思维逻辑和认知能力。当学生的听力得到发展时，他才能对其所学到的语言建立自信。

一、听力训练的目的、任务和原则

(一)听力训练的目的

从某种意义上说，语言学习实际上是一个让学习者“变得更聪明”的过程。这里并不是说在学习外语以前他们不聪明，我们要做的是让他们在目的语的领域，建立起一些针对目的语特点的新概念，培养起一些适应目的语特点的新习惯。专门的听力训练有其特殊的作用，是一般生活中和课堂上“听别人说话”所不能替代的。

听力训练的目的就是打听力基础，培养学生的听力反应能力，提高听力反应速度，建立由言语声音到其所代表意义的条件反射。使学生掌握听的策略、产生语感，并培养学生在听的过程中获取和处理信息的能力。

(二)听力训练的任务

有一部分学生，在学习过程中过于重视读和说，长期习惯于用视觉去接触语言，脱离了书本就变得反应迟钝，往往是“读得懂，听不懂”；还有一部分学生为了回避写汉字，一味注重听和说的练习，但是对汉语的语音系统一知半解，学习和实际生活中经常会张冠李戴，指鹿为马，闹出不少误会。

在生活和学习中，学生听力滞后主要表现为以下几种情况：自说自话，只顾表达自己、传达信息，而不能很好地理解别人、获取信息，甚至导致交际失败；对周围的言语声音缺乏敏感，在课堂和社会生活中处于一种相对自我和封闭的状态，因此而影响其学习的深入；对汉语的声音系统缺乏感知力，不能分辨某些具有区别性特征的语音，从而造成音近字的混淆，更加重了汉字和语法学习的困难。

基础阶段听力课的任务，就是有针对性地采取有效措施，逐一解决上述问题，为学生以后的学习扫清障碍。

第一，帮助学生建立“声、韵、调及其组合区别意义”的概念，减少在实际交际中因声韵调的混淆而造成的错误，提高交际成功率。有实验表明，汉语声调的变化对汉语本族语人和非汉语母语者的大脑形成的刺激是不同的，听力课的首要任务就是通过训练，使声调及其他近似音在学生大脑中形成尽量接近汉语母语者的刺激反射。

第二，培养学生集中注意力的习惯。有的学习者注意力不能集中，这不仅表现在听力课上，即使其他科目也不能专注地听讲或完成操练任务。这看起来似乎是性格的问题，似乎很难对他进行控制或矫正。但听力课却是个很好的机会，只要材料和练习设计得合理，就可以逐渐让他养成集中注意力的习惯。

第三，培养通过听觉器官获取信息的习惯，消除对听的焦虑。不论是在课堂上，或是在实际生活中，当一个人运用他的外语进行交际时，往往会因为担心听不懂而变得十分紧张，同时当他说的话别人听不懂时又会很沮丧。而这双方的“听不懂”在很大程度上是语音的因素造成的，跟“听力”有直接关系。

第四，传授听的技巧，改正不良听力习惯。第二语言学习者在听取信息时往往有一些不好的习惯。比如，在语流中有一两个字词听不懂时，就停留在这一两个字词上，而置后面的信息于不顾；或者只注意细节，而不能抓住通篇大意；也有人是什么都听个大概，而忽略重要细节；还有的学生听力记忆信息的能力差，当材料较长、信息较多时，或是听到后边就忘了前边，或是记得住开头而听不到结尾。训练就是要教会学生一些听力技巧，如抓关键、跳障碍、猜测推理，等等。

第五，培养听力的适应能力，即适应不同人的口头表达风格。了解一些重音、语调、停顿、口气、节奏变化等在口头表达中的特殊作用，也就是学会"听话听音"。

第六，给学生补充语言文化知识，提高获取信息的效率。英国心理学家巴特里特(F. C. Bartlett)的现代图式理论提示我们，一个人获取信息的效率与语言知识、文化知识、社交能力和社会经验成正比，在听力课堂上要完成某些训练任务，就经常要给学生灌输一些有关的语法、语用、礼仪、生活经验等各方面的知识，从而让学生对目的语、对目的语国家的人、对目的语国家有了更多的认识。

汉语最大的特点，也是给留学生造成最大障碍的就是声调和汉字，还有几个特殊辅音和元音的发音，另外就是特殊的表达方式。这些困难都与汉语音、形、义的关联有关，建立三者间的条件反射，正是听力课的任务。

(三)听力训练的原则

听力课教学，一方面要以学生为中心，同时又不能被学生牵着走，课堂上教师始终要对教材和学生有足够的控制力，要引导学生以教材为中心，一切活动都围绕教材展开。从教材选编到课堂实践，始终要注意处理好这"两个中心"的辩证关系。

1. 选编教材的原则

听力材料的选取不应该是孤立的，应该贴近同步进行的说、读、写的内容，其目标就是帮助学生把通过视觉学到的语言形式跟通过听觉获取的信息联系起来，然后反过来指导其表达。听力材料的主要任务并不在于传授新的知识，而是把已有的知识全方位地延伸，使其内化为学生的语言能力。听力教材90%的内容不应该是让学生"学会"或"听懂"，而是应该让学生"认出"和"记住"。

(1)科学性和可接受性的原则：从易到难，由浅入深，循序渐进。听力训练的材料应该是其他课程的延续和扩展，而不应该完全独立于其他课程之外。前面提到过，完成听力任务，需要语言、文化、社会生活、实践经验等方方面面的知识做基础，也就是说，给第二语言学习者使用的听力训练材料是受到局限的，它不能太多地超出学习者的知识和能力范围，一旦超出，就将成为听力理解的过程中的障碍，如果这样的障碍过多，任务就无法进行，使学生产生畏难情绪，最终导致学生对听力甚至对所学的这门语言丧失信心。这也就是为什么，我们一直强调听力课的材料一定要保证“可懂输入”。汉语学习基础阶段的听力训练材料更是要注意以学生为中心，选择时必须时刻想到学生的接受能力。既然如此，利用学生在其他科目中接触过的知识编写听力教材，有控制地加入新内容，是最合理也是最方便的。这样可以保证提供给学生的材料是控制在其能力范围以内的，不会有太多的“意外”。

(2)系统性及联系实际的原则：基础阶段的听力训练应该是系统化的，即从最基本的语音辨别入手，但要在尽可能短的时间内进入有实际生活内容的听力理解训练。选取的课文力求实用，突出实践性、趣味性和实用性。实践性就是让学生听存在于中国社会生活中的材料。基础汉语教学阶段就是训练学生听懂一般日常生活用语，提高他们进行语言交际活动的能力。比如，听指令、问路、处理事务或获取有用信息(在邮局、医院、商店、银行、机场、火车站)、介绍人物(事物、地方、机构)、了解掌握数据、听取他人意见等。大家知道，刺激物的新异性、意义性(实用性)和趣味性是产生不随意注意的条件，首先引起不随意注意，进而转化为随意注意和随意后注意。只有当提供给学生的材料是新颖的，对他来说是有实用价值的，才能引起好奇心，从而吸引其注意力。要使学生在我们期望的时间内保持注意力集中，就要使刺激保持新奇。所以，听力训练材料要力求内容广泛，语言自然、真实、规范，而且对于学生来说必须是“有意义的”，是他们真正需要的，是他们曾经遇到或将要面临的问题。整个训练应该是材料不断提供新问题和解决新问题的进程中完成的。

(3)掌握知识的牢固性和认知能力全面发展的原则：提高重点词语和语法的重现率，并且注意材料所包涵语言、文化知识间的连贯性。听、说、读、写是外语学习者在学校里的四门主课，这四门课是相互作用，存在一定因果关系的。学生首先在精读课上学习词汇和语法结构，对必要的文化背景也有了了解。初步掌握了某些语言文化知识以后，就要到听、说、写当中去实践。听是到实际的语流中对这些知识进行识别和捕捉，说和写是在实际的生产过程中加以应用。要把语言知识内化为语言能力再自如地投入使用，是一个漫长的过程，要经过反复的刺激，听就是最有效的刺激之一。一般认为，就一个语言现象而言，如果听觉器官不能快速、自如地辨别，也就不可能真正自如地使用。听力课语料的关联是多方面多层次的，可以从纵向和横向两个方面看。从纵的方面看，学习汉语的过程是从语音开始，首先了解汉语的声韵调系统，然后到简单的短语、短句，到复杂句，再到特殊的语法结构，到若干个句子组成的语段，最后到篇章。在这个对一门新语言的认知过程中，听力的任务就是训练学生对该语言的声音的认知，具体到汉语，实际是对音、形、义之间关联的认知，这种联系是从音节开始，一直扩展到篇章的。从横的方面看，就是近似音的辨析，形近字、词的辨析，同义、近义形式(同义词、近义词、同义结构、近义结构)的联想，形近结构的区分，不同语气、语体的辨别，等等。听力对口头表达、文字认读、书面表达能力的发展都起着重要的辅助作用，声音的反复刺激，能加深语言形式在大脑中的烙印，能使其表达时反应更快、更流畅，并且减少语音和结构的错误；声音的刺激同样能加深文字在头脑中的印象，帮助学生记忆和认读汉字。可以认为，对于说、读、写三个方面来说，听力训练是一种隐性教学，是通过一定量的刺激和引导，培养学生把目的语的声音—意义—形象联系起来的习惯，纠正其不符合目的语规则的错误概念和习惯。也就是说，听力训练的任务之一就是给学习者提供尽可能多的可懂输入，通过大量反复的刺激，巩固正确的语言形式在其头脑中的烙印，逐渐消除错误概念和习惯的影响。

2. 课堂教学的原则

(1)以学生为中心的原则：做听力训练前，要了解学生的实际语言水平和能力，对并行的其他科目的进度和内容要心里有数。听力训练中要使学生注意力高度集中，必须发挥学生的自觉性，启发并调动学生自觉地开动脑筋，主动地提出疑问，并通过全体学生的努力来解答这些疑问。整个训练过程中要时时注意学生的反馈，针对学生遇到的障碍，在第一时间采取有效措施，调整提问内容、提问方式，保持老师与学生、学生与学生之间的互动畅通无阻，扫清障碍，完成教材设计的任务。

(2)以教材为中心的原则：听力训练过程的具体操作手法要以学生为中心，但整个训练进程不能被学生所左右，而是应该始终引导学生把注意力集中在听力材料上，紧紧围绕材料展开各种课堂活动。

(3)教学的集体性和考虑学生个体特点的原则：练习的设计要有层次，基本练习保证每个学生都能完成任务，达到训练目的。补充练习使有潜力的学生有发挥其能力的余地，得到解决难题的满足，同时也是能力较低的学生开阔思路。

二、基础听力训练的阶段性及其重点

对外汉语教学的基础阶段是指针对零起点学习者最初四到五个月的教学。在这期间，听力训练从基本语音识别开始，经过基本词汇、基本语法阶段，最后到对话、短文理解。每个阶段的训练难点和重点各有不同。

(一)语音阶段：对声、韵、调的辨别能力和分析能力

提高听力技能首先是提高处理声音信号的能力，对语言信号的解码首先是对收到的声音信号进行分析、辨别、归类。通过听觉器官收到的语言信号，是语音形式的排列组合，包括声韵调、停顿、重音、语气等等，不同语音的排列组合和语音不同的排列组合表示不同的意思，只有在语流中准确地分辨语音形式排列组合的不同，才能正确理解言语的意义。首先是分析辨别音素，然后是音节、单词，接下来是句子，然后是几个句子的组合，最后是整段话语。此外，还要训练学生滤掉非语言信号的能力。

(二)词汇语法阶段：汉字音—形—义的记忆联想能力

这个阶段继续对声、韵、调的分辨能力的训练，同时引入训练对汉字的分析辨别能力和记忆储存能力，以及对词汇、词组、句子意义的反应速度。记忆储存能力包括：(1)学习前的积累准备，比如预习生词、语言点，针对生词、重点难点内容的热身；(2)学习中的短时记忆；(3)把其他科目的训练加以再现，把感觉记忆和短时记忆的信息转入长时记忆。词汇阶段的记忆、储存和猜测可以借助语义场，把词汇语义分类并记忆，可以作为一种技巧传授并训练。语法知识要与其功能相联系，在听到的材料中辨认某结构并联想到其意义。词汇和语法在课堂训练中，其实是一个先期引入的过程，也就是说，给学生提供关键词、关键句型，都是为了后期的听句子、听对话、听语段、听文章做准备。

(三)对话、短文阶段：以训练储存、记忆、猜测、总结能力为重点

对话短文的训练，需要调动之前输入的语音、词汇、语法、文化知识背景等所有材料，在语境中运用联想、猜测等策略，解决问题。

联想是指接收到一个信号后，马上跟其他的相关信号建立起联系的心理活动。猜测是现实的感知和以往的经验，凭想象和以往的经验对将要产生的新形象作出推测的心理过程。听力教学就是要启发、诱导学生充分发挥他们的联想猜测能力，以提高理解语言信号的速度。实际交际中常有这样的情况，交际双方处于同一环境中，经常是使用极简短的句子，甚至一两个单词就能交流。这时言语的语法结构和逻辑关系是有缺失的，往往会让初学汉语的学生不明所以，找不到逻辑关系。这就要训练他们学会根据听到的部分去补足缺失的部分。另外，就是听到不懂的词语怎么办？有噪音干扰，中间有些片段听不清或听不见怎么办？经验不足的听者在遇到这些情况时，往往会很急躁，无法继续听下文了。而有经验的听者则会根据上下文去猜测，中间不明白的地方就放下，继续往下听，有时听到后面的内容前边的自然也就明白了。

在短文训练阶段，概括总结能力的训练很重要。当听了一段话以后，让学生说出它的内容，学生说的往往是些细枝末节，几乎复述了这篇文章，可就是抓不住重点。基础阶段的概括总结能力，实际上是归类的能力。这个阶段的语料一般都是陈述一个事实，材料听起来可能有一二百字，但最终讲的只是一个现象、一个事件或一种事物。学生的概括总结，就是指出这一事物、现象、事件是什么，比如：介绍一个人的周末，介绍中国人午饭吃什么。

听力课教学中，教的立足点应该是“可懂输入”，学的目标应该是“有效摄取”。听力理解的过程需要借助语言图式(linguistic schema)，即语言的语音系统、句法系统、语义系统重建口语意义，这就是自下而上的加工过程；也需要内容图式(content achema)，即个人的经验和相关的背景知识对信息进行再次加工，也就是自上而下的加工过程。在听力理解过程中，相应的图式一旦被激活，空位被填充，即可加速理解过程，达到实现认知的目的。反之，如果听者头脑中不具备某种适当的图式，或虽具备但无法将其激活，或不能使其充分发挥作用，就会产生理解障碍，无法实现认知。因此，我们说，听力训练的主要任务不是给学生建立认知图式，而是帮助学生学会有效地激活其头脑中的认知图式。因此，听力课教学的目标是“听懂”，但这个“懂”不是通过反复听而“会”了什么新知识，而是要通过声音的刺激去把学生头脑中相应的图式激活。如果图式是不存在的或不完整的，就需要先建立或补足所需图式，但这个补足的过程只能作为一个铺垫，绝不是听力训练的主要任务和目标。对具体任务的操作应该牢记以下几点：

1. 听力课是技能(技巧和能力)训练课，是实践性的。听力课注重的是听觉器官对已学知识的辨识，而不是新知识的传授。不要把太多的新知识、理论带到听力课上来。

2. 听力课的任务是培养学生用听觉器官获得信息的习惯，建立音、形、义之间的条件反射，并帮助学生提高这方面的能力。听力课不能要求学生听到字字入耳句句清晰的程度，听力课训练的目标应该是利用可懂信息解决不懂的问题。

3. 听力课任务的设计和检查旨在检查学生听的效率和效果，而不在于其创造能力，听力课上的说、写的练习，侧重点在通过这样的活动了解学生对听觉器官的运用和对言语声音信号的摄入情况，而不在于检测其使用这些信号发出信息的情况。所以除非对某些有特别训练目的的任务（替换、写汉字），不要苛求其字正腔圆、出口成章。

4. 课堂活动切忌单调枯燥，有节奏感，张弛结合，保持刺激的新异性。不要不分材料、不分目的地总是使用那么几种题型，更不要在课堂上总是简单重复放录音、对答案，要注意跟学生的互动。

5. 调动学生参与活动，在这当中注意观察捕捉从学生那里反馈的信息，适当调整策略。

6. 既要顾全面，又要照顾点。

参考文献

[1] 杨惠元．听力训练 81 法[M]．北京：现代出版社，1988.

[2] 杨惠元．汉语听力说话教学法[M]．北京：北京语言文化大学出版社，1996.

[3] 杨惠元．对外汉语听说教学十四讲．北京：北京大学出版社，2009.

[4] 胡波．汉语听力课教学[M]．北京：北京语言大学出版社，2007.

[5] 李扬等．对外汉语教学课程研究[M]．北京：北京语言文化大学出版社，1997：67－184.

[6] 陈贤纯．外语阅读教学与心理学[M]．北京：北京语言文化大学出版社，1998.

[7] 周小兵，张世涛，干红梅．汉语阅读教学理论与方法[M]．北京：北京大学出版社，2008：7－150，189－201.

[8] Best，J. B. 认知心理学[M]．北京：中国轻工业出版社，2000：33－143，203－412.

[9] Hedge，T. 语言课堂中的教与学[M]．上海：上海外语教育出版社，2002.

[10] Cohen，A. D. 学习和运用第二语言的策略[M]．北京：外语教学与研究出版社，2000.

[11] Sperker，D. & Wilson，D. 关联性：交际与认知[M]．北京：外语教学与研究出版社，2001.

[12] De Bot，Kees，Lowie，W & Verspoor，M. *Second Language Acquisition*[M]. New York：Routledge，2005.

[13] 罗春平．图式理论对英语听力教学的启示[J]．广东广播电视大学学报，2005(2)：50－53.

[14] 罗天．图式理论与英语听力理解[J]．成都师专学报，2000(1)：62－67.

[15] 沙红芳．图式理论在英语教学中的运用[J]．建材高教理论与实际，2001(6)：

117－119.

[16] 王尧美，张学广．图式理论与对外汉语阅读教学[J]. 语言教学与研究，2009(6)：68－73.

[17] 戴雪梅．图式理论在对外汉语阅读教学中的应用[J]. 汉语学习，2003(2)：50－53.

[18] 申宝国．解析信息加工过程　提高语言综合技能[J/OL]. 英语教育周刊－(63)－21 英语网，2006－12－11/2010－10－15.

对外汉语教学界课堂提问研究综述

王环宇

提　要　本文主要是对2009年以前公开发表的对外汉语课堂提问研究成果进行总结和分析，归纳出具有代表性和实践指导意义的研究成果，同时找寻出课堂教学语言研究中存在的问题，以利于加强对外汉语教学中课堂提问研究的重视，更有效地完成对外汉语教学任务。

关键词　对外汉语教学　课堂提问　综述

一、引言

提问是课堂教学中最重要的部分之一，也是课堂互动最经常使用的形式之一。提问作为教师最常用的课堂教学手段，是教师话语活动中很重要的一部分，被视为“有效教学的核心”（金传宝 1997）。因此，课堂提问多年以来一直是外语教学所关注的一个焦点。国内外许多学者都对外语教学中的课堂提问进行了大量的研究，而且从深度和广度上都取得了相当丰硕的成果。

在对外汉语教学中，课堂提问同样是不容忽视的。“对外汉语课程设置的目的主要是培养学生听说读写诸方面的语言技巧，提高学生运用汉语的能力。课堂提问无疑是训练学生语言熟巧的重要方法之一”（马欣华，1988）。“教师的提问能启发学生的思考，引导学生积极参与、发挥学习的主动性。问答方式既可以用于新语言材料的展示、新知识的讲解，也可用于言语技能的训练，教学内容的巩固复习和检查，可以贯穿教学的全过程”（刘珣，2000）。有效的课堂提问能促使学生进行内容丰富的语言输出，让学生更多地参与课堂，提高他们运用汉语的能力。因此，如何提高对外汉语教师课堂提问的水平，也是对外汉语教学研究中一个非常值得探讨的问题。

近些年来，国内对外汉语教学界对课堂提问的研究并不多，但已经取得了一些发展。有一些学术论文就课堂提问进行了相关的论述，但是数量还不多。本文主要是对2009年以前国内对外汉语教学界有关教师课堂提问的研究做一些总结和分析，希望对同行教师们有所帮助。

二、对外汉语教学界的课堂提问研究概述

(一)理论性的研究

早期在课堂提问方面的研究系统性的很少见，“多散见于研究教学法的文章中”(刘晓雨，2000)，后来出现了一些专门研究课堂提问的文章，也主要是理论性的研究。这些文章中最早的是马欣华(1988)的《课堂提问》，该文简要介绍了课堂提问的两种类型以及它们的作用；周翠琳(1997)从目的、方式、内容及教学法的角度对提问区分类别，并由此提出提问的五种技巧“问之有方”、“问之有效”、“问之有序”、“问之有节”、“问之有趣”；刘晓雨(2000)结合学生的学习心理，探讨了课堂教学中提问技巧的运用，提出提问要能有效激发学生的反应、提问要能加强学生参与课程的程度以及提问要能促进学生学习的自主性的三点提问技巧；傅索雅(2002)论述了课堂提问的重要性及课堂提问要以学生为中心的原则，得出课堂提问的技巧需要不断地研究和探索的结论；黄晓颖(2004)从对外汉语教学提问的意义、基本原则、艺术形式三个方面进行了简单论述；杨文惠(2006)主要论述了提问的重要性，提出设计提问应遵循的原则，并结合自己的教学实践介绍了检查、结课两个环节中的几种提问方法；陈秋轩、李彦春(2007)调查了越南高校初级综合课短文阶段的课文提问语，具体设计了一些参考性的课堂提问语，为外籍汉语教师提供参考；匡腊英(2008)从对外汉语教学中课堂提问的主要研究现状出发，着重讨论了课堂提问与汉语习得之间的关系，并提出了对外汉语教学中的课堂提问策略；邓秀均(2008)则从如何减轻学生焦虑的角度探讨了有效的对外汉语教学课堂提问模式，提出了课堂提问应遵循的原则；金贞子(2009)则讨论了在阅读教学中增强提问有效性的一些原则。概括来讲，这些理论研究主要涉及了两大方面：

1. 课堂提问的类型与重要性

对提问的研究必须要有明确的问题分类方法，因此提问的分类是很多研究者研究的一个问题。从目前对外汉语教学界对课堂提问的研究来看，马欣华(1988)将提问分为两种类型：固定性的问题和开放性的问题。前者在书上就有现成答案，学生不必组织语言材料，更不要求发挥，只要按图索骥，按照课文的实际回答出来就行，因而比较容易，主要起到帮助学生强化记忆的作用；后者书上没有现成的答案，要自己组织语言材料进行回答，这类问题

比较难，主要是引导和组织学生用成段的汉语来表达自己的思维，因而这类提问非常适用于培养学生成段表达的能力。周翠琳(1997)则从不同角度对提问加以分类，认为按照提问的目的可以分为疑问和设问；按照提问的方式可以分为语言提问和非语言提问；按照提问的内容可以分为就字面意义的提问和就深层含义的提问；按照教学法可以分为展示式提问和查询式提问。还有一些研究者如刘晓雨、傅索雅、邓秀均、荣继华、陈秋轩、李彦春等在文章中讨论课堂提问时大多采用的是国内外研究比较有影响的分类方法，即将提问的问题分为展示性问题与参考性问题(也有人称封闭性问题与开放性问题)。展示性问题的答案大多是唯一的，不同回答者的回答大体相同或完全一致，一般来说是教师已知问题的答案，提问的目的是对所学知识的回忆。而参考性问题则没有固定答案，而是需要学生根据材料发挥想象，创造性地回答问题，这种问题往往要求学生用学过的语言知识对问题进行具有创造性的自我表达，因而更能唤起学生学习的兴趣，激发课堂互动。

许多研究者还通过大量例子，讨论了提问的重要性。他们认为课堂提问对学生来说能引起注意、增强记忆、激发学习兴趣、动机和探索精神，增强学生参与课堂互动的欲望和参与课程的程度，使学生扩大思考的广度和深度，促进学生学习的自主性，发挥学生的创造力，培养学生用汉语思维和表达的能力；对教师来说则可以透过学生回答问题时的反馈检查自己的教学效果，了解学生新旧知识的结合情况，掌握学生学习过程，发现学生的弱点，作为改进教学的依据，教师通过提问也可使教学更符合学生心理。

2. 课堂提问的艺术

提问的艺术是国内学者关注比较多的问题，提问的艺术主要体现在以下几个方面：

第一，在设计问题上，要有一个系统的提问设计。教师在课前必须精心设计关键性问题，做好详细的提问计划，做到上课时有的放矢，避免问那些随机性的问题，以免让学生觉得无所适从。要提出各种水平的问题，提问在难度上应该形成层次和梯度，要照顾同一班级里学生之间的差异。问题要问得有效，表述问题时应该用准确、简洁、自然、通俗的语言，调整词汇和句子结构以符合学生的语言能力和思维水平，避免问长度过长和过于复杂的问题，更要避免在问题中出现学习者没学过的生词。要善于提开放性问题，问得要有趣味，激发学习者回答问题的积极性，使学习者有兴趣、有话说，提高学习者参与课堂的积极性。

第二，在问题分配上，发问对象要面向全体，区别对待学生的个别差异，学生回答问题的机会要均等，鼓励全体学生参与，问题难度要由浅入深，由易入难，循序渐进，发问方式要灵活多变，丰富多样。既有难度高的问题让人自愿回答以激励程度好的学生，又有容易的问题点名让较差学生回答以培养其自信心。匡腊英(2008)还具体指出应“以班级里学生的中上等水平设计教学的基本问题，使大多数学生都参加到语言训练中”，同时需要“为优差两端的学生各设计一部分问题”，她还特别提到不宜为了体现“机会均等”的教学理念而对班级学生逐个提问，因为这种提问看似保证每个同学都有操练的机会，但实际效果常常是容易导致教师的提问行为与大部分学生参与脱节，被提问过的同学紧张感大大降低。

第三，在提问后的等待时间上，需要给学生一定的思考与回答时间，最好等待 3—5 秒或者更长时间，但也不宜过长，最好不要超过 6 秒，在等待时要用目光、表情等表示出积极的期望(刘晓雨，2000)。

第四，在学生回答问题时，教师要满怀兴趣、注意倾听，对学生表示尊重；在学生说完之前尽量不要评价或者判断，因为学生语言表达水平往往跟不上其思维，教师需要耐心听完再做出反应。在学生回答不好的时候，教师不宜轻易放弃，而是应该采用多种方式引导，如重复或解释问题、提示问题的解决方向和线索，或者设计出与原问题相关的其他问题来提示学生。当学生回答不完全甚至错误时，教师可以不同的方式鼓励或启发学生，也可引导学生深入考虑最初的回答，更清楚地表达自己的观点，还可以要求其他学生来补充或修正。

第五，在反馈方面，要给予有效的教师反馈，应该增加表扬加以点评的反馈方式，使积极反馈真正起到连接教学、沟通情感的作用，切忌只以“很好”“非常好”之类的话作笼统评价，过多的表扬或过分的表扬都是有害的反馈，会造成学习者一定程度的迷惑，认为教师的表扬没有价值。

(二)实证研究

近几年来，随着国内外学者对课堂提问的研究越来越深入，研究的方法越来越科学，国内对外汉语界的课堂提问研究也开始细致和深化。一些研究者主要是一些硕士论文开始进行实证研究，用科学的统计和量化分析的方法对课堂提问进行综合研究，比如曾玉(2006)、许苇(2007)、张琨(2008)、亓华、杜朝晖(2009)、刘斌(2009)、黄雯雯(2009)通过课堂录音、录像、观察、教师和学生访谈等多种方式对课堂提问进行量化统计和文本分析，研究对外汉语教学中展示性问题和参考性问题的使用情况、课堂提问的形式、问题的分配、学生的参与程度、提问的等待时间、提问的技巧、教师的反馈等等情况。以下是几位研究者研究中涉及的主要方面：

1. 展示性问题与参考性问题的使用情况

几位研究者的研究大都显示，在目前的对外汉语教学中，课堂提问中的展示性问题大大多于参考性问题，无论是在比例上还是在使用频率上。另外，教师在复习阶段、词汇教学阶段、语法句型教学阶段、课文教学阶段等不同教学阶段中展示性问题和参考性问题的比例也不一样(曾玉，2006；刘斌，2009)。提问展示性问题可以巩固学生的知识，强化学生的记忆，将学生的回答固定在需要掌握的词语或者语法的范围内，有效地操练基本语法、语言点和新词汇，从而严格控制课堂的节奏；而提问与实际交际密切相关的参考性问题能增加学生的兴趣，提高学生的汉语交际能力，促进教师与学生之间的有效互动。因此教师在设计问题时，应将这两类问题加以结合，先以展示性问题的方式巩固语言点的运用，紧接着以参考性问题来激发学生运用语言点真实交际，由易到难，由封闭到开放，同时，适当增加参考性问题在课堂上的比例。

2. 课堂提问的问题分配

提问分配是指教师均等地向每位学生提供回答问题的机会，促使全体学生共同思考的提问技巧。提问的分配方式有许多，课堂教学中最常用的主要有齐答、自愿回答、教师自己回答、无人回答及教师指定学生回答。几位研究者的研究都表明在国内的对外汉语教学中教师对问题的分配方式趋同，指定学生回答均是主要的分配方式，其次是齐答，依此类推为自愿回答、教师自己回答、无人回答。教师指定学生回答的问题所占的比例在曾玉(2006)的调查中接近50%，在刘斌(2009)的调查中为47%，在黄雯雯(2009)的调查中更高达70%以上，而学生自愿回答的问题比例相对来说则比较低。几位研究者还指出造成这种情况主要是因为五个原因：学生不太愿意主动回答问题；采用指定学生回答问题的分配方式教师较容易控制课堂，让学生注意力集中；指定学生回答可以节约等待时间；避免个别学生主宰课堂，给学生均等的机会；对生词、句型和语法的操练，教师指定学生回答可以让教师能够更好地了解每个学生对具体问题的掌握程度。但是过多地采取指定学生回答的方式会使学生在课堂上处于被动的地位，因此要适当变换提问的顺序。

3. 课堂提问的技巧

提问的技巧即教师为提高学习者回答的质量和水平所使用的方法，良好的提问技巧是教师提问成功的关键。因此提问的技巧也成了几位研究者关注的一个重点。曾玉(2006)提出国外的研究者普遍认为提问有三种技巧，即追问、转移和激励。几位研究者都对转写资料中教师使用追问、转移和激励三种技巧的次数进行了统计，他们的结论大体相同，即虽然各位教师在提问时使用每种提问技巧的次数不同，但使用最多的是激励的这一策略，而使用追问和转移的量则大体相当。此外，他们还在研究中用转写资料中的具体教学案例对每一种技巧的使用情况和作用展开详尽说明。比如，在对外汉语教学中追问的使用主要有两种情况：一种是学生没有回答完整的句子时，教师为了使学生得到完整句式的训练而追问，让学生再说一次，输出一个完整的句子；一种是当学生回答正确时，由于教师希望学生更多地输出目的语，引导他们增加话语量，教师常常以“为什么”“是什么样的……”“原因是什么”“……怎么样”等追问连续提出更深入的问题。激励技巧主要有两种形式，一种是给学生一两个字的提示词或用伴有声调的方法重复学生答案，一种是教师重复自己的问题或者改述问题以使问题简化，前一种形式启发学生进行思考进而独立完成问题，可以增强学生的成就感和信心，后一种形式可以使学习者更清楚地听到或理解教师的问题，给学习者重新理解或思考问题的时间，也可以鼓励和启发学习者自己独立回答回答问题，但这样可能降低问题的难度，有时也可能造成课堂时间的浪费。转移分为两种，一种是教师用参考性问题提问多个学生，了解不同学生的反应，目的是让学生参与课堂，增加互动；另一种是当一个学生回答不出问题时为避免尴尬和节省时间，教师转问全班学生或其他学生，但这种转移可能会损伤学生的自信心，教师应尽量避免使用这种转移。

4. 教师的反馈

对教师反馈的研究主要是从学生回答的答案正确与否的角度将反馈分为正答反馈和误答反馈加以研究，研究发现，在学生正确回答问题后，教师最常用的反馈方式是重复学生的答案或重复加表扬和简单表扬两种，而点评加表扬的方式使用的比例则比较低。重复分为两种，有些重复是教师重复学习者的回答，表示对学习者回答的肯定，或是让全班清楚地听到该生的话，给学习者再一次提供正确的输入，强化其记忆；有些重复是教师要求所有的学习者一起重复，尤其是对语法点的操练，这是一种有效的教学手段。简单表扬不但可以给学生明确的信号，而且省时高效，但一部分教师往往固定使用“非常好”、“好”或者“很好”这样的词，学生已经太习惯于教师这种简单的表扬，在接受表扬时可能根本感觉不到成就感。教师机械性的简单表扬和重复都是在提问是应该尽量避免的。研究者强调学生回答后教师对学生的答案进行简单的评价这种反馈方式比起重复学生的答案更能引起学生的关注和共鸣，在初级阶段可能由于学习者水平较低，听懂的话有限而使用较少，但“教师适时使用一些简短易懂的评价可以让学生更有满足感，增强其信心和参与课堂的积极性，可以弥补简单表扬或重复的不足”(黄雯雯，2009)。

在学生问题回答得不理想时，教师直接纠正错误的比例占的比较大，其次是引导学习者自我修复，即通过提示、重复问题或改述问题等方式降低问题难度以激励学生，帮助学生最终给出全面的答案，也有少数情况是直接转问其他学生或全体学生。对待教师直接纠正错误，有人认为可以避免学习者的错误化石化，但许苇(2007)的调查表明，大部分学习者并不希望教师直接纠正他们的错误，他们更多的是希望得到教师的表扬，或者希望教师引导他们修正自己的错误。

三、对外汉语教学界课堂提问研究的成就和缺憾

(一)成就

总体上说，近年来对课堂提问的研究已大大向前迈进了一步，从最开始的理论研究和笼统的经验总结层面开始向细化延伸，以大量具体的教学实例探讨了课堂提问的重要性、课堂提问的原则和提高课堂提问有效性的教学技巧，有的文章如张琨(2008)、金贞子(2009)还专门从听力教学、阅读教学的课程角度探讨了如何在教学中提高提问的有效性，也有的文章如亓华、杜朝晖(2009)从不同的阶段研究了课堂提问的策略。特别是在研究方法上，一些研究者开始在实践的层面上做实证研究，主要采用了两种研究方法：一种是量的方法，也就是用一定的观察量表，围绕提问的次数、不同类型问题的提问次数、提问后的等待时间、问题的分配、各项提问策略的使用次数、教师的反馈如何等方面展开研究，一种是质的方法，将教师的课堂提问逐字逐句记录下来后，从提问内容、方式、对待学生反应等方面揭示提问的特点，有的研究者还在此基础上综合运用访谈、调查问卷等方法，对教师和学生对提问的观念、方法(如提问的目的与作用、提问的方法、提问的策略技巧、问题的等待时间等)进行质性研究，也得出了不少有价值的结论，对揭示提问深层方面的原因有很大的作用。

(二)缺憾

总的来说，对外汉语界对课堂提问的研究还不够深入，特别是相比对外汉语其他方面的研究和国内外外语教学对提问的研究来说。而且研究多是从描述解释入手，经验性方法介绍的多，深层理论问题探讨的还是少。另外，对课堂提问的实证研究虽然已经展开，但考察的大多是初级阶段的课堂提问

研究，对中级阶段的研究相当少，高级阶段的更是没有，考察的也大多是综合课、口语课的提问情况，对其他课程的研究相当少，甚至没有。而且由于所收集的语料还不够广泛，在此基础上的研究不免带有局限性，其普遍类推性也值得怀疑。在今后的研究中，应该从不同教学阶段(初、中、高级)和不同课程类型(综合、口语、听力、阅读等)对课堂提问进行分类研究，也可以对初级、中级、高级同一课程类型的课堂提问进行对比研究，还可以针对不同教师同一节课的提问进行研究。另外，应继续充实和丰富课堂提问的语料，建立起大规模的对外汉语教师课堂提问的语言语料库，从而为对外汉语课堂提问的研究提供更为坚实的实证基础，将对外汉语课堂提问的研究推向更广、更深的阶段。

参考文献

[1] 陈秋轩，李彦春．越南高等院校汉语教材综合课短文阶段课文提问语设计的研究[J]．语言文字应用，2007(1).

[2] 邓秀均．有助于减轻外国留学生课堂焦虑的提问模式初探[J]．民族教育研究，2008(3).

[3] 傅索雅．谈谈对外汉语教学中的课堂提问[J]．北京广播电视大学学报，2002(1).

[4] 黄晓颖．对外汉语教学的提问艺术[J]．中国科学教育，2004(12).

[5] 黄雯雯．HBA教师提问研究[D]．北京：北京语言大学，2009：48.

[6] 金贞子．试谈对外汉语阅读教学中课堂提问的有效性[J]．语文教学，2009(12).

[7] 金传宝．美国关于教师提问技巧的研究综述[J]．课程．教材．教法，1997(2)：54．

[8] 匡腊英．对外汉语教学中的课堂提问策略[J]．现代语文，2008(11)：118.

[9] 刘斌．初级口语课堂提问的考察[D]．北京：北京语言大学，2009.

[10] 刘晓雨．提问在对外汉语课堂教学中的运用[J]．世界汉语教学，2000 (1) ：70—71.

[11] 刘珣．对外汉语教育学引论[M]．北京：北京语言大学出版社，2000：406.

[12] 马欣华．课堂提问[J]．世界汉语教学，1988，(1)：47.

[13] 亓华，杜朝晖．中级汉语会话课提问策略研究[J]．汉语学习，2009(1).

[14] 荣继华．初级对外汉语课堂提问策略探讨[J]．中国青年政治学院学报，2009(2).

[15] 许苇．对外汉语初级阶段教师课堂提问研究[D]．暨南大学，2007.

[16] 杨文惠．试论对外汉语教学中的课堂提问技巧[J]．中山大学学报论丛，2006(12).

[17] 曾玉．对外汉语教师课堂提问的初步考察[D]．北京：北京语言大学，2006.

[18] 张琨．对外汉语初级听力课堂教师提问策略研究[D]．北京：北京师范大学，2008.

[19] 周翠琳．课堂提问刍议[J]．汉语速成教学研究[M]．北京：北京大学出版社，1997.

浅谈多媒体在对外汉语教学中的应用

郭冰珂

提　要　近年来，多媒体手段被越来越多地应用到对外汉语教学当中。本文简要探讨了对外汉语教学课堂中，多媒体教学在激发学生学习兴趣、突出教学重点等方面的优势，并提出运用多媒体教学手段时需要注意的问题。我们应更好地发挥多媒体的辅助作用，更有效地达成教学目的。

关键词　多媒体　对外汉语教学　优势　问题

对外汉语教学从改革开放以来已经在我国开展了几十年，随着风靡全球的汉语学习热潮，近年来在中国学习汉语的外国人数直线上升。从 HSK 汉语水平考试的数据变化来看，汉语学习的热度可见一斑：1991 年第一次对外公开招考只有 39 人参加，而近年来的 HSK 考试仅在国内就有 40 余个城市设有考点，参加考试的外国考生人数超过 3.5 万人。

对外汉语教学的方法和手段也在这几十年的时间里得到了长足的发展。从对外汉语教学刚刚兴起时的教材和黑板为主的单一教学手段，发展成为目前的综合运用投影、录音、录像、光盘、硬盘等多种媒体进行教学的新型现代化教学方式。现代化教学手段迅速兴起并得到广泛应用，多媒体教学成为对外汉语教学的主旋律。

一、多媒体教学的优势

长期以来，传统的对外汉语教学模式是以一本教材，一支粉笔和一块黑板为主要的教学手段。课堂以教师为主，学生学习比较被动。多媒体技术整合了多种教学媒体，运用人工智能技术更高效、更有针对性地传授汉语知识。

1. 激发留学生学习汉语的兴趣

兴趣是最好的老师，没有兴趣的学习将会是枯燥乏味的。单一的授课手段，沉闷的课堂气氛必将使学生感觉死板和压抑，并逐步丧失学习兴趣。

多媒体教学摒弃了传统刻板的教学模式，利用声、光、电等媒介展示图、文、影、音甚至动态教学材料，学生得到积极的、生动的、高质量的视觉、听觉刺激，学习兴趣得以激发。多媒体教学可以形象、生动地将教学内容展现给学生，学生受到视、听等多种感官刺激，通过多种渠道获取信息，从而更加准确地理解语言点，更加牢固地记忆语言知识。

2. 突出教学重点

利用多种多样的教学手段，向学生展现图片、录音、影视片断，教师可以更方便、更准确、可重复地组织学生练习重点语言点。利用慢速播放的软件功能，教师可以将相对较难掌握的短语、搭配等语言点以二分之一甚至三分之一的速度播放给学生。短语、搭配等的学习离不开句子，甚至片段的上下文语境。对于动词和搭配的单一记忆并不能使留学生顺利表达词义。关键是能够将重点动词运用在完整、正确的句子之中。多媒体教学既可以精准地展现发音和声调，又可以通过对句子和片段的回顾将词汇展现在情景里面。

3. 提高教学效率

传统的备课方式中，教师要在课前查阅大量书籍和报刊，编写教案，这花费了大量的时间。利用多媒体，教师在图书馆网站即可轻松查阅更丰富、更广阔的知识。电子文档的引入，使得教学内容的获得、储存、展示和修改等变得更加便捷，教师可以更有效地支配时间和精力。

课堂教学当中，与以往的花费大量时间书写板书不同，教师轻点鼠标即可快速、清晰地展示教学内容。充分利用屏幕的大小，即使坐在最远端的学生也可以轻松阅读示例文本。文档之间的切换使得对不同语言点的比较和复习更加简单。

利用多媒体环境，教师可以随时调整教师与学生、学生与学生之间的点对点或点对面的联系。同班级学生之间汉语水平的微小差异、国别和由此产生的语言习惯差异得以更好地弥补。

4. 充分发挥学生的自主学习能力

每名学生一台电脑的优势在于实现"个别化教学"，教师可以更有针对性地协助每一名学生。通过多媒体课件的应用，学生可以根据各自的学习能力和学习方式展开自主学习。

传统课堂教学中，教师占主导地位，学生则是被动的参与者。多媒体教学帮助教师更容易地转变为知识的提供者、引导者和管理者。多媒体环境下的学生也更顺利地转变为学习的计划者和组织者。借助多媒体手段在课堂上创造的情景可以更大程度地刺激学生的观察和思维。通过听、说、读、表演等形式，学生更加自主地参与到学习环节中。

二、教学中运用多媒体时需要注意的问题

1. 内容和形式的问题

教师在准备教案和课件时，应该从教学内容的性质和特点出发，选择合适的展现形式和媒体手段。不论讲解、分析、练习和应用等教学环节，一律使用眼花缭乱的图片、声音、影像，势必会造成喧宾夺主的结果：学生疲于在各种媒体手段中切换，无法将精力集中和保持在教学内容上。多媒体是高效的教学辅助手段和形式，而一旦形式超越了内容，教学任务就无法完成，学生的汉语知识和水平的提升也就无从谈起。

2. 教师在课堂的主导作用不可丧失

过度依赖多媒体手段比较容易产生教师主导作用的丧失。屏幕取代黑板之后，教师和学生之间的关系可能变为放映员和观众。教师忙于操作设备的同时，学生成为没有生机和活力、被动接受信息的大屏幕观众。

综上所述，多媒体技术作为一种现代教育技术手段，为教师开辟了广阔的天地。通过多种媒体的应用和搭配，留学生的听、说、读和写的能力均可得到提升。多媒体的良好介入可以提高学生的学习兴趣、突出教学重点、提高教学效率，并且更充分地发挥学生的自主学习能力。然而过度突出多媒体的教学形式则会导致教学任务无法完成和教师主导作用的丧失。作为教师，我们应该合理适度地运用多媒体教学手段，达到提高教学效果的目的。

参考文献

[1] 丁俊多．媒体技术在计算机教学中的应用[J]. 福建电脑，2006(5)：29－32.

[2] 李蕊．浅析多媒体技术在教学中的应用[J]. 教育信息技术，2010(9)：17－18.

[3] 黄荣怀．计算机支持的写作学习理论与方法[M]. 北京：人民教育出版社，2003：87－89.

[4] 庄智象，黄卫，王乐．我国多媒体外语教学的现状与展望[J]. 外语电化教学，2007(1)：21－23.

美国学生汉字识别的主要特点

吴晓春

提　要　本文通过对美国学生在汉字识别过程中出现的几种现象的分析，分析并概括出了美国学生在汉字识别时具有重大轻小、重外轻中、重联系忌孤立的特点，针对这些特点，作者提出了一些教授汉字的原则性意见。

关键词　美国学生　汉字识别　重大轻小　重联系忌孤立

一、前言

美国学生在学习汉语的过程中，如何学好汉字是一大难题？如何教好汉字，使学生能更有效地掌握好汉字，也常常是困扰教师的一大难题。以往的汉字教学与研究，有的比较重视汉字的如何输入，有的比较侧重汉字本体的研究，有的则比较重视采用传统的汉字教学方法。在长期的教学经验中，我们深深地体会到：要教好汉字，既要全面了解各种影响学生学习汉字的因素，也要全面研究和把握美国学生在学习汉字的过程中表现出的各种问题和特点。本文尝试通过研究学生在识别汉字时出现的各种问题，发现学生识别汉字的主要特点，由此而进行有针对性的汉字教学。

二、美国学生出现的主要错误和问题[①]

在学习过程中美国学生出现的主要错误有以下几点：

1. 认读形似字混淆的现象。即：学生在认读汉字时，常常混淆两个形态相似的汉字。

例如：把“堆”认成“推”，把“扬”认成“场”，等等。

我们共收集这样的易混淆形似字大约有 500 个左右。

---

① 这些形近字都是本人在十几年的教学活动中，从几十位美国学生的识字错误中统计出来的。

在这些字中，从级别上看[①]，甲乙级字有450个左右，占500字的90%；丙级字只有33个左右，占500字的6%；丁级字仅有有20个左右，占500字的4%。

从以上数据可以看出，学生形近字混淆的现象主要是出现在甲乙级字中。

从这些字混淆的部分大小来看，存在两种情况，一种是形态结构大的部分相同，形态结构小的部分相异，例如："现"和"观"；这样的字有380个左右，占全部错字的77%左右；另一种是形态结构相对较小的部分相同，形态结构相对较大的部分相异，例如："郊"和"部"，这样的字很少，只有24个左右，仅占全部错字的4.8%左右；从这个现象可以看出，学生具有可以记住一个汉字形态结构较大的部分，但却容易混淆或丢失较小的部分这样的一个特点。

从混淆的部位来看，在500字中，学生混淆(丢失)[②]左边部位的汉字最多，有240个左右，占全部错字48%；例如："步"和"涉"，"何"和"阿"，等等；混淆(丢失)上部的其次，有110个左右，占全部错字的22%；例如："厂"和"广"，"按"和"接"等等；混淆(丢失)下部的有70个左右，占全部错字的14%，例如："热"和"执"，"今"和"令"，等等；其他，如混淆右边和中间(包括整体相似的字)的字很少，只有60个左右。

从以上数据可以看出，学生混淆错误主要出现在由几个部件组成的合体字中，独体字较少；而在合体字中又以左右、上下结构组合的合体字为主；错误出现在中间结构所占的比例较少，并以丢失、混淆左边形态结构的形似字居多。

2. 认识词不认识字。

在学习过程中，学生表现出了一种独特的奇怪的识别字词的现象。

例如：学生在阅读一篇课文时，学生有时可以认识"首先"这个词，但在另外一篇课文中却不认识"先"这个字了；

又如：学生可以认识"食品"这个词，但却不能单独认识"食"这个字；诸如此类现象，如：规划的"规"，周末的"末"，生育的"育"，农村的"农"，原则的"则"等等。

3. 认识级别低的词中的字不认识级别高的词中的字。

---

① 这些字的等级均依据《汉语水平词汇和汉字等级大纲》一书来划分。

② 这里所谓的"丢失"，是指学生在汉字识别时，用一个缺少部分结构的汉字去识别另一个相似的汉字，如：用"每"去识别"海"。

在学习过程中，学生表现出能够认识级别低的词中的字，却不能认识级别高的词中的字的现象；

例如：学生可以认识“继续”这个词中的“续”，但在其他情况下，却不能认识“持续”的“续”；

又如：“建设”和“设施”中的“设”，“准备”和“准则”中的“准”，“损失”和“亏损”中的“损”，“许多”和“允许”中的“许”等等。

4. 学生有时在认读一个词时，表现出把这个词前面的字读成后面的字，把后面的字读成前面的字的现象；

例如：把“弹”读成“导”；把“迎”读成“欢”；诸如此类还有：重(量)、贩(卖)、粮(食)等等。

5. 字音难念的字难记、难学。

在学习过程中，学生表现出字音难念的字词难记忆的现象，对于这些字音难念的字词，学生多次学习但却多次遗忘；

例如：测、货、例、列、劣、屡、券、灾等等。

6. 词义抽象、虚化、有社会文化背景知识的字词难记、难学。

在学习过程中，学生表现出对词义抽象、虚化、词义复杂、有社会文化背景的词难记难学的现象，多次学习多次遗忘；

例如：迹象、界定、风声、灵活、势头、缘分等。

7. 部分笔画少、字形结构简单的字也存在容易混淆、错误率高的情况。

例如：把“处”读成“外”；把“名”读成“各”；诸如此类的还有：还、这；往、住；体、休等等。

三、美国学生识别汉字的主要特点

通过上面美国学生表现出来的识字错误的诸种问题，我们可以分析出美国学生识别汉字的主要特点。

1. 重大轻小的特点

上面提到，在易混淆的字中，两个字之间相同的部分较大，相异的部分较小的字占大多数，从这个现象中，可以看出美国学生在识别汉字时具有重大轻小的特点。

所谓“重大轻小”的特点是指：学生在汉字识别时，一方面他们的注意力或者识别重点一般是放在两个形似字的相似或相同的形态结构的部分，两个形似字的相同和相似的形态结构部分，一般是这两个形似字形态结构较大的部分；或者说学生是用心中的“汉字”形态结构较大的部分去识别目标汉字的；另一方面他们容易忽略或者模糊两个形似字不同的形态结构部分，而两个形似字形态结构不同的部分一般是这两个形似字形态结构较小的部分。

例如：“海”和“每”这两个形似字，可以看到，学生记住的是“每”这个较大的部分，丢掉的是“氵”这个较小的部分；像这样的例子还有：“另”和“别”，“至”和“到”，等等。

又如：“被”和“破”两个形似字，学生记住的是字的右边“皮”这个相对较大的结构部分，忽视的或者说混淆的是字的左边“衣”和“石”相对较小的部分；其他的字还有“际”和“标”，“推”和“堆”，“场”和“扬”等等。

又如：“今”和“令”这两个字，学生重视的是这两个字的上面较大的部分，忽略的是这两个字的下面较小的部分；像这样的字还有“寒”和“塞”；“党”和“常”；等等。

再如：“奉”和“举”这两个字，很明显可以看到，学生注意的是这两个字的下面较大的部分，忽视的是上面较小的部分；其他的还有：“货”和“贸”，“看”和“着”，等等。

总之，通过以上这些例子我们可以看到，美国学生在识别汉字时具有“重大轻小”的特点。

汉字形态结构较大的部分常常表现出的是一种整体形态特征，而形态结构较小的部分常常表现出的是一种局部的特征。因此，美国学生在识别汉字时表现出的“重大轻小”的特点也是一种“重整体轻局部”特点，并且在这些形似字中，两个字相同或相似的结构部分大于相异或不同结构部分的汉字占了绝大部分，共有 380 个左右；所以，我们也可以说，美国学生识别汉字的一个最主要的特点就是“重整体轻局部”。

2. 重外轻中的特点

所谓“重外轻中”的特点是指：学生在识别汉字时，他们识别的重点或者注意的重点，一般放在构成这个汉字的外围形态结构上，忽视的是位于这个汉字中间的结构部分。一般他们注意的外围结构也是这两个汉字在空间上形态结构较大的部分，忽视的部分是较小的部分。当他们进行汉字识别时，这些汉字的外围结构对其识别活动影响较大。

例如：“街”和“衡”这两个字，很明显，学生重视的是这两个字的左右两边的形态结构，忽视的是这两个字的中间的形态结构部分；其他的字还有：城和域，诫和试，等等；

又如：“团”和“因”这两个字，学生比较重视的是它们的外框结构“口”，而忽视了中间的“才”和“大”的细微差别；像这样的字还有：闲和闭，问和间，王和玉，鸟和乌，等等；

又如：容和客这两个字，学生也是重视了这两个字的上下两个部分的形态结构，而忽视了它们中间的形态结构部分；像这样的字还有：苦和若，遣和遗，爱和受，等等。

总之，从以上例子我们可以清楚地看到，美国学生在识别汉字时，也表现出了“重外轻中”这样的特点。因此，重外轻中的特点也是美国学生汉字识别的一个重要特点。一般来说，符合这样条件的汉字，外围结构的形态均比中间结构形态大，所以，“重外轻中”的特点也是“重大轻小”特点的一种表现形式。

“重大轻小”的特点给我们的启示是：

(1)美国学生在识别汉字时，基本上习惯于从一个汉字较大的形态结构方面入手来把握汉字。从大的形态结构入手来识别汉字，就是注重从一个具有多个特征并且相互联系的形态结构来识别汉字，而不是从一个较小的局部入手，来识别汉字。

例如：苦和若；学生在识别时主要注意的是上面的“草字头”，和下面的“口”共同组成的这个大形态，忽视的是苦字中间的“一横一竖”这个小形态，和“若”字中间的“一横一撇”；这个大的形态结构具有多个特征，学生是通过这些特征的相互联系来进行汉字识别的，他既不是单纯从草字头来识别，也不是只从口字入手来识别苦字，而主要是从草字头和口字共同组成的大形态来识别的。如果这个大形态缺少了其中的某个特征，学生可能就不能识别。“重大轻小”的 特点表现出学生在汉字识别时基本上采用的是“由大到小”的识别方式。

(2)重视大的形态，喜欢用大的形态来识别汉字，说明一个汉字的较大的形态部分对美国学生来说具有识记优势，比较容易进入学生的长时记忆，比较容易贮存在学生的长时记忆中。

(3)轻视局部的特点表明，在大形态的干扰和影响下，一些汉字的局部结构特征在学生的记忆中容易逐渐变得模糊甚至丢失。

3. 重特征分析的特点

重特征分析的特点是指，在500个形似字中，有一些字的相同或相似的部分不一定是组成这些字的形态结构较大的部分，而是组成这些字形态结构的较小的部分。这些较小的部分常常具有特别突出的或者说比较明显的特征，美国学生在识别时，他们的注意力和判断力常常受到这些比较突出的和比较明显的特征的影响，从而出现错误的识别。

例如："统"和"经"这两个字，这两个字相同的部分是"纟"，不同的部分是右边的部分，和上面的例子不同这些字右边的部分大于左边的部分。

像这样的字还有：等、第，然、热，分、公，病、症，航、船，郊、部，等等。这些字相同的部分小于相异的部分，但相同的部分都具有特征明显、突出、鲜明的特点。学生在识别汉字时都受到这些部分突出特征的较大的影响和干扰，因而极容易产生错误的识别。

重特征分析是一种"由小到大"的识别方式。但是，具有这样特点的字在500个形似字中只占很少的部分(不到5%)，因此，我们认为，这个特点是美国学生识别汉字的特点之一，但不是美国学生汉字识别的主要特点。但是这个特点告诉我们，一个汉字如果其某部分的形态特征十分鲜明特别突出，也可能会对识别产生极强的干扰作用。在这种情况下，学生才有可能采用"由小到大"的识别方式。

这里所谓的"丢失"，是指学生在汉字识别时，用一个缺少部分结构的汉字去识别另一个相似的汉字，如：用"每"去识别"海"。

4．重联系、忌孤立的特点

(1)从上面二.2、二.3、二.4的例子中，我们可以清楚地看到，在一定条件下，学生可以认读一个词，但在另外的情况下却不认识这个词中的这个字了。这些情况都表现出了美国学生具有通过识词来完成识字这样一种独特的认知特点。在认读汉字时，他们常常是把一个词(两个字的共同的外在形态和内在意义)作为一个完整的信息系统记忆在自己的长时记忆中，而不是把一个字(外在形态和内在意义)作为一个独立信息系统记忆在长时记忆中，也就是说，学生只是记住了词，而没有记住字。学生为什么只记住词而不能记住字？通过分析，我们认为美国学生在记忆一个词时，他们有时是将两个字(全部信息)相互作为一种背景关系储存在自己的记忆中，两个字之间是一种相互依存的关系；如果要激活记忆，就需要同时把握住两个字反映出的整体形态特征及全部内在信息，如果在记忆中失去了其中的一个方面的信息，另一个方面的信息也就丢失了；一个字的独立的形态特征以及相关的信息在学生的记忆中并不是十分清晰的，学生记忆中的模式是一个词(两个字)的整体的形态特征以及相关的内在信息；也就是说，学生可以知觉到词，但不能提出字。

例如：学生可以识别"规定"的"规"，但不能识别"规划"的"规"；可以识别"准备"的"准"，但不能识别"准则"的"准"；这是因为，学生已经把这两个词(两个字)的外在形态和内在意义一起储存在自己的记忆中；但"规"和"准"

单个字的信息，学生并没有真正掌握；一个词两个字之间是一种相互联系相互依存的关系，如果没有了这种关系，失去了其中的一个方面，也就是说，如果认知条件一改变，就会出现"识词不识字"等现象。

又如：把导弹的"弹"读成"导"；把曾经的"曾"读成"经"；把贩卖的"贩"读成"卖"等等。学生出现这种现象，主要原因也还是因为，在他们记忆中先有了"导弹"这个由两个字组成的一个词的模式，如果，在他的记忆中，原来就没有这样一个词(两个字)的模式，这两个字之间如果没有着某种联系，他也根本不可能把"弹"读成"导"；把"曾"读成"经"；把"贩"读成"卖"。

这种现象同样表明了，在学习过程中，学生有时是把一个词(两个字)作为一个完整的信息系统储存在自己的记忆中，是把组成一个词的两个字之间的某种联系当做一种背景关系来加以利用的。识词不识字的现象，一方面表现了美国学生的独特的认知特点，另一方面表现了一个词两个字之间的相互背景关系对美国学生汉字认知活动可以产生巨大的影响。在汉字识别过程中，学生常常是根据组成一个词的两个字之间的各种背景关系来进行识别的；具备一定的背景关系，学生可以识别，不具备一定的背景关系，学生就不能识别。

(2)学生多次学习、多次念错、多次遗忘的词。

为什么会出现这样的情况？字词的声音系统和汉字的记忆、汉字识别之间有什么关系？通过对这些字、词的分析，我们发现，这些字、词的声母或韵母多为美国学生比较难读的音素，如：z、c、h、l、q、u，uo 等等；另一方面由这些音素和其他音素组成的音节也比较难读，例如：huo、lie、quan、lu 等等 。

教学实践中证明，学生在学习这些难念的音素和音节时比较困难，他们学习掌握这些字、词的发音比较难。不会读这些字、词，也就很难建立起这些字、词形态、意义和声音之间的联系，完成形、音、义的通达。另外，我们还发现，这些美国学生常常有"依声识词"的习惯，他们常常因为记不住一个字词的声音，也就记不住这个字词的外部形态和内在意义。例如：有的时候，我们向学生展示一个字词时，学生不能认识这个生词，可当我们给他们提供了这个字词的声音，他们常常就能回忆起这个字词的其他方面的信息。从这个特点可以看出，在学习过程中，学生还把一个字词的声音系统作为这个字词的重要背景关系来加以利用。记住了一个字词的声音有利于这个字词意义和形态的记忆，记不住字词的声音不利于字词意义和形态的记忆。外国学者在英语认知研究的过程中，也得出了同样的结论，他们认为：单词的识别是通过看见单词，将视觉表征转变为音位或声音表征，并运用它从词汇记忆中进行回收而完成的(Rubenstein，Lewis&Rubenstein，1971)。有的中国学者也认为：语言要素的记忆与构成因素能否发音有关(彭聃龄，1991)。事实上，美国学生在识别汉字的过程中，有的时候他们就是通过识别汉字的形态表征，然后再将这个形态表征转变为声音表征，并运用声音表征来激活记忆，完成识别。汉字的声音系统实际上可以起到一个完成识别模式的桥梁的作用。因此，声音也是汉字识别的重要背景关系。

(3)特别难学难记的字词。

我们仔细研究这些词后，发现这些词都有一个共同特点，即：词义比较抽象、虚化、复杂、模糊，常常蕴含着特定的社会文化背景知识，蕴含在这些词中的信息量一般都比较大。长期的教学实践证明：词义简单、清楚的词易学易记；词义过于抽象、虚化、复杂的词难学难记。

例如："风声"和"消息"，这两个词在词义上非常接近，但实际上"风声"比"消息"信息量大；这是因为风声中还有"借着风而游走、不是从正式渠道传出来的消息的意思"；"风声"有特定的背景知识，而"消息"没有这些信息。因此，"风声"和"消息"在使用上就有所不同。

另外，"迹象"和"现象"；"势头"和"形势"等等也是如此。

在学习过程中，学生如果没有准确地把握住这些词的主要信息，他们也就很难记住或用好这些词。这个特点告诉我们，词义和蕴涵在字词中的诸多内在信息也是学生识别汉字的背景关系。正如有的研究者所指出的那样，"单词识别决定于与单词意义一起储存在记忆中的书写和视觉的表征。""语言要素的记忆与构成因素是否有意义有关"(彭聃龄，1991)。因此，蕴涵在字词中的意义也是汉字认知过程中的重要背景关系。

(4)部分笔画少结构简单的字易混淆。

人们常常认为笔画少、字形结构简单的字容易学习，不易混淆。可美国学生在汉字学习过程中，却表现出了一种奇怪的现象，即：学生在认读一部分笔画少、字形结构简单的形似字时反而容易出现多次混淆的情况，并且多次学习多次混淆。这是什么原因呢？当然，一个重要的原因是，学生在自己的长时记忆中还没有建立起这些字的清晰的形态，汉字的识别能力还比较低。但是，除了这些原因外，我们认为也有背景关系的原因。虽然这些字笔画少、字形结构简单，整体特征十分相似；但是，正是这些特点才使这些字之间的区别性特征很小，缺少区别性特征和信息，就是缺少能区别两个事物之间的背景关系，也就不能给识别者提供更多的有利于识别的区别性的细节特征和信息，当然就容易引起混淆。

例如：未和末，各和名，处和外，对和过；等等。

总之，一部分笔画少、字形结构简单，整体特征又十分相似的形近字不能给识别者提供较多的具有区别性意义的细节特征的信息，不能提供较多有利于学生识别的背景关系，当然也就极易使学生产生错误的判断。

心理学家帕尔曼和比德曼，在他们的研究中，也指出了同样的观点：人们在识别事物时，如果被识别的事物之间具有相互联系的关系，或者说在恰当的背景关系中，比较容易完成正确的识别；如果缺少事物之间的联系和背景关系或者在不恰当的背景关系中，对事物的正确识别率，要低得多。①

通过以上分析，我们可以看到，“重联系忌孤立”亦是美国学生识别汉字的一个重要特点。

重联系、忌孤立的特点给我们的启示：

通过对以上“识词不识字”等现象的分析，我们可以看到，美国学生在识别汉字时表现出的“重联系忌孤立”这样的一种认知特点。这种特点充分表现了美国学生在识别汉字时，他们比较重视从这些汉字之间具有的各种信息（背景关系）中的相互联系中来认识它们，把握它们，从而来完成识别。具有一定的背景关系，有利于识别；没有背景关系，缺少一定的细节特征，不利于识别。

四、关于美国学生汉字教学的原则性意见

1. 在一定的学习阶段，形似字混淆是美国学生在汉字学习中表现出的最大的问题。其实，这个问题，在中国人汉字学习的过程中，同样亦是一个常见的问题，有人做过统计，中国学生到了小学五、六年级时错字现象依然很严重，② 甚至到了初中依然有错字现象。因此，在教学中，要对这个问题高度地重视，要把学生的识别错误放在一个较长的学习过程中加以解决，千万不能有一蹴而就、一劳永逸的想法。

2. 要将学生容易混淆的形近字进行科学的统计和筛选，然后根据学生习得的难易程度把这些极易混淆的形近字循序渐进合理地安排在教学中；要在总体设计、教材编写、课堂教学、课下作业，各种测验、考试中都要进行科学合理的安排。

---

① 引自：彭聃龄．语言心理学［M］．北京：北京出版社，1991：117 页。

② 同上。

3. 在具体教学中，要根据美国学生汉字识别的特点进行有针对性的教授。

例如：针对学生具有“重大轻小”的特点，在教授汉字的时候，既要充分发挥学生识记“大结构”的优势，又要注意加强对“小结构”以及细微差别的讲解，要注意加强“小结构”和“大结构”之间的联系，避免“小结构”的丢失和混淆。

又如：学生在识别汉字时具有“重联系忌孤立”的特点，这就要求我们在教学中，千万不要孤立地教授笔画、部件、汉字，一定要千方百计想尽各种办法，既要注意讲解不同笔画的细微差别，又要重视加强组成一个字的部件和部件的联系、加强字义和形态的联系、字义和声音的联系，双音节词的字和字之间的联系，重视对一个字、词的背景关系的讲解。

再如：有些汉字具有某种独特突出的形态特征，常常会干扰影响正确的识别。在遇到这样的问题时，一方面如上所提到的一定要加强组成这个字的部件和部件之间的联系，另一方面还可以从字的部件构成字理、组词、正误对比等方面进行认真详细的讲解。

总之，在对外汉语教学中，我们既要高度重视汉字教学，又要针对学生在识别汉字时出现的特点进行有针对性的教学，这样我们才能取得事半功倍的效果。

参考文献

[1] 黄希庭，李文权，张庆林．认知心理学 [M].（罗伯特．L．索尔索）北京：北京教育出版社，1990 ：116.

[2] 彭聃龄．语言心理学[M]. 北京：北京大学出版社，1991 ：117.

[3] 王碧霞，李宁，种国胜，徐叶．从留学生识记汉字的心理过程探讨基础阶段教学 词汇文字研究与对外汉语教学 [C]. 北京：北京语言大学出版社，1997：553—565.

[4] 祝新华．语言能力发展心理学[M]. 杭州：杭州大学出版社，1993：70.

[5] 谢锡金，张瑞文，刘国升，余慧贤，薛玉梅．香港初中学生错别字研究 [J].《教育曙光》，1995 ：（36 ）香港教师会出版，104—112.

[6] 吴晓春. 汉字认知过程中的背景联系效应. 首都外语论坛(第二辑) [C]. 北京：中央编译出版社 2007：607—616.

[7] 张旺熹. 从汉字部件到汉字结构[C]. 北京：北京语言大学出版社，1997：526－541.

[8] 黄亢美. 字理识字 识字教育科学化方法选粹[C]. 北京：中国轻工出版社，2006：49—67.

尝试汉语口语课任务式教学

——以《汉语口语速成(提高篇)》教学为例

阎　彤

提　要　任务式语言教学法是近年来在欧美较有影响的教学法。《汉语口语速成》是为短期来华留学生编写的、以培养学生口语交际技能为主的课本，吸收了任务式教学法的一些理念。本文尝试以《汉语口语速成——提高篇》为基本教材，探讨该阶段汉语口语课的任务式教学。

关键词　任务式　教材　口语教学

一

"任务式语言教学"，即 Task-based Language Teaching，是交际语言教学的发展，是目前极具影响力的第二语言教学法。对于应用语言学来说，20 世纪 90 年代后期可被称为"任务的年代"。采用任务式教学对于解决传统语言教学中长期存在的问题，对于优化学生的学习方式、激发学生的学习动机、实现个性化学习以及发展学生自主学习能力等多方面有帮助。我国教育部 2001 年颁布的《全日制义务教育 普通高级中学英语课程标准(实验稿)》明确倡导任务式语言教学。

《汉语口语速成》是为短期来华留学生编写的、以培养学生口语交际技能为主的一套系列口语教材，考虑到实用性和时效性，选择与学生的日常生活、学习、交际等有直接关系的话题、功能和语言要素进行教学。该套教材 1999 年出版，在国内较多使用，并多次再版，其韩国版《汉语新攻略》在韩国更是畅销。与以往教材不同的是，这套教材尝试"吸收了任务式教学法的一些经验，尽量选取和加工真实语料，使用图片、实物图示等手段丰富信息，力求在语料选取、练习形式等方面有所突破"(见《汉语口语速成》前言)。其作为任务式口语教材的尝试，在《提高篇》一册表现明显：在编排顺序、教材内容、输入材料、材料类型、版面设计、活动形式等方面，与传统教材已有所不同，为任课教师探索外国留学生准中级/中级汉语这一阶段口语课的任务式教学提供了一个平台。

第二语言任务式教学是一个系统性的教学途径。然而就对外汉语教学来说，在整体大格局未变的情况下，在传统教学理念、教学大纲，尤其是评估方式、评估标准的条件下，尝试任务式教学，需要解决的问题很多。如：如何做到与原有系统相容，如何与其他科目任课教师，上下游教师，尤其是与同头课教师协调；如何解决同头教学进度以及考核一致的问题；如何处理教材“遗传”下来的按结构功能大纲排列的生词、语法点；具体操作时，是采用狭义任务定义、完全遵从任务式教学模式，还是选用广义任务定义，较宽泛地把握，以至于做些折中甚至妥协？

二

任务式教学主张在“做中学”，通过选择、编排教学任务及教学模式，创造有交际意义的真实的语言环境，使学习者在执行语言使用任务的过程中习得语言；在完成语言使用任务的同时，注重语言形式，把语言形式融入流利的语言行为中，使学习者的语言表达得到流利、准确的均衡发展，最终构建和扩展二语学习者的中介语系统。

任务式语言教学中，最关键的概念是“任务”。而对“任务”的定义又有宽严之分。对语言教师来说，定义宜宽不宜窄，否则任务的设计和实施就会缺乏灵活性，操作起来也会有困难。因此，我们在教学中采用 Ellis 于 2003 年在 *Task-based Language Learning and Teaching* 一书中给任务下的定义：“任务是那些主要以表达意义为目的的语言运用活动。”

设计任务，据程晓堂归纳，要遵守六项原则：(1)真实性原则。任务要具有一定的真实性，要接近现实生活。(2)目的性原则。教师学生都要清楚任务的具体目标：学生需要做什么，完成任务的结果是什么。(3)“做事”原则。任务必须有做事的过程，如访谈、决策、展示和报告等。(4)信息交流原则。学生在完成任务过程中，必须有用目的语获取、处理和传达信息的过程。(5)表达意义的原则。所谓任务，必须重在表达意义，而非以操练语言形式为主。而表达意义，又重在使学生表达自己真正想说且别人未必知道的观点或信息。(6)结果原则。要有一个明确的结果以判断任务是否完成，以及检验任务完成得怎么样。

三

《汉语口语速成——提高篇》，在没有汉语任务式教材先例可循的情况下，作为一种尝试，尽管保留了传统口语教材的某些框架，但在很大程度上遵循了任务式语言教学的教学思想。

1. 基本做到以任务为核心。在编排顺序上，在兼顾一定的知识体系的同时，它尝试以话题为主线安排教材内容和结构，并根据任务的难度确定编排顺序；在语言知识的处理上，尽管采用明示的方式操练和巩固语言知识，但相应知识基本是根据任务的需要重点引入的；从教材内容上看，尽管还保留了相当部分的书面练习，但安排了涉及学习者在中国生活、学习、社交、工作等多方面的交际任务；从输入材料上看，虽然主要提供了可供模仿的范例短文和对话，但这些却也大多是为学生完成任务提供的材料；就材料类型而言，教材里有相当多的图表等非文字材料，同时，为完成任务，有些信息需要学生自己去获得；从活动形式上看，虽然有一些学生独立完成的练习，但也有大量的小组活动，学习者有较多的自由发挥空间。

2. 基本使用真实语言材料。课文中的对话，语境较为真实，说话者与听话者都能了解材料产生的语境；使用了一些新出现的词语和表达法，有些口语表达并不强求规范、完整；使用了一些俚语和非正式用语，但有意识将词汇控制到乙级，语法控制在丙级；基本根据实际交际需要控制篇幅；基本能根据语言使用目的选择体裁。

3. 重视交际的真实性。尽管一些任务前的准备活动练习也有纯粹操练语言形式之嫌，但每个话题的大任务，多数具有真实的交际需求、语境以及对象。

当然，能否较好地开展任务式语言教学，教材只是提供了一个思路与平台，具体操作还要看任课教师的设计和组织，根据需要选择使用。

四

我们试以《汉语口语速成——提高篇》第2课“健康第一”这一话题为例，探讨任务式口语教学的展开。

Ellis在他的*Task-based Language Learning and Teaching*中把任务式语言教学操作模式总结为任务前(the pre-task phase)、任务中(the during-task phase)和任务后(the post-task phase)三个阶段。我们在具体操作中采纳这一模式。

任务前阶段

要让所有学生清楚任务是什么，任务的具体结果是什么，并调动起学生参与的兴趣和动机。

1. 事先根据人数把学生分成若干小组，将话题“怎样才能保持健康”和“关于补药”告诉学生，提出任务：A. 各小组根据自己的兴趣选择一个话题，或自己另外提出相关话题。然后在组内围绕话题进行讨论，最后形成一个口头报告，口头报告时间长度要有规定。B. 各小组选出代表在班上展示口头报告（Oral Presentation）。C. 将课文中的4段对话或课文分别分配给各小组，作为任务前的语言展示，并负责解答其他小组的提问。

建构主义是任务式语言教学的理论基础之一，强调学生的参与、探究、归纳和合作等学习。因此，在上课之前，学生事先做一定准备是必要的。

2. 上课时，教师首先将与话题有关的关键词写在黑板上展示给学生，引导他们就此展开头脑风暴（brain-storming），一起添加相关词语，不管是学过的还是没学过的。然后让学生在课文生词表中将他们认为和保持健康有关的词语挑出来备用。

3. 各小组将所负责的对话或课文用表演的形式展示给全班，一个小组展示结束后，让全班学生从中找出与自己话题相关的观点和事例，以及有用的词语和表达方式，有不懂的地方，向负责小组提问。在需要的时候，教师提供必要的帮助。

任务中阶段

学生分组活动，就各自话题进行讨论，分工合作，准备小组的口头报告。其间老师为各小组提供语言咨询帮助，起脚手架（scaffolding）的作用。

根据Ellis的观点，在这个环节，各小组应由学生控制话题的发展，师生之间、学生之间的问答应该体现真正的交际：话语结构比较松散，接近日常会话；问答并无既定答案，交际出现障碍时，彼此进行意义协商；教师提供帮助，为的是让学生说出他们想说的话，而不是刻意用语法点造句，主要针对学生语言内容提出反馈意见，而不是只针对语言形式；重复别人的话，是出于确认、澄清等个人交际需要，而不是刻意让全班都听到标准答案。

任务后阶段

作为任务的结果，这一阶段的活动是在全班面前完成的。各小组集体或派代表就所选话题做口头报告，这既是成果展示，对其他学生来说，也是再次学习的机会。每个小组展示之后，教师组织学生对任务完成情况做出评价：哪些地方说得好，有道理，哪些地方没说清楚；哪些词语用得好，哪些用得不合适，哪些句子换一种说法会更好，等等。

完成任务后，可以引导学生重点总结语法点和句式，尤其针对用错的和该用而没用的表达形式，进行讲解和练习。课文后的语言点练习，可以在这时有选择地操练。

任务式语言教学对交际法的完善就在于，它不仅重视交际的流利性，而且重视语言形式的准确性和得体性。

五

任务式语言教学模式是一个完整的较大规模的系统工作，涉及每个学生的具体情况及需求、教师培训、办学条件、教学理念、语言任务大纲、任务式教学评估标准及操作模式，以及任务式语言教材、任务式课程设计，而这一切的基础是需求分析。然而在上述条件尚未完全成熟的情况下，任课教师也不能一味等待，可以在有限的条件下，在自己所教课上进行局部的趋于任务式、或者准任务式的语言教学探索，以提高教学效果。

考虑到国内对外汉语教学的整体现状，以及多数学校对四年制本科生有最终 HSK 成绩的要求，建议任务式教学探索可先在普通进修生班级学生中展开。

参考文献

[1] 程晓堂．任务型语言教学[M]．北京：高等教育出版社，2004.

[2] 马箭飞．任务式大纲与汉语交际任务[J]．语言教学与研究，2002(4)：27－34.

[3] 马箭飞，李小荣．汉语口语速成．提高篇[Z]．北京：北京语言大学出版社，2007.

[4] 赵金铭．汉语作为第二语言教学：理念与模式[J]．世界汉语教学，2008(1)：93－107.

[5] Bachman，L. F. *Fundamental Considerations in Language Testing* [M]. Oxford：Oxford University Press，1990.

[6] Ellis，R. *Task-based Language Learning and Teaching* [M]. Oxford：Oxford University Press，2004.

[7] Johnson，K. An Introduction to Foreign Language learning and Teaching [M]. Pearson Education Limited，2001.

建构主义理论在对外汉语教学与学习中的应用

沙 杰

提 要 利用皮亚杰建构主义和维果斯基文化历史发展理论的基本观点，探讨了在对外汉语教学中充分利用学生已有的学习经验，使教师的“教”与学生的“学”具有“民主性”，从而促进对外汉语教学的发展。

关键词 建构主义 对外汉语 教学 学习

皮亚杰关于建构主义(constructivism)的基本观点是，儿童是在与周围环境相互作用的过程中，逐步建构起关于外部世界的知识，从而使自身认知结构得到发展的。儿童与环境的相互作用涉及两个基本过程：“同化”与“顺应”。同化是指个体把外界刺激所提供的信息整合到自己原有认知结构内的过程；顺应是指个体的认知结构因外部刺激的影响而发生改变的过程。同化是认知结构数量的扩充，而顺应则是认知结构性质的改变。认知个体通过同化与顺应这两种形式来达到与周围环境的平衡，当儿童能用现有图式去同化新信息时，他处于一种平衡的认知状态；而当现有图式不能同化新信息时，平衡即被破坏，而修改或创造新图式(顺应)的过程就是寻找新的平衡的过程。儿童的认知结构就是通过同化与顺应过程逐步建构起来，并在“平衡——不平衡——新的平衡”的循环中得到不断的丰富、提高和发展。自身与环境达到平衡的具体途径是同化与顺应。孩子遇到新的东西时，总是试图用原有的认知结构去“同化”它。如果同化不成功，他就要调整自己的认知结构或创立新的结构，即改变自己的行为方式来适应环境，这叫“顺应”，才能进一步同化新事物，这就意味着原有的认知结构需要调整，这样他的认知结构就有了发展，儿童学习语言并没有 LAD (language acquisition device)，也没有普遍语法，而是运用了这种同化和顺应的能力，也就是认知能力；他们总是用他们熟悉的结构去创造新的用法，用他们熟悉的形式去理解不熟悉的话语。

在外语学习中，也许我们不能像小孩那样自然习得另一种语言了，所以学习过程中带有有意识地“learn”的成分。从另外一个角度来说，我们利用Partial access，以提供自然习得的机会，如看电影，广泛阅读等等。从这个角度说，我们是在运用这个mechanism，或者说是顺应这个mechanism来指导外语学习的决策。这也是为什么行为主义教学法慢慢淡出，pattern drill的教学形式逐渐被更加建构的方法所代替的原因。

比如电影在对外汉语教学中的应用。因为电影对白往往都是连接着一个故事，所以这种趣味性的学习材料有利于减轻长时间听汉语的疲劳；此外，电影语言丰富多彩，语气变化万千，有不同的语调、节奏和断句方法，它包含了各个层次、各种人物的语言，能激发人们无限的兴趣。总之，电影为学生提供了很好的学习和了解该语言文化的环境和机会，它将语言教学置于丰富多彩的文化背景之中，学生在了解真实的人、真实的国家的同时，不知不觉地习到了语言知识。因此，电影在对外汉语教学中的应用改变了以往单一的教学模式，是符合、适应对外汉语教学教育发展需要的。

在皮亚杰的“认知结构说”的基础上，维果斯基(Vogotsgy)提出的“文化历史发展理论”，强调认知过程中学习者所处社会文化历史背景的作用，并提出了“最近发展区”的理论。维果斯基认为，个体的学习是在一定的历史、社会文化背景下进行的，社会可以为个体的学习发展起到重要的支持和促进作用。维果斯基区分了个体发展的两种水平：现实的发展水平和潜在的发展水平，现实的发展水平即个体独立活动所能达到的水平，而潜在的发展水平则是指个体在成人或比他成熟的个体的帮助下所能达到的活动水平，这两种水平之间的区域即“最近发展区”。在此基础上以维果斯基为首的维列鲁学派深入地研究了“活动”和“社会交往”在人的高级心理机能发展中的重要作用。所有这些研究都使建构主义理论得到进一步的丰富和完善，为实际应用于教学过程创造了条件。

建构主义学习理论认为“情境”、“协作”、“会话”和“意义建构”是学习环境中的四大要素或四大属性。“情境”：学习环境中的情境必须有利于学生对所学内容的意义建构。这就对教学设计提出了新的要求，也就是说，在建构主义学习环境下，教学设计不仅要考虑教学目标分析，还要考虑有利于学生建构意义的情境的创设问题，并把情境创设看做是教学设计的最重要内容之一。“协作”：协作发生在学习过程的始终。协作对学习资料的搜集与分析、假设的提出与验证、学习成果的评价直至意义的最终建构均有重要作用。

“会话”：会话是协作过程中的不可缺少的环节。学习小组成员之间必须通过会话商讨如何完成规定的学习任务的计划；此外，协作学习过程也是会话过程，在此过程中，每个学习者的思维成果(智慧)为整个学习群体所共享，因此会话是达到意义建构的重要手段之一。“意义建构”：这是整个学习过程的最终目标。所要建构的意义是指：事物的性质、规律以及事物之间的内在联系。在学习过程中帮助学生建构意义就是要帮助学生对当前学习内容所反映的事物的性质、规律以及该事物与其他事物之间的内在联系达到较深刻的理解。这种理解在大脑中的长期存储形式就是前面提到的“图式”，也就是关于当前所学内容的认知结构。由以上所述的“学习”的含义可知，学习的质量是学习者建构意义能力的函数，而不是学习者重现教师思维过程能力的函数。换句话说，获得知识的多少取决于学习者根据自身经验去建构有关知识的意义的能力，而不取决于学习者记忆和背诵教师讲授内容的能力。

同化和顺应，是学习者认知结构发生变化的两种途径或方式。同化是认知结构的量变，而顺应则是认知结构的质变。同化－顺应－同化－顺应……循环往复，平衡－不平衡－平衡－不平衡，相互交替，人的认知水平的发展，就是这样的一个过程。学习不是简单的信息积累，更重要的是包含新旧知识经验的冲突，以及由此而引发的认知结构的重组。学习过程不是简单的信息输入、存储和提取，是新旧知识经验之间的双向的相互作用过程，也就是学习者与学习环境之间互动的过程。

因此，教学不能无视学习者的已有知识经验，简单强硬地从外部对学习者实施知识的“填灌”，而应当把学习者原有的知识经验作为新知识的生长点，引导学习者从原有的知识经验中，生长新的知识经验。教学不是知识的传递，而是知识的处理和转换。教师不单是知识的呈现者，不再是知识权威的象征，而应该重视学生自己对各种现象的理解，倾听他们时下的看法，思考他们这些想法的由来，并以此为据，引导学生丰富或调整自己的解释。

教师在指导学生“民主”参与学习过程时，要提供给他们充足的应用空间(Application space)，通过眼睛看、耳朵听，让学生主动去学习生词和语法，并学以致用，通过讨论进行学习，不强硬地照搬别人的东西和经验。

参考文献

[1] [瑞典]皮亚杰著，姜志辉译．心理发生和科学史[M]．上海：华东师范大学出版社，2005.

[2] [美]劳拉·贝尔克 [美]亚当·温斯勒著，谷瑞勉译．鹰架儿童的学习：维果斯基与幼儿教育[M]．南京：南京师范大学出版社，2007.

[3] 何克抗．建构主义革新传统教学的理论基础[J]．中学语文教学：2002(8).
[4] 范琳，张其云．建构主义教学理论与英语教学改革的契合 [J]．外语与外语教学：2003(4).

汉语作为第二语言课堂中的教师角色分析

吕玉兰

提　要　本文主要分析了在对外汉语课堂中教师的角色定位问题，认为教师应该同时满足语言教师角色，汉语文化的代表和平等的有个性的朋友这几个基本角色。本文还就这几个角色具体内涵进行了阐述。

关键词　课堂教学　教师角色　对外汉语教学

一、引言

在社会心理学中，角色指某个个人在特定的团体或特定交往中所占有的位置或者具有的身份。课堂教学作为一种社会行为，要求语言的每个使用者在交际活动中各自扮演一定的角色，因而也就形成相应的角色关系。本文主要分析汉语作为第二语言课堂中的教师角色。

二、作为语言教师的角色

关于第二语言课堂教学中的教师角色，Hedge，Nunan，Richards 和 Rogers 等都进行过比较详细的讨论。不少学者也指出，在课堂教学中，第二语言教师的角色是多重的，比如 Littlewood 列举了以下一些角色：协调者、课堂组织者、语言源、评价者、合作交流者、顾问、监控者。谭春健(2003)指出，在口语课堂中，教师的角色主要可以分为五种：示范者，信息提供者，互动交际参与者，监控辅导者和反馈者。

我们认为，教师在课堂言语交际中的角色与具体的教学行为有联系，但不是一一对应的关系，在总体上，是一种多重的角色关系，只是在不同的言语交际情景中有所侧重。我们主张在对外汉语课堂中，实行交际法语言教学。因此，要着重分析在这样的教学方法指导下，教师在言语交际中的角色地位，我们认为，教师应满足以下一些角色定位。

(一)语言教师

课堂言语交际中的教师角色分为几个方面，首先，相对于学生，他是一位语言教师。语言教师的角色又可以分为，语言方面的角色和教师方面的角色。下面我们先分析对外汉语教师在语言方面的角色定位。

1. 语言资源

在我们所讨论的在华的对外汉语教学情景下，教师母语为学生学习的目的语，因此学生自然地认可教师对目的语形式的输出、判断和评价，他们对教师有"语言形式"方面的信息获得期望，解惑期望，获得评价的期望等。也就是说，教师作为语言资源和评价者的角色是客观存在的，在这方面，对外汉语教师享有天然的权威性。

下面的例子体现出教师作为学生的"语言资源"的角色。学生在遇到表达上的形式障碍时，尤其是目的语语言形式储备不足时，教师作为"语言资源"的角色变得更为明显。师生间是一种类似于"资源—用户"的关系。

例 1：[①]

(课堂上讨论骑车和开车各自的优缺点)

林采庆[②]：宽的反义词是什么？

师：宽的反义词是窄。(板书：窄)

林采庆：很窄的路上，骑车更方便。

教师的语言资源地位也就衍生了他对学生的语言形式的评价者地位，师生间表现出语言形式评价者和语言形式的被评价者的关系(教师在学生表达的语言内容上也具有评价者的地位，但是有所不同)。表现在教师对学生言语的各种形式反馈上，比如纠错、评价、提示等。

同时，我们应该看到，在华学习的环境为学生提供了广泛接触其他以汉语为母语的人群的机会，教师作为语言源的权威地位不是不可替代的。对学生来说，教师不但要成为内容权威——语言资源，更重要的是成为一个方法上的权威：语言教学专家，给予学生更多的协助、善意和支持。

教师如果对学生学习的指导作用不明显，使学生主观上没有认识到教师的指导作用，就会对正规的课堂教学失去热情。例 2 中的学生就转而热衷于马路语言。

例 2：

仲诚：……还有以后认识更多的中国的人，有三个美国人，一个韩国人，还有两个中国人都是说唱，我觉得，真的不错，我们有机会就在一起说唱。我觉得这样学得语言更快一点，还有我觉得我的，我的中国朋友很多，所以我喜欢北京话，这样的话我的语言水平会说得更好。

2. 作为教师的角色。

作为语言教师的另一个角色重点在于“教师”角色本身。在课堂言语交际中，教师的地位表现在以下几个方面：

1)课堂上的主导。

在课堂言语交际中，我们提倡以“教师为主导，以学生为中心”的课堂模式。我们重点讨论作为“主导者”的教师的一些具体的课堂角色。

Brown，H. D (2001)指出，在互动交流中，教师具有多种角色定位，保证课堂教学的合理的组织，有效率地进行，包括要进行控制、指导、管理、促进等。具体内容如下：

控制者(controller)：决定他们做什么，什么时候学生可以说话，决定学生用什么语言形式。

例 3：

华夏：在中国我不清楚，但是我在中国，以前我不知道。够吗，还是要继续说？（注：指时间够不够）

师：可以了，……

促进者(Facilitator)：促进学生的学习，帮助学生解决困难，找到捷径，不太控制学生而是让学生自己找到成功的途径。也就是说，教师“主导”地位并不意味着教师决定一切。我们认为，教师作为组织管理者，比较理想的角色应该是控制者与协作者的统一。课堂上有更多的民主协商，让学生有更多的机会参与课堂管理，这样，师生间的言语交际就显得更加平等，课堂教学效率更加有效。因此，教师作为主导，一方面是作为组织管理者，另一方面还要作一个民主课堂的协商者。

2)教师作为教育者

作为教师，要在一般教育学意义上给学生的学习生活和个性发展以积极的影响，例如：增强学生的动机，改善学生的态度，培养健康向上的情感，培养多方面的知识信息和思维策略。

三、教师作为目的语文化代表

在课堂教学中，教师往往是课堂中唯一一位目的语文化的成员，并且是在较长一段时间内持续地与学生进行交往，参与言语交际活动。刘正光(2001)指出：“当交谈的双方分属不同的群体或社团时，说话的人更多的是被视为群体的代表。”因此，教师往往被看做是目的语人群的代表。教师作为目的语文化的代表，决定了他在课堂言语交际中作为学生目的语社会生活的顾问和作为跨文化交际的指导者的角色。我们将分别进行说明。

(一)目的语社会生活(环境，习俗，文化)的代表与顾问

在中国国内学习汉语的学生，作为一个在目的语社会生活的人，除了有语言学习上的需求和兴趣以外，还要适应中国社会生活习惯，了解中国的风俗和社会状况，体察中国文化的内涵和价值。教师作为课堂上唯一的目的语文化群体的代表，往往成为学生寻求帮助的对象。

例 4：

(1)附近哪一个餐厅比较好吃？

(2)去哪儿可以买礼物给家里人？

(3)北京附近有什么好玩的地方？

(4)从学校到后海怎么坐车？

这些问题反映出学生在生活适应方面的困难。而教师作为本地人，理所当然地成为学生寻求帮助的选择之一，所以学生就会带着各种问题或疑问要求得到解答或确认。学生往往想当然地认为教师应该知道所有的这些信息，因此怀着很大的希望。而教师却不可能成为一个全知全能的“中国生活百科全书”。为解决这个矛盾，教师应在逐步积累一些对学生来说比较有用的生活资讯，解决学生的一些实际困难。

另外，也可以以此为契机，引导学生自己查找有关信息，比如可以告知在哪些电视或者报纸，广播中可以查找到这些信息等，从可持续性的角度来看，这种途径更有利于学生的自我适应。总之，教师应该是学生的目的语生活环境、生活习俗的顾问，以及克服目的语生活环境困难的协助者。

教师除了作为“语言教师”和“目的语语言的标准使用者”出现外，作为一个经常与学生接触并且关系较为稳定的目的语社会成员，要自然而然地成为学生的“文化咨询顾问”。例 5 中教师就在这方面成功地为学生解答了文化方面的问题。

例 5：

欧子风：我看了一个中国古代的小说。很难，脑子很糊涂。

师：你看的是汉语的？

欧子风：不是，是英语的，你知道吗，*scholars*？

师：嗯，汉语叫《儒林外史》。那里的人物常常换。

欧：对对对，他们常常死了，然后说别的朋友的故事。

相反，教师如果对自己的母语文化都不甚寥寥的话，会影响与学生的交流，也影响教师在学生心目中的魅力与权威形象。

(二)跨文化交际中教师的角色：跨文化交际的参与者，学生跨文化交际能力的培养者

教师在课堂言语交际中的角色之一，就是作为一个跨文化交际的参与者。对这种特殊地位，袁新(2003)："对外汉语教师，无论是在本国从事对外汉语教学，还是在异国教授汉语，首先是一个跨文化交际的行为，其次才是一个教授汉语的行为。"

教师的教育者地位和目的语文化代表的地位，还赋予教师更多的责任和角色，除了为学生的目的语生活适应问题提供必要的咨询和协助以外，教师面临的另一个重要问题是，在学生对现象有一定的了解以后，如何与学生一起分析各种社会文化现象，并且透过现象看本质，引导学生从了解到理解，进一步加强学生的跨文化交际意识和能力。

教师要充分引导学生进行客观分析，鼓励学生在实践中努力提高自己的跨文化交际能力，帮助学生培养起对目的语，目的语人群的正面态度，通过了解目的语文化来增强学习的内在动机，并且可以通过对多种文化观念的整合来完善个人的人格魅力，得到全面发展。

四、教师作为平等的对话者和有个性的朋友

传统的师生关系是一种自上而下的关系模式，教师处于管理者、监督者的地位，而学生是被管理者。在这种关系下，学生的个性和主体性得不到发挥，因此要改变教师传统的角色定位，实现教育者与学生的全面合作：应该尊重学生，建立民主、平等的师生关系。

教师应当是"平等者中的首席"，要成为"内在于教育情境中的领导者"。(张东娇，2003)而不能把自己看成是绝对的权威，否则将导致学生缺乏自我肯定的意识和自信心，从而造成学生主体性的丧失。教师应摆脱发号施令者、裁判者、独奏者的角色，而要以平等的合作者、促进者的身份进入学生的内心世界。

对外汉语课堂中，教师与学生之间建立更为平等的关系有其客观上的有利条件。在学生是成人的情况下，学生参加学习往往并不只是完成学校教育的一门课程，也并非是迫于家长的意愿，而更是一种有自我选择权利的、有自发目的的学习。比如为了商业需要，学术研究需要等等。这就使得教师与学生之间的角色关系有了更多的社会色彩。

首先，学生更加遵守课堂纪律并按一般的社会规则尊重教师，教师不必

像在未成年人课堂上那样为纪律管理做出较大的努力。而且学生也更趋向对教师平等对待，因此学生有更大的意愿来对课堂施加影响，做出评价甚至决定。

其次，在成人学生面前，对外汉语教师的权威地位与服务地位是并存的，这就需要教师充分调整好自己与学生之间的角色定位，在民主协商的前提下推动课堂进程。

此外，成人学生有一定的知识和社会阅历的积累，他们对社会生活各个方面的认识与教师相比往往并不逊色。而语言课堂丰富的话题内容为他们共同探讨、共同交流创造了条件，而语言形式本身往往只成为交流的工具。

在课堂言语交际中，教师要避免自以为是，而要努力在课堂中创造平等的意义交流、情感交流机会，成为学生的平等对话者，并且在与学生的平等对话中，达到信息交流的目的，促进教学相长。

例 6：

金：动画小说，好像动画的小说。

师：好像动画的小说，和漫画一样吗？动画和漫画一样吗？

金：比如说法国的《小的王子》。(备注：一般译为《小王子》)

师：法国的？

有一个女生：法国的。有名的。

师：法国？

(几个学生告诉老师)

在课堂言语交际中，教师实际上与学生进行着两种类型的互动，(Widdowson H. G.，1999)。一个是以社会角色地位为导向的互动(position-oriented interaction)，一个是以个人为导向的互动(person-oriented interaction)也就是说，除了做一个与学生平等对话的“教师”以外，更重要的是做一个与学生坦诚交往的展现个性的朋友。

美国心理学家罗杰斯提出了人际关系三要素：即真诚，接受和理解。他认为，真诚作为人际关系的总原则，主张表里一致，反对虚伪。[3]对外汉语教师应遵循真诚原则，与学生做到心心相通。

例 7：(来自教学笔记)

师：说说你们喜欢读哪方面的书。

李周玉：我喜欢有关历史的书。

师：我们握握手吧。(走上前跟学生握手)因为我们的爱好完全一样。

教师应在言语交际中表现出对待学生真诚、接纳的态度，坦诚表露自己的心声，使个体的人格与每个具体的学生的人格之间形成交流。只有这样，才能培养在学生心目中的“有个性有魅力”形象，而不会仅仅成为“教师”符号和象征。

塑造一个“我”的形象和一个“汉语教师”的形象都是重要的。教师要自然表达自己的情感，与学生成为互相信任、互相关心的朋友，从而互相感染，互相提高。在这方面，伟大的教育家孔子已经为我们做出了表率，我们引用《论语》的一个片段来表现我们理想中的师生关系平等和谐的图景。

五、结语

我们把课堂言语交际中的教师角色做一个图表式的总结，认为理想的师生角色关系要求教师满足以下多种角色定位(见图表 1)，教师应对自己的课堂角色定位有清楚的认识，从而指导自己的教学原则和教学行为。

图表 1：课堂言语交际中教师的多重角色

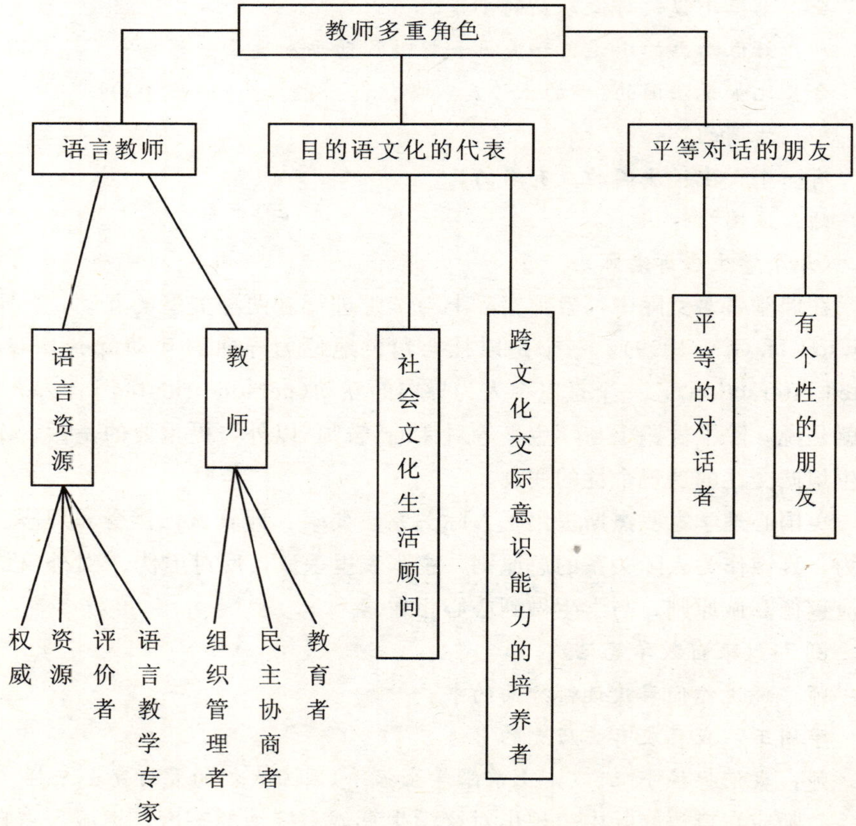

附注：

①本文所有例子来自真实的课堂教学的文字转写。

② 本文例子中的姓名均为真实的学生姓名。

③ 转引自顾明远，孟繁华(2001)。

参考文献

[1] 陈申．语言文化教学策略研究[M]. 北京：北京语言文化大学出版社，2001：86.

[2] 顾明远，孟繁华．国际教育新理念 [M]. 海口：海南出版社 2001，234.

[3] 蒋沛昌．论语今释[M]. 长沙：岳麓书社，1999：124.

[4] 刘正光．言语适应理论研究述评[J]．语言文字应用，2001(2).

[5] 孟育群，宋学文．现代教师论[M]. 哈尔滨：黑龙江教育出版社，1991.

[6] 谭春健．口语教学中的角色定位及教学话语的选择[J]. 云南师范大学学报(对外汉语教学与研究版)，2003 (3).

[7] 袁新．跨文化交际与对外汉语教学[J]. 云南师范大学学报(对外汉语教学与研究版)，2003 (2).

[8] 张东娇．教育沟通论[M]. 太原：山西教育出版社，2003.

[9] Brown，H. D. *Teaching by principles：An interactive approach to language pedagogy*[M]. Foreign Language Teaching and Research Press. 2001.

[10] Hedge，T. *Teaching and Learning in the Language Classroom*[M]. 上海：上海外语教育出版社，2002：84.

[11] Littlewood，W. *Communicative Language Teaching*[M]. Cambridge University Press；People's Education University Press；Foreign Language Teaching and Research Press，2000：90.

[12] Nunan，D. *Designing Tasks for the Communicative Classroom*[M]. Cambridge University press；People's Education University Press；Foreign Language Teaching and Research Press，2000：88.

[13] Widdowson，H. G. *Aspects of Language Teaching*. 上海：上海外语教育出版社，1999.

案例教学法在商务汉语教学中的应用

姜国权

提　要　商务汉语是将语言技能与经贸知识相结合形成的一个新课型，在对外汉语教学中具有特别重要的地位。用案例教学法来进行商务汉语的教学和训练，可以使我们在教学中能够准确确定不同阶段的教学重点，合理分配教学时间，提高教学的效果。

关键词　商务汉语　案例　教学

随着中国经济持续高速发展，综合国力不断增强，以及国际地位日益提高，外国人学习汉语的热情也不断高涨，形成了全世界范围内的“汉语热”。据不完全统计，目前全球正在学习中文的外国人近 4000 万，据国家汉语推广办公室预测，到 2010 年，全球学习汉语的外国人将达到 1 亿人。根据这一形势，我国政府制定了对外汉语教学工作的五年规划，提出了“汉语加快走向世界的战略”,[①]加快汉语的国际推广已是大势所趋。“汉语热”为对外汉语教学提供了广阔的发展空间，熟练而恰当地运用商务汉语与中国商人进行贸易活动已经成为众多在校学生和工商界人士的广泛需求，作为经济交流重要媒介的商务汉语的作用也显得越来越重要了。为满足外国人学习中国经济、法律、金融、管理、贸易等商务工作术语的需求，培养专业的商务汉语人才，商务汉语这门专业性较强的对外汉语教学课程应运而生。

对于商务汉语课程的定位，有学者认为：对外汉语教学应该主要为留学生打下扎实的语言基本功，在培养“听、说、读、写、译”的技能与熟练上下工夫，使留学生具有扎实的语言基础；对外汉语教学不能随波逐流，要以不变应万变，所以，没有必要开设专门的商务汉语课程。学者李扬指出，商务汉语是“将语言技能与经贸知识相结合形成的一个新课型[②]”，“既具有普通汉语课的共性，又突出了专用汉语——经贸汉语的个性”[③]，在对外汉语教学中具有特别重要的地位。

我们认为，商务汉语课在对外汉语教学体系中具有非常重要的作用，具体体现在以下几个方面：

第一，中国与世界各国文化交流和贸易往来日益扩大，世界各国对于掌握商务汉语人才的需求也与日俱增。而且很多学习汉语的留学生在毕业后大多从事商务、外事工作，特别是外贸工作。所以，让留学生在校学习期间，学习、掌握一定的商务汉语知识是十分必要的。

第二，商务汉语的专业性很强，遣词造句、语言结构也都有自己的特点，而且有一整套专门的术语和词汇。这些知识只有在专门的商务汉语课上才能得到学习。从某种意义上说，商务活动是以语言为媒体的交际行为。语言对商务活动不仅具有组织作用，而且制约着商务活动能否顺利地进行。商务领域中体现商务活动特点和规律的语言交际能够达到优化商务活动过程的目的，违背商务活动特点和规律的语言交际也会导致恶化商务活动过程的后果。当前国际上对商务领域里的专用语研究已深入到语言研究的各个层面，并建立了"经济语言学"或"经济交际学"这一经济与语言相结合的交叉学科[④]。

第三，商务汉语具有较强的实践性，这就决定了教师在教学中不仅要注重留学生汉语交际能力的培养，而且要重视提高留学生的商务实践能力。

商务汉语课程的教学目的是：在较少的教学时间里，让留学生掌握一定的商务业务知识，熟练准确地掌握各种商务公文的书写格式及常用句型，以扎实的汉语基本功，较为自如地处理各种商务公文，胜任商务活动的口笔译等与语言相关的工作。目前，留学生对于商务汉语的需求已经从最初比较单纯的国际贸易商用汉语扩展到生产、消费、服务、管理乃至全球经济等各个领域中可能需要的汉语语言知识、技能以及相关的文化、商业、社会、政治等方面的知识。因此，在基础的商务汉语课的教学中，应该首先以从事商务工作所需要的商务基础知识为主，内容要少而精，重点突出，实用性强，不能面面俱到。公司介绍、商务函电（请求函、通知函、邀请函、感谢函、确认函、附函）、询价、复询价、报价、复报价、订货、拒绝订货、索赔、商务合同以及与签订和履行合同相关的各种信函（包装及货物发运、货物保险、运输工具、交货条件及交货期的更改、结算、支付、支付形式）等等都应该包括在内，同时还要涉及外贸谈判的技巧和程序等方面的知识。在留学生具备了基本的商务汉语知识以后，招聘、求职、公司用语、公文写作以及市场营销、企业管理、企业文化、产业介绍、投资决策、经济政策研读、商务案例讨论、商务新闻导读等课程也将会继续开设。

我们认为，要想讲好商务汉语课程、达到商务汉语教学预期的效果，在商务汉语课的教学实践中，处理好以下几种关系十分必要：

第一，商务汉语课与汉语基本功训练之间的关系。对外汉语教学的目的之一是培养具有扎实的汉语基础、汉语基本功过硬的留学生。作为对外汉语教学中的重要课程之一的商务汉语课也要坚持把教学重心放在打好汉语基础、做好基本功训练上。如果忽视基本功的训练，必然会影响商务汉语课的教学效果。

第二，商务汉语课与其他对外汉语教学课程之间的关系。在对外汉语教学中，商务汉语课与其他对外汉语课程构成了一个有机的整体。在对外汉语课程中，汉语“听、说、读、写、译”基本功训练课，特别是精读课是核心课程，处于中心的位置。商务汉语课是一种实用性课程，是一种辅助课型，是对对外汉语基本功训练课程的一种补充。

第三，商务汉语课与其他对外汉语课程在教学学时上的比例关系。在对外汉语教学中，要以其他对外汉语课程为主，商务汉语课程为辅，同时依据留学生的水平和兴趣来开设。我们给一、二年级的留学生开设汉语基础课程，给三、四年级的留学生开设商务课程，同时依据留学生的兴趣把留学生分为经贸班和语言班，集中给对商务汉语感兴趣的留学生讲授商务汉语课程，同时辅以基础的经济、商务方面的课程，为留学生从事商务方面的工作打下基础。

针对商务汉语的课程定位，教学目的和教学特点，在商务汉语的教学中引入案例教学法，对于提高留学生学习的积极性，加强商务汉语教学的实践性和应用性，培养留学生的商务交际能力和解决实际问题的能力，保证课堂教学的有效性具有重要的作用。

19 世纪 70 年代，美国哈佛大学法学院院长兰德尔首次提出了“案例教学法”，此后这种教学法被广泛应用于医学、法学、教育学、管理学和军事学等领域。案例教学法在哈佛大学管理学方面的成功运用使其成为了哈佛商学院 MBA 的代名词。自 20 世纪 80 年代引入中国以后，案例教学法一直应用于管理学等应用性学科。对于像商务汉语这样的新兴学科，应用案例教学法的研究和实践还处于探索阶段。

Gragg 指出，“案例，就是一个商业事务的记录管理者实际面对的困境，以及做出决策所依赖的事实、认识和偏见等都在其中有所显现。通过向留学生展示这些真正的和具体的事例，促使他们对问题进行相当深入的分析和讨论，并考虑最后应该采取什么样的行动。”[5]案例教学法是“以教学案例为载体，是基于一定的教学目标，选择一定的教学案例从事教学的一种教学法；

它以学习者的积极参与为特征，强调师生对案例素材共同进行探讨，并写出有关案例报告；它与案例为本课程的关系更多地体现为一种内容和形式的关系。”[6]案例教学法的教学模式是：案例——理论——案例。可见，课堂教学活动要从案例出发，运用理论知识对其进行分析和研究，其目的是为了解决案例中存在的问题。在运用理论分析案例的过程中，留学生的能力得到了锻炼和提高。

我们认为在商务汉语教学中应用案例教学法主要有以下步骤：

第一，上课以前教师要做好充分的准备。在上课以前，教师要做好案例选择的工作。商务汉语教学中所使用的案例是对发生在实际商务生活中的真实事件进行概括和提炼得到的，这些案例可以从相关的国际贸易、国际金融、国际商务的案例教材中进行选择。案例的选择要突出强调实用性和时效性。首先，所选择的案例要具有很强的实用性，与现实生活有着紧密的联系，或者是留学生在将来的商务活动中可能遇到的情况。只有具有实用性的案例才能激起留学生学习的兴趣，因为留学生学习汉语最大的愿望就是“学以致用”。其次，在选择案例时要尽可能考虑到时效性，因为内容陈旧的案例不仅不能体现当前商务活动的特点，而且也会降低留学生学习的积极性。

第二，上课的过程中要充分调动留学生参与课堂活动的积极性。正如Wassermann指出的那样，案例教学法并不是在学习前提供给学习者大量的理论知识，而是在探究式的活动中，提供相关的信息以协助学习者在探究案例过程中产生认知冲突，从而达到学习的目的。[7]因此，在应用案例教学法的教学环节，教师应充当课堂活动的组织者，而不是像传统教学模式中的讲授者。首先，在授课过程中，可以将全班的留学生分成若干小组，以小组为单位，运用所学过的商务汉语知识对案例进行讨论。在留学生分组讨论时，教师在教室里巡视，仔细倾听各个小组的讨论意见。然后，在各个小组讨论结束并得出了自己的结论以后，教师要引导留学生以小组汇报型、互相询问型、辩论型和角色扮演型等方式来展现各小组的观点。最后，由教师对案例进行总结和评价，指出案例讨论的思路、难点和重点，以及本次讨论的成功之处和存在的不足等等。

此外，教师还要对常用商务词汇、常用句型和语法难点进行讲解和演练。商务词汇的讲解不是商务汉语课程的重点所在，因为商务汉语一般在三、四年级开设，学生已具有较扎实的语言基础，而且商务汉语专业课程的教学时数也相对较少，因此，对于商务汉语课程中的生词，通常给出它在课文中的含义和用法即可，而不需要再将某一个生词的支配关系、各种意义及搭配全部给出来。另外，还可以聘请那些从事商务工作多年，具有丰富的商务工作经验的人来到课堂上介绍他们所经历的一些案例。他们语言生动，实例翔实，说服力强，成效显著。也可以组织教师和留学生进行模拟商务工作的实践活动，同样能够使留学生了解商务工作的内容和程序，增强留学生学习的兴趣。

第三，课后要鼓励留学生积极参加商务实践。鼓励留学生走出课堂，积极参与到实际的商务活动中，把所学到的知识应用于实践，并在实践中验证自己的商务汉语的综合能力。同时，加强留学生的商务汉语实践活动，能够使留学生积累丰富的实战经验，提高他们实际处理问题的能力，学到许多课堂上学不到的东西，也激发了他们的学习自觉性和积极性。从另一方面讲，商务汉语的实践活动也是对商务汉语课教学的全面检验，在实践中可以发现教学活动中存在的不足及薄弱环节，使教学活动得到进一步的完善与提高。

商务汉语课是对外汉语教学课程体系中的一门重要的课程，学好商务汉语对于提高留学生的汉语实践有着十分重要的作用。实践表明，用案例教学法来进行商务汉语课的教学和训练，可以使我们在教学中能够准确确定不同阶段的教学重点，合理分配教学时间，提高教学效果。

附注：

①张彤．浅析中国入世后的商务汉语[J]．商场现代化，2007 年 4 月上旬。

②张黎．商务汉语教学需求分析[J]．语言教学与研究，2006 年第 3 期。

③李扬．对外汉语本科教育研究［M]．北京：北京语言文化大学出版社，1999 年。

④钱敏汝．经济交际学纵横谈[J]．国外语言学，1997 年第 2 期。

⑤Gragg C. I. , Because wisdom can't be told, in McNairy, M. P. (ed), the case method at the Harvard Business School, 1954, p. 6.

⑥郑金洲．《案例教学法指南》，华东师范大学出版社，2002 年版，第 11 页。

⑦Wassermann, S. Introduction to Case Method Teaching: A Guide to the Galaxy[M]. New York: Teachers College Press, 1994, p. 35.

参考文献

[1] 张彤．浅析中国入世后的商务汉语［J]．商场现代化，2007(4)：34.

[2] 张黎．商务汉语教学需求分析[J]．语言教学与研究，2006(3)：18.

[3] 李扬．对外汉语本科教育研究[M]．北京：北京语言文化大学出版社，1999：16.

[4] 钱敏汝．经济交际学纵横谈[J]．国外语言学，1997(2)：6.

[5] Gragg C. I. Because wisdom can't be told[A], in McNairy, M. P. (ed), The case method at the Harvard Business School [M]. New York: McGraw-Hill

Press. 1954. p. 6.
[6] 郑金洲．案例教学法指南[M]. 上海：华东师范大学出版社，2002：11.
[7] Wassermann S. Introduction to Case Method Teaching：A Guide to the Galaxy[M]. New York：Teachers College Press. 1994. p. 35.

论对外汉语教学中的情感因素

郝云龙

提　要　情感因素，作为一种非智力因素，对语言学习的效果有着至关重要的影响。对外汉语教学既是一种认知的过程，又是一种情感的过程。在教学实践中，教学过程受到学习动机、态度、性格和自信等各种情感因素的影响。教师应根据对外汉语教学的特点，从建立和谐融洽的师生关系、采用积极的语言鼓励学生、做到公平公正、与学生及时交流与沟通以及对学生的情感态度做出及时反馈等四个方面来加强情感教育，从而激发学生的学习潜能，调动其学习积极性，以取得良好的教学效果和学习效果。

关键词　对外汉语教学　情感因素　动机　态度　性格　自信

一、引　言

对外汉语作为一门语言学科，有着其显著的特点和习得规律。概括来讲，影响留学生汉语学习水平的因素有两种，即智力因素和非智力因素。非智力因素包括学生的信心、动机、情感、爱好、性格和意志力等。而语言学习是一个错综复杂的过程，其中虽然教师和教学法起到基本的作用，但学习者的个体差异、认知能力、社会语境等因素的重要性显得尤为突出。在当前国内的对外汉语教学中，越来越多的教师过于重视对学习者认知能力的培养，从而忽略了情感因素在语言学习中的作用，因而造成了学习者的“感情空白”(emotional illiteracy)。当学习者处于消极的情感状态时，其认知活动也会停滞不前。

现代心理学家认为，一个人的成功，80％取决于于非智力因素——情感因素。美国语言教育学家克拉申也认为情感因素直接影响第二语言习得。与其他学科相比，语言与情感态度的关系更为密切，因为情感态度在很大程度上是需要通过语言来表达和传递的。

对外汉语教学活动既是传授语言知识、形成语言技能，发展认知策略，培养人文精神的实践活动，也是在特定情境中的人际交往活动。师生之间不仅有认知方面的信息传递，还有情感方面的信息交流。在教学活动中，情感是一个关键性的教学因素，从而使教学活动表现为一种知情交融的复杂活动。

二、情感的定义

随着二十世纪六十年代人文主义心理学的发展，情感因素研究逐渐引起人们的重视。虽然情感与我们的日常心理体验紧密相关，对其的研究也有相当长的一段历史，但对“情感”这一抽象概念进行具体的界定却有相当的难度。

各种对情感的界定或多或少都有其相似之处。一般学者认为情感是态度这一整体中的一部分，它与态度中的内向感受、意向具有协调一致性，是态度在生理上一种较复杂而又稳定的生理评价和体验。情感包括道德感和价值感两个方面，具体表现为爱情、幸福、仇恨、厌恶、美感等等。《心理学大辞典》中认为：“情感是人对客观事物是否满足自己的需要而产生的态度体验。”同时一般的普通心理学课程中还认为：“情绪和情感都是人对客观事物所持的态度体验，只是情绪更倾向于个体基本需求欲望上的态度体验，而情感则更倾向于社会需求欲望上的态度体验。”

心理学家对“情感”的定义是：对外界刺激的心理反应；在第二语言学习中“情感”是指调节学习者学习行为中的感情、感觉、情绪、态度等因素。教育家史蒂威克认为“情感（affect）是个人感情（emotion）的影响”。从史蒂威克的概念中可以看出，个人的感情表露实际上是情感的一种表现。

三、与对外汉语教学有关的情感因素

舒曼认为二语习得是由学习者情感所驱动，以情感和认知为基础的。克拉申在“情感过滤假设”中指出，语言学习者实际上并不全部吸收他们所接触的语言材料，学习者的学习动机、态度、性格、自信或焦虑等都会对输入的语言材料加以筛选。

在语言学习过程中，各种情感因素交织在一起，共同影响学习效果。对语言学习产生影响的情感因素主要指学习动机、学习态度、性格和自信心。

（一）学习动机

动机（motivation）在情感因素中占极其重要的地位。调查结果发现，在影响第二语言学习的诸因素中，动机占33%，学能占33%，智力占20%，其他占14%。动机是激励个体从事某种行为的内在动力，常表现为为达到某种目的而付出努力的愿望。

当谈到激发学生学习动机的重要性时，乔姆斯基曾经说过："事实上99%的教学应该是激发学生对学习材料的兴趣"，而学习兴趣直接影响到学习者的学习动机。由此可见，学习动机在对外汉语教学中起到非常重要的作用。

基于认知的角度，在社会构建主义的框架下，根据赖安(Ryan)的自我决定理论，范德格里夫特(Vandergrift)将学习动机分为三种取向：非学习动机、外在动机、内在动机。在这三种学习动机取向中，内在动机对提高学习自主性和成功地学习语言有着决定性的作用。内在动机较强的学习者会表现出强烈的学习兴趣、动机和毅力；他们喜欢具有挑战性的学习任务，能够独立地找出问题、解决问题并进行自我判断与评估，对成功的概念有自己的评判标准。而这所有的特征都是一个成功的学习者所必须具备的。同时，学习者对学习的独立态度与自我决策又会加强他们的内在动机，促进他们对自己的学习负责，形成良性循环，正如。范德格里夫特认为："学生对学习动机的自我决定意识越强，他们就越愿意花更多的时间和精力在自我规范的学习上。"

(二)态度

态度是构成动机的主要因素之一。它是个体对某种客观事物的评价性反应，是在对事物了解的基础上产生情感上的褒贬好恶，并反映出对之采取行动的倾向性。

学习态度与语言学习不仅有着千丝万缕的联系，而且学习效果还直接和间接地受到学习态度的影响。学习态度大体上可以分为积极态度、一般态度和消极态度三种。对于汉语学习来说，这三种不同态度是会大大影响语言学习效果的。

具有乐观向上和活泼开朗的个性有助于学生积极参加语言学习活动，获得更多的学习机会；强烈的学习动机、浓厚的学习兴趣和大胆实践的精神有助于学生提高学习效果；坚强的意志和较强的自信心有助于学生克服英语学习中遇到的困难。相反，消极的情感态度则会影响学生学习潜力的正常发挥。(消极情感如过度焦虑、抑制过于内向、害羞、胆怯、缺乏学习动机。)由此可见积极的学习态度是我们对外汉语教师应该帮助学生发展的情感，而消极的态度则是我们在教学中应该帮助学生克服的情感。

(三)性格

性格是一个由多种心理特征诸如焦虑、自尊心、歧义容忍度、移情、抑制等组成的复杂的心理概念。

性格对于第二语言学习非常重要，个性特征是重要的情感因素。外向性格和内向性格在学习语言的时候有明显的不同。外向型的学习者喜欢多说话，愿意交际，不怕犯错误，积极参与课堂语言活动，更适合合作式的学习，更容易获得较多的语言输入和输出的机会，特别有利于强调快速反应的口语能力的提高。而内向型性格的学习者由于不爱说话，不爱交际，不善于表达自己的思想，可能在口语能力的提高方面慢一些，但在听力、阅读理解及写作能力方面钻研较深。因此，对于不同性格的学习者，教师应针对不同特点因材施教，扬长避短。

(四)自信

自信，指的是个人对自己的评价并习惯性地以这种评价关注自己。它用一种赞同或反对的态度来表达对自己的成功与价值的相信范围。简言之，自信是个人对自己所持的一种价值判断。

自信心是外语学习成功的心理基础。在外语学习中，自信心强的学习者由于情感焦虑低、学习动机强，学习兴趣和学习热情相应就高，因此他们能获得较理想的学习效果和更大的自信。而自信心弱的学习者情感焦虑较高，不相信自己有能力学好外语，甚至对外语学习产生排斥心理，对自己已经掌握或能够掌握的语言能力认识不清，产生恐惧心理，因此语言发展会受到严重阻碍。

可见，作为对外汉语教师，应该成为一个咨询者和帮助者，而不是控制者，应帮助学习者有效地与同伴或与自我进行交流，加强教师与学生或学生间的移情，从而增强学习者的自信心，促进其语言学习。

四、情感因素对对外汉语学习的影响

以上诸多情感因素可大致区分为两种相反的情感因素：

(一)积极的情感因素

积极的情感对汉语学习会产生直接或间接的影响。如自信，愉快，强烈的动机等会加快汉语学习的过程。具有乐观向上和活泼开朗的个性有助于学生积极参加语言学习机会，获得更多的学习机会。

(二)消极的情感因素

比如焦虑、恐惧、害羞、紧张、失望等情感会消极地影响汉语学习，影响学生学习潜力的正常发挥。如果学生受消极情感影响太大，就会影响其语言行为。

史蒂威克提出："情感信息与其他各种信息如视觉、语言、听觉、嗅觉信息一并储存在大脑中，人脑在处理信息时，长时记忆和工作记忆之间形成双向交流。当新信息与旧信息建立联系时，情感信息与其他信息也建立联系。消极情绪与学习过程建立联系时，就会给工作记忆造成混乱，导致工作记忆中可用于处理信息的空间减少，从而影响学习效果；反之，就会极大地提高学习者的学习效率。"

来中国学习的外国留学生其文化背景、汉语水平有很大差异；同时，在汉语学习的过程中，留学生由于受到各种因素的干扰，他们的情感会发生各种变化。他们会出现诸如焦虑、压抑等不利于学习的情绪。如何在对外汉语教学中有效地运用情感教育，激发学生学习潜能，调动学生学习积极性，取得良好教学效果显得尤为重要。

因此，在汉语教学过程中，教师应当注意学习者是处于积极的情感态度还是处于消极的情感态度，及时帮助处于消极情感态度的学生调整状态，引导学生从不良的情感态度中走出来，从而促进学生积极上进，激发他们的求知欲，帮助他们鼓起勇气，增强他们的自信，这些都是教师在教学过程中应该注意的重要环节，也是学习者汉语学习成功的关键。

目前，我们关注语言学习中的情感问题，特别是将情感态度作为汉语课程目标之一，有其重要的现实意义。

1. 解决情感问题有助于提高语言学习效果。消极情感影响学习潜力的正常发挥。如果学习者受消极情感影响太大，再好的教师、教材、教法也无济于事。与此相反，积极情感(如自尊、自信、移情、动机、愉快、惊喜等)能创造有利于学习的心理状态。

2. 解决情感问题也是促进人的发展的一个重要方面。从这个意义上说，情感已经不是语言教学的问题，甚至不是教育本身的问题，而是人的发展问题。与其他学科一样，语言教育也应以促进人的发展为目标，将培养和发展学生的情感融入到日常的教育教学之中。

如果教学实践只重视认知过程而忽视情感过程，教学就会变得枯燥无味，教学效果也会受到影响。情感过程和教育过程是一个统一的有机体。任何教育活动都有情感因素的参与。对外汉语教学活动和教学对象的特殊性，要求课堂教学中必须充分挖掘，调动学生积极的情感因素，激发学生浓厚的学习兴趣，促其形成自信积极的良好心态，以取得满意的教学效果。

五、如何在对外汉语教学中培养学生形成健康的情感态度

那么，如何在对外汉语教学过程中培养和发展学生积极的、健康的情感态度呢？我认为应该注意以下几点：

(一)建立良好的师生关系，做学生的良师益友

为了了解学生的情感态度，帮助他们培养积极的情感，克服消极的情感，教师首先必须与学生建立良好的师生关系。只有这样才有可能真正了解学生的情感，学生才有可能更愿意与教师交流。所谓"亲其师，信其道"，教师要尽量走下讲台，走进学生当中，拉近师生在情感上的距离。同时教师还要通过与学生的交流，了解学生的喜好，才能与他们有共同的话题，便于进一步交流，使知和情统一起来，让学生在自然愉快的环境下进行汉语交际活动。

(二)教师要采用积极的语言，做到公平、公正，为学生树立能学好汉语的坚定信心

一位外国的教育学家曾说过："信心的功效在于：'我一定能'的信念使你产生克服万难的力量、技巧与精力。一旦你相信'我一定能'，如何做也就应运而生。"对于学生的成功的语言行为要及时肯定和鼓励。尤其是对那些刚刚来到中国，对学习汉语缺乏一定信心的留学生，他们在这个阶段最需要老师的肯定。与此同时，教师要尊重每一个学生，对所有学生一视同仁，让每个学生都能感到教师对他们的关心与尊重，从而激发出健康的情感，产生积极的学习动力。

(三)教师要善于正确表露自己的情感，与学生建立沟通和交流渠道

当学生回答问题时认真倾听，面带微笑，眼光里流露出热情。教师的话会给予学生成功的喜悦，使之产生积极的情绪，从而不断强化参与交际的意识。在教学实践中，应该给予不同学生不同的情感态度。对性格内向、不善于表达的学生，教师要付出更多的关爱和鼓励，多给他们具体的指导和帮助，课堂上多给他们开口的机会，增加他们说汉语的勇气；对因心理障碍造成口语表达较差的学生，可以适当降低要求，让他们从简单的汉语说起，由易到难；对学生的点滴进步应及时肯定和表扬，使他们获得成就感，产生上进的动力。

(四)对学生的情感态度做出及时反馈，帮助学生克服情感态度方面的困难

教师应该帮助学生及时克服情感态度方面的困难，使语言学习上的成功

体验与情感态度的发展相互促进。学生的情感态度往往与他们学习上的成功和失败有密切关系。学习上的成功能够促进情感度态度的积极发展，而积极的情感态度又有利于促进学习上取得更大的成功。学生遇到困难时，教师要及时引导，帮助他们排除心理障碍，减少顾虑，树立正确的学习态度，增强学生的自尊和自信，使他们积极参与到课堂活动中来；学生的学习情绪不高时，要予以鼓励，肯定成绩；学生在学习上取得成绩时，要及时提出更高的要求。总之，要努力使学生始终处于积极健康的情感态度下，其汉语学习也必将取得不断进步。

参考文献

[1] Arnold，J & Douglas. B. A map of the terrain [C]. In J. Arnold (ed.)，Affect in Language Learning，Cambridge：Cambridge University Press，1999.

[2] Chomsky，N. Language and Problems of Knowledge [M]. Cambridge，MA：MIT Press，1988.

[3] Ryan，R. M. & E. L. Deci. Self-determination theory and the facilitation of intrinsic motivation，social development and well-being [M]. American Psychologist，2000 (55)：68—78.

[4] S. Krashen. Principles and Practice in second Language Acquisition [M]. Pergamon Press，1982.

[5] Schumann，J. H. The Neurobiology of Affect in Language [M]. Boston：Blackwell，1997.

[6] Stevick，E. W. Affect in learning and memory：from alchemy to chemistry. InArnold，J. (ed.)，Affect in Language Learning，Cambridge：Cambridge University Press，1999.

[7] Vandergrift，L. Relationsips among motivation orientations，metacognitive awareness and proficiency [J]. Applied Linguistics，2005 926/10：70—86.

[8] 冼吉昌．情感智力与语言学习[J]. 外语与外语教学，1999(9).

[9] 黄颖．情感因素与外语教学[J]. 上海电力学院学报，2002(2).

[10] 刘珣．对外汉语教育学引论[M]. 北京：北京语言大学出版社，2000.1.

[11] 钱旭菁．外国留学生学习汉语时间的焦虑[J]. 语言教学与研究，1999(2).

论对外汉语课堂语汇教学的方法

胡秀春

提　要　语汇教学在第二语言教学中占有重要地位，从十七世纪起就有不少学者关注过它。本文首先分析了初级阶段、中高级阶段课堂语汇教学的特点，而后提出各阶段适用的教学方法，着重讨论了演示描述法和联系扩展法。

关键词　语汇教学　初级　中高级　教学方法

一、探求语汇教学方法的依据

首先，教服从于学。学生学习词语的过程是一种心理反应过程，对留学生来说，那些最具有社会生活意义、符合交际活动需要的词语会优先得到反映。所以课堂语汇教学以着重教有用的词语为总原则。

第二，学生学习词语首先依靠注意。注意分有意注意和无意注意两种。无意注意是事先没有明确目的、也不需要作意志努力的注意；有意注意是有预定目的，需要一定意志努力的注意。学生的课堂语汇学习主要依靠有意注意的手段，吸引学生注意的最好方法是提高学生的学习兴趣。兴趣是学习词语的积极的心理倾向，它可以克服学习主体的倦怠和疲劳情绪，有效提高学习效率，增强记忆，并使学习者产生愉悦的情绪体验。引起兴趣的原因，一是词语对主体的重要意义，二是词语对主体情绪上的吸引力，所以课堂语汇教学要特别注重教学方法。

第三，学生掌握词语还依靠记忆。记忆主要以语词形式和表象形式表现出来，以表象形式保留的记忆内容与以语词形式保留的记忆内容的比例是1000 : 1，而人的各种记忆类型中，形象记忆、动作记忆、情绪记忆的巩固程度都优于逻辑记忆，尤其是形象记忆。形象记忆是以事物具体形象为内容的记忆，事物形象可以是视觉的、听觉的、触觉的、嗅觉的、味觉的，这就要求教学时尽可能联系词语所表达的直观形象，并伴以可能的运动和操作。

另外，概念通过构造词语的方式得到反映，它反映的不仅仅是事物的表面现象，还能对一事物与他事物的关系、对事物的发展规律作出反应，即透过现象发现本质，因此，语汇学习的心理反应是深入的。这就要求语汇教学应注重语义教学，同义、近义、反义词的教学是难点和重点。

二、不同阶段语汇教学的特点

(一)初级阶段语汇教学的特点

初级阶段首先应该注意学生母语与目的语的对应关系。多年来初级阶段语汇教学的唯一模式是用母语翻译目的语，这样学生往往会形成一种不同语言词语之间存在着简单对应关系的观点。实际上，除了专有名词与单义的术语之外，母语与目的语之间基本上不存在简单的对应关系，而是极其复杂的交叉关系。因为词语是语言的单位，概念是思维的单位，概念通过词语来表述，但语义不等于概念。不同语言词语在语义概括方式和概括范围方面有各自的民族特色，所以为表达逻辑概念的语义是很具体的，有各民族自己的东西，不会一一对应。比如“聪明”一词，教材里的英译是 clever，在英语里 clever 既可表示头脑聪明，又可表示动作灵巧、灵活(nimble)，而汉语里“聪明”没有第二种意义。再比如，“桌子”一词在英语里既可以是 table，也可以是 desk。此外，不同语言词语的使用范围和搭配关系由具有浓厚民族特点的语义和逻辑事理决定的，也就是说，各民族有各自约定俗成的习惯用法。比如，我们常常说“打扫卫生”、“看病”、“堵车”，这种动宾结合的方式很难找到逐字对应的英译。不同语言的词语在附加色彩和文化内涵方面也很不相同，如汉语的“狗”和英语的“dog”所附加的感情色彩并不一样。像成语，不少都有附加色彩，而在另一种语言中却很难找到与它完全对应的词语。另外，汉语中还有不少英语没有的敬辞、谦词，也无法用英语一一对译。因此，教学中不能简单地处理母语与目的语之间的关系。

还有一个突出问题是初级阶段的虚词教学，尤其是常用虚词教学。这些虚词主要是汉语水平考试大纲里的甲级词，部分是乙级词，是学生必须掌握的。虚词学习有明显的“化石化”现象，在初级阶段学习的某些虚词到了高级阶段，学生仍掌握不好，所以甲级虚词的学习始终是难点。

(二)中高级阶段语汇教学的特点

中高级阶段的词语已由基本词汇扩展到一般词汇，再扩展到古语词、外来词、方言词以及某些专业词语。虚词批量进入，尤其是副词。初级阶段副词主要集中于表示程度、范围、时间、频率以及肯定、否定几类中简单明了、易教易懂的部分，如“很、最、极、非常”等。进入中高级阶段，不仅出现一些语义上存在细微差别的副词，还有很多表示情态、方式的副词，如“公然、猛然、特意、大肆”等，表示语气的如“难道、岂、究竟、简直、何必、居然”等。同时，成语、歇后语、惯用语大幅度扩充，像“穿小鞋”、“走后门”、“吃大锅饭”等这样的词，对学生了解中国的文化习俗很有帮助。

在词义方面，词义内涵加深、容量扩大。中高级阶段，多义词及众多义项进入，众多义项包括词的本义、引申义，还有比喻义，教材常因某个词的本义早已出现过而未把它的引申义和比喻义列入生词表，教师需要在课堂中做出解释。词义包含的文化因素也是教学难点。对外国学生来说，不仅理解成语的内涵比较困难，连某些日常用语都需要一定的文化背景知识才能明白。比如汉语的“饭店”可以表示“为人们提供食宿的地方”，也可以表示“为人们提供饮食的地方”。像“宾馆”、“旅馆”、“旅社”、“旅店”、“客栈”等表示提供食宿的同类的词内涵是有差异的，像“饭庄”、“餐厅”、“饭馆”、“饭铺”、“斋”、“轩”、“堂”、“阁”、“亭”、“居”、“膳”、“坊”、“馆”等表示提供饮食的词内涵也各有不同。通常，留学生想要了解中国文化，要先了解词语的文化背景，比如北京的“烤肉季”、“馄饨侯”是季姓、侯姓人的店铺，类似这样的问题在中高级阶段的词语教学中都是必须面临的。另外，同义词辨析与反义词对比仍是词语教学的一个重要组成部分。

所以，胡明扬先生指出：“中级阶段语汇教学的主要任务是帮助学生扩大语汇量，同时进一步加深学生对两种不同语言的词语各方面差异的认识，并学习更正确地运用这些词语。”“高级阶段语汇教学的主要任务是加深学生对汉语词语的‘原义’的理解，加深对两种语言的词语差异之处的认识，并逐步培养学生正确运用汉语词语的能力。”

三、语汇教学的方法

本文论及的对外汉语语汇教学的方法，是根据本人与众多对外汉语教师的教学实践体会，并综合对外汉语词语教学研究专著、论文的相关论述整理归纳而成的。

(一)初级阶段语汇教学的方法

初级阶段最有代表性的词语教学方法是演示描述法，也叫直接法，它可以利用图画和实物向学生展示直观性强的词，把词与它们所代表的概念联系起来。有一种办法是在黑板上画图，比如“苹果”、“橘子”、“梨”、“香蕉”，可以画一系列简单的图。教的时候，让学生看着画，在各种水果下面写上名称，这样就把意义和词都教给学生了，然后做一些交际性的练习。比如，向学生提问："你买什么?"让学生回答："我买橘子。"再问："妈妈买什么?"学生答："妈妈买橘子。"然后替换句式中的不同水果名称，反复练习，让学生把概念和词语对照起来记忆，达成教学目的。实物可以利用教室里的门、窗、桌子、柜子、教师的眼镜、钱包、手提袋等，教师还可以专门带实物进教室，如牙刷、剪刀、肥皂、纽扣等，教颜色词的时候可以利用不同颜色的纽扣。但是应注意避免用学生穿的服装、鞋作为实物教学的道具，也应避免指着学生介绍人体部位。因为指点服装和鞋，如果脏了，穿的人会觉得很尴尬，而介绍人体部位，也容易造成尴尬局面，所以用图展示更好，可以用非个性化的线条展示一个个的典型。利用多媒体设备，用 PPT 展示实物也能取得非常好的教学效果。

我在这里介绍一个教学实例。有一年我教了来自美国费城一所私立中学(Solebury School)的几个学生(五个 17 岁的孩子和一个 50 多岁的图书管理员)，零起点，六次汉语课，每次两小时。第一次课教"你是学生，我是老师"，让学生掌握"学生"、"老师"两个词语，先用一张挂图，上面画着老师上课、学生听课的内容，指着图上的人物带学生说，这样学生一边接受视觉刺激一边练习说，较易领会。然后，老师指着自己说："我是老师"，指着学生说："你是学生"；还可以让学生说："你是老师，我是学生"，让学生指着自己和对方重复练习几次；之后改成问句形式"你是老师吗?""你是学生吗?"再练习。这种练习最好让学生走动，并相互指点，在给情景的句的操练中教词学词，并加强动作的刺激。

教数字的时候用有趣的图调动学生的情绪记忆，比如画一只鹅表示"一"，画两只青蛙表示"二"，画三个西瓜表示"三"，等等，用 PPT 展示也会非常有效。一到十的数字还可以利用手指的形状，让学生一边跟着自己表演一边说，再让学生相互表演相互说。你甚至可以带一些花生和栗子让学生飞快地说并作为奖品分给他们吃。一般数字的教学可以与钱数的教学结合起来，带人民币，块、毛、分，不断做组合练习，一直达到一千以上。等这些数字的简单操练结束以后，便可以在有情景的句段中练习使用，比如坐出租车付钱，买东西付钱，说房间号、说电话号码。"这个多少钱? 50 块。那个多少钱? 150 块。""几号房间? 我住 315，他住 110。""急救号码是多少? 你打 120。"这个时候，让学生分小组表演，或模拟或带上实物，调动形象、动作、情绪方面的记忆，用他们自己的活动来完成对词语的描述。

演示描述法还可以利用表情、动作。比如教高兴、伤心，教师可以用相应的表情，也可以让学生表演并朗读与表情相符的词语，注意音、形、义结合。在利用这个办法的时候，教师的指导语很有用。因为这种办法与大人对孩子下命令相似。比如让学生走到门边，转身、用手打开门等。这种办法把视觉、听觉、触觉等多种感觉结合在一起，可以让学生形成很深刻的印象。

用演示描述法教授词语表现得最充分的是语言实践的方式，本人对这种方式做过将近一年的教学探索。对零起点或稍有汉语基础的学生，课堂上给他们生词和句型，进行一定量的操练，然后带到社会情景中实地应用和练习。比如教学生吃饭、点菜的内容，先给他们一些词，像“饭馆、菜单、点菜、凉菜、热菜、汤、米饭、饺子、包子、结账、味道……”给他们一些句型，像“服务员，请给我菜单。”“服务员，我想点菜。”“我要一个鱼香肉丝，一瓶啤酒，一碗米饭。”“一共多少钱”等。之后，选一个时间，老师、学生一块儿去饭馆，老师预先给每个学生设计不同的作业，让学生在饭馆独立点菜，跟服务员说话。这样的活动作为一个完整的过程，教师在其中起监督、帮助的作用。学生的作业可以是：“你喜欢吃什么菜？什么味道？”“你没有筷子，怎么对服务员说？”“你怎么点菜？”“你们一共付了多少钱？你付了多少钱？”“服务员说了什么话？你跟服务员说了什么话？”等等。这类例子还有很多，像打电话、买东西、坐公共汽车、坐火车、去邮局寄信、去书店买书、去银行换钱、去洗衣房洗衣服等。

初级阶段的第二种教学方法是联系扩展法。教师教学生生词时可以联系相关的词语进行适当扩展，强化记忆和举一反三。比如考虑到同一语义场，可以把“前天、昨天、明天、后天”联系起来教，还可以把一个词族“结婚、男朋友、女朋友、未婚夫、未婚妻、先生、太太”联系起来教。再比如近义词的联系扩展，教“漂亮”，可以和“好看”、“美丽”一起教。像反义词的联系扩展、构词的联系扩展、同音词在形义方面的联系扩展等，都可以在初级阶段的词语教学中灵活应用，这是“联想意义理论”在教学中的运用。

第三种教学方法是语素法，也叫词素分析扩展法。比如学词语“左右”、“上下”时，先分清楚“左”和“右”，“上”和“下”，再结合起来学。

第四种是提问讨论法，也叫话语联结法，在实际应用中学词。比如教“认识”和“了解”时，可以设置相关的问题，如“来中国以前，你了解中国人吗？来了以后，你第一个认识的人是谁？”

第五种是比较法，它可以是汉外对应词的对比，也叫翻译法。由于不同语言的对应词在词义范围、褒贬和感情色彩以及语境限制等方面有很大的差异，所以不能仅靠教材中的词语对译，还需要对比对应词的意义和用法，指出两者的区别。比较法还有汉语内部的比较，同义的如“很”和“挺”，反义的如“大”和“小”，类义的如“朋友”和“同学”，还有同素的，等等，在词语教学中注意有效使用对比手段，可以帮助学生更深刻地理解汉语的特点。

第六种是词语联系搭配法。学生的错误中有很多是词语搭配不当。教生词时必须说明有关的词语能够跟什么词语搭配，不能跟什么词语搭配。比如参观——工厂，游览——长城，访问——老师等。

第七种是语境法，也叫语流悟义法，在上下文语境中理解词语的意思。依靠语境进行虚词教学非常重要。

第八种是总结归纳法，把词语按类别展现，指出共同特征。

初级阶段词语教学的方法以及具体应用还有待于在今后的教学实践中继续探索。

(二)中高级阶段语汇教学的方法

中高级阶段的词语教学仍然可以运用与初级阶段相同的方法，如演示描述法、语言实践法，试以《实用汉语课本》(第三册)和《中级汉语教程》(下册)的词语为例。《实用汉语课本》第十三课《画家徐悲鸿的故事》有“复制品、速写、漫画、油画、逼真、传神、骨骼、肌肉”等词，可以用徐悲鸿、齐白石的画作介绍，一幅《奔马图》足以说清楚上述的词。与实物的演示相配合，让学生作一次语言实践，参观徐悲鸿纪念馆，并写一篇读后感，可以让学生在写作中使用教师规定的课文中常用性比较强的词。这样的方法既体现与初级阶段描述法一脉相承的特点，又体现中高级阶段注重语段训练的特点。《中级汉语教程》第五课《孔乙己》中的词，比如“当街、温酒、曲尺、茴香豆、盐煮笋、长衫、羼”等一些不常用的词，用图画和实物演示的方法较好，最好组织一次语言实践活动，带学生去参观绍兴的“咸亨酒店”，也要用规定的词写读后感。如果没有这个条件，可以根据课文内容设计一个模拟表演，让学生熟悉课文中的人物，分角色说课文中的词语，最好让他们用课文中的常用词表述，甚至让他们准备简单的道具，以便对所学的词有更深刻的体会。

除此之外，还可以运用多种多样灵活的教学手段教授中高级阶段的词语，如对比法，适用于反义词及一部分同义词；语素法，通过对字或词素的语义讲解使学生体会词义，尤其适用于近义词的辨析。还有一种常用的教学方法叫展示法，向学生展示词的基本用法；可以是搭配的：如判断，判断药性，容易判断；可以是替换的：如厉害，人厉害，话厉害；可以是类推的：如算不上，说不上。操练法也是中高级词语教学的有效手段，可以根据词语出现的不同位置进行练习，如：

干燥

北京的气候很干燥。

我不习惯干燥的气候。

成语教学在中高级阶段是重点也是难点，教学方法灵活多变，这里简单介绍五种方法。

第一种是故事法。有不少成语是有故事的，用简单的话讲述故事，学生可以获得对成语具体形象的理解，如“刻舟求剑”、“拔苗助长”、“老马识途”等。

第二种是图画法。有些成语的意思可以用图画表示出来，如“鹤立鸡群”，可以用简笔画勾勒，PPT 的使用能更加有效地辅助教学。

第三种是观察法。利用课余、假日、旅游观光等机会指导学生在社会大课堂中学习成语，如在阳光下竖一根竿子，就可以很形象地教“立竿见影”了，在闹市区可以学习“车水马龙”、“摩肩接踵”等。

第四种是比较法。利用成语之间的近义、反义关系解释，如“一无所知”和“无所不知”。

第五种是归类法。可以把几个成语归纳在一个概念之下，再一一作解释，可以使学生对某几个成语有总体的认识，例如表示“快”这个概念的成语有“光阴似箭”、“一日千里”、“风驰电掣”、“一目十行”、“不胫而走”等。

参考文献

胡明扬．对外汉语教学中词汇教学的若干问题[J]．语言文字应用，1997(1)：16－17.

浅谈外来词的转化和在教学中的处理

——从“伊妹儿”说起

杨　桦

提　要　本文以《汉语教程》中出现的“伊妹儿”一词为例，对外来词向本族语词汇转化的不同情况作了初步分析，并进而探讨了在对外汉语教学的教材编写和课堂教学中针对此类词语应该采取的处理策略。

关键词　外来词　本族语　对外汉语教学

一、缘起

在《汉语教程》(杨寄洲主编，北京语言大学出版社，2006年7月第2版)一年级教材第一册(下)第十六课《你常去图书馆吗》中，有“伊妹儿”这样一个生词，生词后的英语翻译是“e-mail”。我们认为，这样的生词其实是不必出现在教材之中的，对于现有教材中这样的生词，教师在进行教学时，也必须要注意有区别地教授给学习者。

实际上，“伊妹儿”的出现，为我们提出了一个在新出现的外来词迅速成为常用词的情况下，对外汉语教学工作者如何判断其是否需要进入教材，以及在课堂教学中如何处理的问题。如果这个问题解决得不理想，不仅会使我们的课堂教学和学习者的学习事倍功半，还会造成学习者学习到的实际上是基本上没有用的词语，更可能造成学习者在实际交际活动中的障碍。

造成上述种种问题的原因，在于新出现的外来词的构成方式不当，即我们熟知的新出现的外来词以何种方式进入汉语词汇，以及在是否由外来词向使用汉语固有语素和构词方式——也就是本族语词汇(符淮青，1985)——转化，以及在何时完成这一转化的过程上出现了问题，这个问题在没有解决的时候，由于教材的编写者判断该词已成为常用词，觉得有必要使其进入教材，就会使出现在教材中的词语和社会实际使用的情况出现一定的差异。这一根本原因再加上教师教学中处理不当的因素，就会造成上述种种问题。

本文拟从有关“e-mail”的翻译形式出发，就新出现的外来词的翻译和在对外汉语教学领域的处理问题进行初步探讨。

二、有关“伊妹儿”的一些问题

《汉语教程》一年级教材第一册第1版出版于1999年9月，当时生词中并没有收录“伊妹儿”或“电子邮件”或其他相应生词，2006年的第2版中增加“伊妹儿”，应该是为了改进原有的已明显落后于时代生活的生词表，例如在新版中去掉了第1版的“呼机”、“呼”，增加了“开机”、“关机”这样符合当前中国社会生活实际的词语。

但是需要注意的是，“开机”、“关机”和“伊妹儿”是有很大不同的：“开机”、“关机”不仅可以用于手机（在《汉语教程》中，这两个词是用于手机的），也可用于电脑，在电脑还不能收发电子邮件的时候，这两个词就已经广为使用了，因此其作为常用词的时间要比“伊妹儿”长。更重要的是，“开机”、“关机”是按照汉语构词规则、使用汉语固有语素构成的，对于汉语使用者来说，接受起来要容易得多。而“伊妹儿”只是英语“e-mail”的音译形式，完全不符合汉语的构词规则，也没有使用汉语的语素，而且“伊妹儿”作为“e-mail”的音译形式本身也还不是一个约定俗成的固定形式，同时就还存在着“伊媚儿”的形式。根据鲁国尧（2005）的数据，在2004年10月15日上午10时4分，上网搜索可以找到“伊妹儿”33500次，“伊媚儿”4700次，尽管数量相差甚大，但是我们没有理由据此认为“伊妹儿”更能代表英语“e-mail”，因为同时还可搜索到“电子邮件”1470000次，“电邮”619000次。

网上搜索的数据可能不能完全作为依据，但是至少可以看出作为以汉语为母语的使用者在实际交际中选择词语的倾向。我们认为，大多数人出于自己的感觉而选择使用的词语更具有实际交际价值，因此也是我们在编写教材和进行教学时选择词语的重要依据。

这里我们要再次提到鲁国尧（2005）的观点。鲁国尧认为，“电子邮件”是正式的形式，“伊妹儿”、“伊媚儿”是“俗”的形式。但是“俗”的形式也不可小觑，因为“从绝对数字看，‘正’占绝对优势，不过……网站统计的肯定是公开的各种文本，而私人信函，包括私人email，其量并不在小，那绝大多数是不会公开的，也就不会成为网站的统计依据。而口语更不可能是统计对象”。

关于网站统计数据的来源，我们同意鲁国尧的看法，即网站的统计很难覆盖私人信函。但是既然我们无从了解私人信函中对汉语中与“e-mail”相应的翻译形式的使用频率，也就同样不能认为在私人信函中使用“俗”的形式的次数一定会超过“正”的形式。

关于这个问题，我们依旧可以先参照鲁国尧(2005)的看法。鲁国尧支持“俗”的形式，但又创造出一个新的形式“伊美尔”。之所以如此，是因为三个原因：一是如果用原文，打字需要切换，要敲至少五下键，而使用汉语形式既不必切换，又可以在使用双拼等输入法的情况下减少敲键次数；二是上述关于“正”“俗”形式的使用次数，也就是普及程度和使用频率的问题；三是“伊妹儿”和“伊媚儿”用字不当、不雅，“凭她们那两个核心字就难登大雅之堂”。

鲁国尧放弃“伊妹儿”和“伊媚儿”而另外创造“伊美尔”的这三个原因，第一个原因是很实际的，即使不考虑敲键次数，在两种语言间切换——包括键盘和思考——都是一件复杂的工作，在写作时确实是个麻烦。第二个原因我们在前面已经谈过，这里不再重复。第三个原因则有必要做一下分析。

由于汉字具有一定的表意作用(吕必松，1996)，因此作为词语构成形式的一部分的汉字很有可能对词语的使用者在使用词语时的感受甚至理解产生一定的影响。从这个角度上说，“妹”、“媚”都有这个问题，但是“美”也同样存在着这个问题，因为和前两者一样，“美”本身虽然可以登大雅之堂，可是和“e-mail”的概念意义也同样没有任何关系。实际上，问题的根本原因不在于是否能登大雅之堂，而是这三个音译形式中所有汉字的字义和“e-mail”包含的概念意义都完全没有关系，所以，不管选择使用哪一个，都会对使用者的感受产生影响。

此外，“e-mail”的音译形式不可能成为普遍使用的词语还有三个原因：

首先是发音。“e-mail”作为英语单词，中国人在说的时候往往要对它发音作不同形式、不同程度的适合汉语发音的改变，这样的发音改变有以汉语为母语的使用者一般的规律，也有每个使用者的个人特点，这就决定了没有一种音译形式可以被所有汉语使用者很容易地接受。实际上如果我们留意的话，就会发现中国人即使在口头交际中，也很少使用“伊妹儿”、“伊媚尔”和“伊美尔”中的任何一个。目前大多数人习惯使用的是按照自己的发音习惯读出的英语“e-mail”。

第二，也是更为重要的一点，就是“e-mail”所包含的概念意义，完全可以用汉语既有的语素和构词规则表达出来，“电子邮件”和“电邮”即是。从这个方面看，音译形式就在很大程度上失去了存在的必要。

第三，同样重要的是，作为“e-mail”意译形式的“电子邮件”和“电邮”不仅符合汉语使用者的习惯，而且自身形式结构也很简洁，这对于外来词能顺利转化为本族语词非常重要。这一点我们在下面还会再谈到。

因此，我们认为，无论是“伊妹儿”、“伊媚尔”还是“伊美尔”，都不可能成为中国人普遍使用的词语，包括在口头上使用。最合适的，还是意译形式“电子邮件”和“电邮”。

三、新出现的外来词的转化问题

并非所有外来词最终能都转化成使用汉语固有语素和构词方式的本族语词，像佛、葡萄、啤酒等就都保留了音译的形式，为什么“e-mail”能转化为“电子邮件”或者“电邮”呢？

我们认为这其中最关键的差异就是外来词的概念意义能否用汉语既有语素和构词方式准确而简洁地表达出来。

像佛、葡萄、啤酒等词，其概念意义并不是中国固有的，当这些事物或概念进入中国的社会文化生活后，中国也没相应的事物或概念可以概括表达，因此它们的音译形式才得以保留。相反，“e-mail”所包含的概念意义，除了“电子”这一点外，和本来就已存在的“邮件”并没有多少差异，完全可以在中国找到对应的固有的事物“邮”或“邮件”、“邮箱”，因此人们习惯于使用“电子邮件”或“电邮”也就不足为奇了。

而表达简洁也同样重要，有些外来词的概念意义也许可以在汉语固有语素中找到再组织后能对意义进行解释的内容，但是这样的解释却不够简洁，这也影响这类外来词的转化，并使得它们在一段时间后依然以外来词形式保留在汉语词汇中，或者至少是保留在人们的日常交际中。

比如“CT”，很多人可以张口说出，也大概知道这是一种什么技术，但很少有人知道它的汉译全称是“电子计算机X射线断层扫描技术”。尽管可以用汉语固有语素经过组织后进行表达和解释，并且这种解释比“CT”更清楚，但是因为这个解释太过繁复，因此人们还是更多地使用“CT”，而这个全称就只能停留在专业书面上。

另一个很有代表性的例子是“pizza”。“pizza”最早在我国被译为“意大利馅饼”。但是“意大利馅饼”这个译法容易使中国人想到中国的馅饼，而“pizza”又明显和中国的馅饼不一样，因此这种翻译表述就不是很恰当，甚至因此演绎出马可·波罗的故事来。由于无法找到恰当的对应语素，“pizza”的汉译就非常不顺利，“意大利馅饼”除了在改革开放初期以前使用，就不再为中国人所接受了。

与“pizza”相同的情况还有“三明治”。但和“三明治”不同的是，“三明治”中使用的三个汉字基本上是固定下来了，虽然有的地方还写作“三文治”，但是已比较少见，而“pizza”的汉字写法却一直难以统一，现在仍有“披萨”、“批萨”、“匹萨”和“比萨”等不同写法，很难说有哪一种占据绝对优势。由于“pizza”的音译写法有这么多不同且很难选出一个优势的形式，也使得大多数人在口头表达时依旧使用适合自己发音习惯的英语“pizza”。

前面所举的佛、葡萄、啤酒，当然也可以用汉语做出说明解释，只是太麻烦，因此人们自然会在交际中选择简洁的表达形式。而对于“e-mail”来说，至少在书写上不存在这个问题，那么也就没有必要自己煞费苦心地创造什么“雅”的形式了。

四、选词和教学对策

词汇教学是语言要素教学的核心(高燕，2008)，在对外汉语教学中的重要性不言而喻，而对于词汇教学而言，选词是基础。如果选词不当，那么学习者学习到的可能是无用或者很少会用到的词语，不仅费力，而且由于发现不能学以致用，会直接导致学习者的学习积极性下降。选词不当主要出现在初级阶段，在人工设计的对话和短文教材中，由于编写者个人认识与社会实际使用情况之间的差异，造成了选词不当的问题。此外，高级阶段由于对教材选取的原文采取不干预的态度，造成了大量带有作家个性化色彩和文学色彩过于浓厚的词语进入教材，也属选词不当。本文主要探讨前一种情况。

选词的根据主要有词的频度统计、语言学和对外汉语教学原则以及学习者的学习特点等(方绪军，2008)，也包括母语使用者的个人感觉。我们认为，依靠个人感觉选出的词指的是虽然在正式的统计中查找不到但在社会交际中实际使用的词，或者在正式的统计中是甲词或甲形式，而大多数母语使用者却普遍采用的乙词或乙形式。如果存在这样的情况，我们就应该认真注意考察这些词，或者与正式统计不同的乙词或乙形式是否更适宜作为教学内容。之所以如此，是因为正式统计总在不同程度上落后于社会上的语言使用者，总是先有这样的词和形式，再有涉及这样的词和形式的统计，因此在时间上当然会滞后。

就对外汉语教学而言，教学的一般目的总是培养学习者的汉语能力和运用汉语在一定范围内进行交际的能力(吕必松，1993)，尤其是在初级阶段，学习者迫切需要掌握那些最常用因而也是最有用的词语，这就对我们提出了选词要慎重，要从实际出发的要求。

现在我们再说回“伊妹儿”，看看它和其他音译形式为何不应该选入教材。

首先我们要肯定《汉语教程》的编写者在初级教材中就选取“e-mail”的汉译形式进入教材的做法，因为现在“e-mail”的确已经是非常常用的通信工具，是绝大多数学习者都必须使用的了。

但是“伊妹儿”却不应该作为“e-mail ”的汉译形式成为教学内容。这是因为：

第一，从词频上说，无论是“伊妹儿”还是其他音译形式，都没有“电子邮件”和“电邮”这两个意译形式使用得多，甚至可以说在使用频率上相差甚远。

第二，从实际使用上说，大多数人不管是写还是说，都不会使用“伊妹儿”和其他音译形式，在书写中，人们习惯于直接写英语“e-mail”；在口头上，人们也习惯于直接说英语。

当然，绝大多数中国人的英语发音肯定不能说是标准的，但这并不影响以英语或其他语言为母语者听懂中国人说的“e-mail”这个词，更不影响中国人之间以此进行交际，这是因为现在“e-mail”的普及度实在太高了。与此相同的情况其实早就出现了，比如“CD”、“KTV”等，中国人在发音时也不准，但大家都知道说的是什么。

所以，尽管因为“电子邮件”和“电邮”写起来确实比较麻烦，但是“伊妹儿”等也同样不是人们书写的选择形式，而且因为“e-mail”的音译形式始终不能统一，所以即使在私人信函中，我们也没有证据认为大多数人会选择音译形式而不选择意译形式。

第三，从选词效果上看，如果我们教给学习者的是“伊妹儿”，学习者掌握这个词很容易，但是在实际交际中却会有很大的问题。这是因为由于这个词中国人实际上已经用得很少了，而外国人在和中国人的交际中使用这个词，反而会让中国人去思索对方说的是什么。另外一个很重要的原因是，汉语“伊妹儿”和英语“e-mail”的发音并不完全一致，其差异更大于中国人英语发音不准时的“e-mail”，而学习者学习这个词时学到的发音是汉语拼音的“yīmèiér”，这就使得如果学习者发音不准，中国人可能听起来很吃力；而如果学习者发音很标准，中国人听起来也同样吃力甚至更吃力。而学习者一旦学习了这些词，在其后的交际中是很难改变最初形成的使用习惯的，比如习惯说“你好吗”、用“公共汽车”代替“长途汽车”等都是这样。

因此，我们认为，像“伊妹儿”这样没有固定下来的音译形式，或者虽然音译形式比较固定，但实际上已经完成了由外来词向本族语词转化的词，是不应该被选入教材的。

那么，对于已经进入教材的这类词语怎么处理呢？

我们认为有必要实事求是地告诉学习者哪些词现在中国人实际上已经很少用或者不用了，因为我们教学的目的就是让学生掌握那些需要的、可以直接用于交际的词语。

作为出现在初级阶段的词语，可能的替换形式如果不太难的话，就可以直接教授给学习者。比如“e-mail”，我们要告诉学习者“伊妹儿”现在中国人已经很少用了，然后应该再告诉学习者中国人在口头上说“e-mail”，因此如果在和中国人交际时要说“e-mail”也没问题，而在阅读和书写方面，则是使用“电子邮件”和“电邮”。这其中涉及的四个汉字，对于在学习“伊妹儿”这个词的学习者来说，都不算难，而且其中有的汉字学习者已经学过了。

课堂上的师生问答互动、操练和课下操练对于巩固学习者学到的知识和能力有着至关重要的作用。教师应当充分利用这些教学活动强化学习者对于应该学习的词语的记忆和认识，尽可能淡化对教材中收录的不当形式的印象，以避免学习者在今后的交际活动中，在需要使用表达这些意义时首先选择不当的形式。

我们相信，这样的处理对策对于学习者的作用要远远大于学习“伊妹儿”。

五、结语

反对“伊妹儿”进入教材并不意味着我们反对在教材中选取最近出现的新词作为教学内容。最近出现的新词如果能在较短时间内成为常用词，就很有可能是学习者在当前的交际中需要的词。我们高兴地看到教材的编写者也在做着这方面的努力。

但是选取新词时必须要慎重，对于没有确定形式的，可以不选，因为这样的词，比如“pizza”，通常可以直接说英语。而对于已经有简洁的汉译形式的，就应该选取汉译形式。

在教学中，我们应该教授学习者已经确定的形式。如果确定形式不是教材中的形式，则应该向学习者解释我们在课堂上教授的形式是使用频率更高的形式，并且尽量强化我们教授的确定形式，淡化学生对教材选取的词语的印象。

参考文献

[1] 方绪军．对外汉语词汇教与学[M]．北京：北京师范大学出版社，2008：23－25.
[2] 符淮青．现代汉语词汇[M]．北京：北京大学出版社，1985：184－187.
[3] 高燕．对外汉语词汇教学[M]．上海：华东师范大学出版社，2008：13.
[4] 鲁国尧．创造新词的心路历程[J]．语言教学与研究．2005(1)：8－15.
[5] 吕必松．对外汉语教学研究[M]．北京：北京语言大学出版社，1993：56.
[6] 吕必松．对外汉语教学概论(讲义)[M]．北京：国家教委对外汉语教师资格审查委员会办公室，1996：187－188.

试论汉语环境下的汉语教学侧重点

——一项关于口语与书面语的调查

柯　航　王晓君

提　要　在汉语环境下的汉语教学活动中，留学生很容易在交际中接触到汉语口语。我们应该因势利导，鼓励学生走向汉语社区，在交际中学好口语。在正式课堂教学中可以淡化口语常用的词汇和语法的教学，加强汉语书面语的词汇和语法教学。

关键词　口语，书面语，汉语环境

一、引言

在第二语言习得过程中，语言环境对学习主体的学习效果及学习策略的影响是毋庸置疑的。最理想的语言学习环境莫过于在该语言社区学习。在目的语言社区学习语言，学习者不仅可以在课堂学习该语言，而且在课外活动和日常生活中也有很多机会接触所要学习的目的语。实践证明，这样的语言学习环境对于一个人掌握一种语言具有无可替代的积极作用。

今天很多留学生直接来华留学学习汉语，他们所面临的学习环境正是一个使用汉语的生活社区。除了课堂上的汉语学习之外，他们还有很多机会接触汉语，尤其是汉语的口语。也就是说，来华的汉语学习者所面临的学习环境是一个“汉语环境”，是一个处处存在汉语交流和影响的社会环境。这样的汉语学习环境对留学生的汉语学习有很大影响，同时对我们当下的汉语教学侧重点也有影响。

从我们所调查的初、中级汉语教材来看，汉语教学的侧重点是口语。这与目前汉语教学界比较推崇的“听说优先”的理念一致。初级的口语和听力教材以口语为本位容易理解，但是汉语综合课甚至有的写作教材也侧重于口语，这似乎有一些不妥。我们认为汉语环境下的汉语教学，究竟是侧重口语还是书面语，这一问题需要进一步讨论。

二、留学生写作的“口语化”问题

写作能够反映留学生汉语习得成效。我们以在华长期进修生为对象（汉语学习经历均在一年以上），搜集了他们约 20 万字左右的写作文本材料，所有写作文体均为记叙文或者说明文，很少有对话，本文所搜集的材料均非对话。通过对材料的分析，我们发现，留学生在写作中暴露的问题除了对汉语词汇和语法掌握不够准确之外，还普遍存在过度“口语化”的倾向。

关于现代汉语书面语和口语的问题，何伟渔（1990）和胡明扬（1993）、冯胜利（2003）、赵金铭（2004）和刘壮（2005）等学者都作过相关探讨和研究，陆俭明先生（2007）还呼吁“重视汉语书面语教学，并使之在整个汉语教学中占有重要的地位”。但是书面语和口语的划分目前并没有统一标准，《汉语水平词汇与汉字等级大纲》没有明确标出词汇的书面语和口语的区别。《汉语水平等级标准语语法等级大纲》的甲乙两级没有标明口语语法，丙丁两级单独列出了“口语格式”，而实际上，甲乙两级不少语法项目倾向于在口语中使用，如果使用到正式文体中并不合适。这可能跟目前学界对口语和书面语看法尚不统一有关系。本文暂且依照普通汉语人群的语感，把经常出现在口语且很少或不出现在正式文体中的语言成分看成是属于口语的成分，而一般能出现在正式文体中的语言成分看成是属于书面语的成分，即使口语中也经常出现的语言成分也可以看成是书面语。这里的书面语仅指现代汉语书面语，而不包括更为典雅的文言。因此，我们不必把“必须”/“须”、“什么”/“何”、“喝（茶）”/“饮（茶）”这样的词语看成是口语和书面语的区别。“必须、什么、喝”既可以在口语中出现，也可以在正式文体中出现，可以都看成是书面语。“须、何、饮”则更应该看成是文言成分，跟一般意义上的现代汉语书面语并不能等量齐观。

由此，如果因为语言学习者对汉语掌握不够好，在正式文体中使用了某些只出现在口语中的语言成分，我们把这种语言运用上的偏误看成是过度“口语化”倾向。根据我们所搜集的材料，所见到的过度“口语化”倾向主要可以分成两大类：

1. 口语词的滥用

有的词语基本上只适合用在口语里，有的可能只适用于北京口语，很少见于正式文体，例如[①]：

①小学是我人生最幸福的**工夫**。

②我在家**老**靠妈妈，咱们是朋友。

③妈妈**搞**保险工作。

④我**顶**喜欢吃妈妈做的煎黄酱。

⑤老师也不能**当**自己的思想完全是对的。

以上在语句中的黑体词语，我们并不能简单地认为用错了。如果这些句子是学生在口语课堂上用出来的，也许还正合乎口语课的要求。但是这样一些口语词出现在学生的作文中，却显得不伦不类。

上述过度口语化现象暂且可以原谅，而由此导致的语言错误则值得进一步思考：

⑥我在家老靠妈妈，**咱们**是朋友。

⑦他们**俩位**老师都很认真。

⑧让学生学习**加油**一点。

⑨迟到的学生一定**别**逃亡。……我以后**别**再迟到了。

"咱们"、"俩"、"加油"、"别"均属于初级汉语水平的词汇，在对话课文中经常出现，对话体以外的正式文体中则比较少出现。留学生经过一年左右的初级汉语口语学习，比较习惯认读这些司空见惯的词语，却很少注意到语体差别，所以一旦要写作正式文体，很多不适用于正式文体的口语成分就出现了。

同样还有一个问题，学生的作文中经常出现"儿化词"。例：

⑩小时候我个儿不高。

⑪我常常为点儿小事儿吵架。

⑫我喜欢吃北京的土豆丝儿。

⑬我的小学在教堂右边儿。

⑭我的小学大概有120个小孩儿。

⑮妈妈在饭馆儿工作。

⑯我们经常一起聊天儿。

⑰这天我真高兴，玩儿得很开心。

上述儿化词，也许可以说留学生是在写口语，而不能判为语言错误。在学生表达抒情或者议论的作文中，我们可能只会觉得语言有些不够正式。但

① 本文例句由作者搜集后，征求过其他汉语研究者的印证，有少量删减。

是我们不妨再看看下列例句：

⑱**春天儿**的时候地上种着很多花儿。

⑲**小孩儿**基金会。

⑳回头往事，我非常**冒傻气儿**。

其中“春天儿”的“儿”大概承袭自“聊天儿”的儿化，另外两个则完全使用不当。

学界对儿化词的看法也不太统一，有人认为推广普通话应该连同儿化一起推广，也有人对此不赞同。对外汉语教材中的儿化词比较多，意见跟前者相同。我们粗略浏览了4套成系统的对外汉语教材，发现初级教材的儿化词尤其多，由教材编写者撰写的课文尤其严重。中高级教材一般选用已发表文章，属于常见的书面语，编写者的撰写内容较少，儿化词也相对少一些，但也不是没有。我们认为，大量儿化词都不具备语义区别特征，儿化仅仅标示普通话口语的口音，没有必要在文字上体现出来，初级教材对儿化词的处理应该淡化，否则，在留学生继续学习中高级汉语之后，就容易出现上面所看到的“过度口语化”的现象，反而妨碍了他们的进一步提高。

上述例句均出自学习汉语一年至三年的留学生作文中，其中的“儿化词”从严格意义上来讲不能算是语言错误，只是不适合在正式文体中出现。在现行教材背景下，“儿化词”使用甚至值得鼓励，似乎可以看成是汉语学习比较成功的一种表现。但是，留学生在初中级阶段接受并且牢牢掌握了这么多儿化词之后，在接下来的中高级阶段，撰写学年论文、毕业论文或者正式书信、文章时，这些早期掌握的儿化词几乎都需要避免。这样的学习过程应该不能看成是成功、有效的学习。

2. 口语语法的滥用

根据功能语法学派的观点，不同功能的语体可以有不同的语法[①]，口语语法同书面语语法有相当大的差异。从我们搜集到的材料来看的确如此，请看：

㉑韩国不应该进口美国的牛肉，因为美国的牛肉**可危险了**。

㉒他们不关心学生的心情、事情**什么什么的**。

㉓(给酒店提意见)克服这个困难贵店要**努力又努力**。

㉔一开始我去跟他**商量商量**，劝他改变生活习惯。

㉕他是个**好是好但是**有点儿不公平的老师。

① 据张伯江在“当代语言学理论和汉语研究国际学术报告会”(2006，北京语言大学)上的发言。

㉖（一个女人受伤）几个中国人也**太吃惊了**。

㉗夏天我和妈妈在海滩**休息一下儿**。

需要说明的是，上述例句基本上取自留学生在写作课上的“正式书信”材料。㉑摘自写给韩国总统的信，但是表示强调语气的“可＋形容词＋了”主要用于口语（吕叔湘 1980），在正式书信中不宜使用。㉒摘自写给校长的信，此处的“什么什么的”一般用于口语，应该使用书面语的“等/等等”。㉓摘自写给酒店经理的信，表示反复动作“V又V”格式多用于口语对话而少用于书面语的文章，其实可以使用“更加V”来替代。㉔摘自写给酒店经理的信，重叠动词“VV”表示尝试，但是主要用于口语，在正式文体的流水句中并不需要使用。㉕摘自写给校长的信，“A是A但是（可是/就是）”一般用于口语，正式文体不宜使用。

上述口语语法点的使用只是不合时宜，可以不判为语言错误，但是请看以下运用不当的例子：

㉘贵酒店的服务员工作**马马虎虎**（笔者注：作者本意是在批评服务员工作不认真）。

㉙他们**运转起来**这个公司。

㉚如果没有老师，那是**真**痛苦的事情。

㉛**有天**我跟几个朋友去划船。

㉜**下天**那个学生不来了。

㉝外国人看到他们就**想想**，中国人真没礼貌。

㉞夏天的时候去经常**去去**游泳池。

㉟因为她**太内向**的性格，父母很烦恼。

㊱只要改善现在的方式，就会再来**多多的人**。

㉘中的“马马虎虎”是个口语词，在对话中出现经常用作谦虚，实际上的意思跟“还过得去”差不多，如：“甲：你考试怎么样？乙：还马马虎虎。”所以想用来批评服务员工作非常马虎的时候，并不适合用该词。㉙的“V起来”是“开始V”的意思，但是表示起始义的“V起来”使用时其实有很多限制，而且同表示趋向义的“V起来”又形成语义交叉，远不如书面语的“开始V”容易掌握，例㉙即是明显的运用失误。㉚的“真＋形容词”是口语经常使用的格式，初级教材经常出现，受此影响，很多学生把“真”当作“很”来用了。㉛和㉜的“（一）量”，在口语中的宾语位置经常出现，“一”可以省略，学生习以为常，以为移到主语前也是对的。其余语法错误大体也是因为学习常用于口语的语法点，不知道语体差异而滥用导致的失误，此处分析从略。

由上述分析来看，经过一年以上汉语学习的留学生对一些常用于口语的句型和词汇掌握得很熟练，但是不知道这些句型和词汇并不适合出现在相对正式的书面表达文体中，容易出现运用不当的现象，比如在正式语体中使用口语词汇或语法，造成过度口语化的倾向，甚至由于口语词汇和语法使用过于灵活，经常出现运用失误。

学习语言应该从口语入手，但是口语语法同书面语语法有很大的差别。事实上，作为普通话语音标准的北京话口语语法就博大精深（参见周一民，2002），在初级阶段强调口语特殊句式和语法究竟可取否就值得商榷了。我们认为，部分少用、罕用于书面语的口语词汇和语法不应该教给学生，以免学生在中高级阶段的汉语学习中出现“努力习得——最后抛弃”的浪费，同时也可以减少他们在提高典范的书面语方面的障碍。

为什么经过一年以上的学习过程，留学生的写作中会出现过度口语化的偏误？基于以上思考，我们对在华长期进修汉语的留学生进行了一项关于口语与书面语的小型问卷调查，问卷及统计结果参见附录。

三、调查结果

我们发放了86份调查问卷，回收有效问卷79份。调查显示，91%的留学生认为口语重要，但是对提高口语最有帮助的，有30%的学生认为是课堂学习，而另有34%的学生认为跟中国人交朋友最能提高口语，还有23%的学生认为在中国旅游最能帮助提高口语。最能提高学生口语的不是课堂学习，而是交友和游玩，而这两项恰恰是汉语学习环境下最容易得到满足的。

此外，最能帮助提高口语的课程是口语课，但是仅占38%，精读课占到33%。这说明，精读课的训练内容也接近口语，二者的区分和训练有待深化。

口语课和精读课都侧重训练口语，应该说教师和学生双方所花的时间和精力都比较多了，但是自认口语一般和不太好的学生分别达到46%和11%，两项相加超过总人数的半数。可见，尽管课堂上费时费力，但课堂上的口语教学尚不够成功。

仅15%的学生知道汉语书面语和口语有差别，看来教学中有必要跟学生强调口语和书面语的差别。

希望能用汉语写文章的学生达到92%。最能帮助学生提高写作能力的课程是写作课和精读课，分别达到67%和27%。但自认为写作很好的为零，自认为写作好的仅有8%，写得一般的占33%，写得不太好和不好的分别达到37%和23%，超过半数学生对自己的写作水平不满意。这说明，学生期望最高的两门课程没能满足他们提高写作水平的期望。考虑到写作课的课时数远低于精读课，精读课对提高留学生汉语书面语应该负有更大的责任。

四、结论：汉语环境下应该加强书面语教学

根据以上调查数据，同时结合我们对长期进修汉语的留学生出现的“过度口语化”倾向，我们可以简单总结如下：

1. 在留学生看来，口语很重要，但是在汉语环境下最能提高他们口语水平的不是课堂教学，而是“交友”、“游玩”等社交活动。这是汉语环境下学习汉语所独有的优势。我们的汉语教学应该充分考虑到这一点，考虑是否可以减少一些常用于口语的词汇和语法的教学。把口语交给“汉语环境”，鼓励学生融入到汉语环境中去，在汉语交际中学习口语。而在课堂上则侧重教授规范的现代汉语书面语，这样一来，将可以减少中高级阶段语言习得时出现的过度口语化问题，还可以减少口语词汇和语法带来的失误。

2. 留学生希望提高汉语写作能力，希望掌握汉语书面语。写作课和精读课最能提高学生的写作能力，但是目前没有充分发挥其潜能。把口语训练交给汉语环境之后，我们可以尝试在课堂上更多地训练学生的书面语能力。

诚如陆俭明先生所指出的，“要认识到汉语走向世界的重要目的是要促进我国与世界各国文化的广泛交流，提升汉语在国际上的话语权，为此需要重视汉语书面语教学，并使之在整个汉语教学中占有重要的地位”。在21世纪的今天，越来越多的留学生主动来华留学，有这么好的一个汉语环境，我们应该充分利用它，把汉语教学的侧重点及早转移到规范的现代汉语书面这边来。

参考文献

[1] 冯胜利. 书面语语法及教学的相对独立性[J].《语言教学与研究》，2003(2).
[2] 冯胜利等. 汉语书面语教学与研究的新趋势[C]. 载《对外汉语书面语教学与研究的最新发展》. 冯胜利 胡文泽主编. 北京：北京语言大学出版社，2005.
[3] 何伟渔. 论口语与书面语的差异[J].《上海师范大学学报》，1990(2).
[4] 胡明扬. 语体和语法[J].《汉语学习》，1993(2).
[5] 刘壮. 重视书面语教学，进行系统化研究[J].《汉语学习》，2005(4).
[6] 陆俭明. 要重视汉语书面语教学[J].《世界汉语教学》，2007 (3).
[7] 吕叔湘主编.《现代汉语八百词》[M]. 北京：商务印书馆，1980.
[8] 吴丽君. 口语词汇与书面语词汇教学研究[J].《云南师范大学学报》，2004(3).

[9] 赵金铭主编.《汉语口语与书面语教学》[C]. 北京：北京大学出版社，2004.
[10] 周一民.《北京口语词法》[M]. 北京：语文出版社，2002.

（调查问卷及统计结果此处略）

新 HSK 与 HSK 主要区别之简析

逄 岱

提　要　1990 年，北京语言文化大学、汉语水平考试中心开始组织实施汉语水平考试（HSK），至今已有 20 个年头，对汉语国际推广工作起到了极重要的开创作用；2009 年，国家汉办、孔子学院总部正式推出新汉语水平考试（新 HSK），在海内外引起了较大反响，对汉语国际推广工作起到了积极的推动作用。新 HSK 与 HSK 在研制目的、考查对象、实施手段上有什么不同？本文将尝试着从这几个方面做一简要分析。

关键词　汉语水平考试　新 HSK　HSK

汉语水平考试简称 HSK，是一项国际汉语能力标准化考试，考查母语非汉语者在生活、学习和工作中运用汉语进行交际的能力。HSK 从 1984 年开始由北京语言文化大学、汉语水平考试中心研制，1990 年在国内定期组织实施，1991 年正式推向海外，已经形成了包括 HSK（基础）、HSK（初中等）、HSK（高等）的考试系列。对汉语国际推广工作起到了极重要的开创作用。

2009 年 11 月，国家汉办、孔子学院总部正式推出新汉语水平考试，在海内外引起了较大反响，对汉语国际推广工作起到了积极的推动作用。新 HSK 与 HSK 在研制目的、考查对象、实施手段上有什么不同？本文将尝试着从这几个方面做一简要分析。

一、定名根据

许多人对以上两个 HSK 常有误解，误以为新 HSK 是原有 HSK 的延续或演变，并以“新、老”或“新、旧”区分之，笔者也曾有类似误解，经仔细了解后方知其实不然，并试图以比较中性的“新 HSK”和“原 HSK”加以区分，但仍不满意。

2010 年 6 月 28 日中国教育部办公厅发布了“关于外国留学生可凭《新汉语水平考试(HSK)成绩报告》注册入学的通知(教外厅[2010]2 号)”，通知中明确说明了新版 HSK 的简称为“新 HSK”，原版 HSK 的简称为“HSK”，二者并行使用。故在本文中，以“HSK”、“新 HSK”简称之。

二、“新 HSK”与“HSK”之区别

区别一：二者研制和主办方不同

HSK 由北京语言文化大学及其汉语水平考试中心研制并组织实施。新 HSK 由国家汉办、孔子学院总部研制并组织实施。

区别二：二者的考试对象有差异

80 年代随着改革开放的逐步深入、中国汉语言文化的教学与交流的需要，中国对外汉语教学学会汉语水平等级标准研究小组开始研制 HSK，其考核对象主要是来华汉语学习者、专业汉语学习者(即接受过现代汉语正规教育的学习者)。1988 年，“将汉语水平分为一、二、三、四、五级”，该“《等级标准》所划分的等级同我国四年制对外汉语专业的年级大致有下列对应关系”，即：一、二级对应于一年级；三级对应于二年级；四级对应于三年级；五级对应于四年级。后来虽然经过了 1995 年的修订，但仍可以发现，该汉语水平等级标准是以我国四年制对外汉语专业为基础的，对在中国以外国家和地区学习汉语人群考虑欠周。

新 HSK 为适应新时代汉语国际推广形势的需要，在研制之初就希望将普通汉语学习者和专业汉语学习者、来华汉语学习者和非来华汉语学习者加以区分，要兼顾高水平汉语学习者和中低水平汉语学习者。因其以汉语国际推广为主要目的，所以其考核对象主要是普通汉语学习者、非来华汉语学习者(即未接受过现代汉语正规教育的学习者)，在制定相关考试标准时，力争熟悉并考虑这些群体的特点。

在这个方面，二者其实是互为补充的关系，HSK 着重于检测汉语学习者的系统性，新 HSK 则着重培养汉语学习者的兴趣，检测其掌握汉语的灵活性。

区别三：二者的考试等级有差异

HSK 含 HSK(基础)、HSK(初中等)、HSK(高等)三大等级，十二个细分等级。其中 HSK(基础)有 1、2、3 级，HSK(初中等)有 3、4、5、6、7、8 级，HSK(高等)有 9、10、11 级。

新 HSK 则包括 HSK(初级)、HSK(中级)、HSK(高级)三大等级，六

个细分等级。其中 HSK(一级)、HSK(二级)属于 HSK(初级)，HSK(三级)、HSK(四级)属于 HSK(中级)，HSK(五级)、HSK(六级)属于 HSK(高级)。

目前，二者等级设置的不同直接导致校方、教师、学生的迷惑与无所适从。还是 2010 年 6 月 28 日中国教育部办公厅发布的“关于外国留学生可凭《新汉语水平考试(HSK)成绩报告》注册入学的通知(教外厅[2010]2 号)”中首次明确了：新 HSK 四、五、六级的及格线 180 分，分别对应于 HSK 的初等水平证书 C 级、中等水平证书 C 级和高等水平证书 C 级。

在这个方面，二者似乎难有公断，但新 HSK 虽然貌似在等级划分上少于 HSK，但由于其满分为 300 分，及格分为 180 分，中间跨度充分，起到了既能有效地衡量学生汉语能力，又能比较合理地保护学生学习汉语积极性的双重目的，比 HSK 更人性化一些。

区别四：二者的考试内容有差异

1. 题型有差异

HSK：

HSK(基础)考试分为三个部分：听力理解、语法结构、阅读理解

HSK(初中等)考试分为四个部分：听力理解、语法结构、阅读理解、综合填空

HSK(高等)考试分为三套试卷、五个部分：笔试试卷、作文试卷、口语试卷；笔试试卷包括：听力理解、阅读理解、综合表达

新 HSK：

HSK(初级)考试分为两项、三个部分：笔试、口试；笔试包括听力、阅读

HSK(中级)考试分为两项、四个部分：笔试、口试；笔试包括听力、阅读、书写

HSK(高级)考试分为两项、四个部分：笔试、口试；笔试包括听力、阅读、书写

在这方面，二者的主要区别是：

①新 HSK 没有了专门的语法结构分测验，变显性的语法测试为隐性的语法测试，加强了灵活性和实用性。

②新 HSK 在试卷结构、试题数量上加大了对考生听力的考查(参见下表)。

新 HSK 笔试	听力题数	阅读题数	书写题数	共计	听力所占比重
HSK(六级)	50	50	1	101	约 50%
HSK(五级)	45	45	10	100	45%
HSK(四级)	45	40	15	100	45%
HSK(三级)	40	30	10	80	50%
HSK(二级)	35	25	/	60	约 58%
HSK(一级)	20	20	/	40	50%

HSK	听力题数	语法题数	阅读题数	综合题数	作文题数	口试题数	共计	听力所占比重
HSK(高等)	40	/	40	40	1	3	124	约 32%
HSK(初中等)	50	30	50	40	/	/	170	约 29%
HSK(基础)	50	40	50	/	/	/	140	约 36%

③HSK 只在 HSK(高等)中包含口试，而新 HSK 则在了 HSK(初级)、HSK(中级)、HSK(高级)三级考试中都设置了口试。并且口试独立于笔试之外，允许考生根据自身情况，自由报考任一等级的口试。

2. 词汇量标准有差异

HSK 大纲中与新 HSK 大纲中收录的各级词汇量标准也有较大差异。

如下表所示：

HSK	新 HSK
HSK(高等)5000－8000	HSK(六级)5000 及以上
	HSK(五级)2500
HSK(初中等)2000－5000	HSK(四级)1200
	HSK(三级)600
HSK(基础)400－3000	HSK(二级)300
	HSK(一级)150

HSK 各等级词汇量标准跨度比较大，依据其设计的考卷，难免会造成让掌握较少词汇量的考生和掌握较多词汇量的考生回答同一份试卷的现象，

其结果，必然会使前者备受打击，严重挫伤其学习汉语的信心和兴趣。

新 HSK 各等级词汇量标准跨度小，易于掌握，能有效地区分不同水平的汉语学习者，避免了低水平考生“硬着头皮”参与较高难度考试的弊端，使他们感到力所能及、学有所成，有助于提高其进一步学习汉语的信心和兴趣。

3. 新 HSK 各级考试中均使用图片，非手绘，是清晰实际的摄影图片，不同于 HSK 在 HSK(基础)使用手绘图片，这有助于考生考试时建立感性联系，胜任测试、提高成就感。

4. 新 HSK 在 HSK(一级)、HSK(二级)考题中的所有汉字上都注有拼音，降低了汉语初学者认读汉字的难度，也达到了使考生建立信心、保持对汉语的学习兴趣的目的，间接地促进了汉语的国际推广。

综合分析二者的特点，不难看出：HSK 以考查学习者对语言知识的准确性、系统性、牢固性为主要目的；新 HSK 以考查学习者对语言知识的理解力、灵活性、交际能力为主要目的。二者虽然不是“系出同门”，但确是“系出同源”，HSK 与新 HSK 都是根植于中国汉语言文化教学工作的土壤之中，有着互为借鉴、互为补充、互为印证、互为促进的关系，处理好二者的关系，在 HSK 的开创和新 HSK 的推动作用下，汉语言文化的国际化推广工作必然前景更加广阔。

参考文献

[1] 国家汉办/孔子学院总部. 新汉语水平考试大纲[Z]. 商务印书馆，2009.

[2] 中国对外汉语教学学会、汉语水平等级标准研究小组. 汉语水平等级标准和等级大纲(试行)[Z]. 北京语言学院出版社，1988.

[3] 张晋军、解妮妮、王世华、李亚男、张铁英，新汉语水平考试(HSK)研制报告[J]. 中国考试，2010－9.

[4] 张洁、张晋军. 汉语水平考试用词统计分析报告[J]. 中国考试，2010－1.

[5] 教育部办公厅关于外国留学生可凭《新汉语水平考试(HSK)成绩报告》注册入学的通知[Z]. 教外厅[2010]2 号，教育部办公厅，2010－6.

关于目前对外汉语教学的测评方式的思考

丁　洁

提　要　本文阐述了目前对外汉语教学的一些常用的评估方式：HSK考试、完成句子、OPI测试、文章写作，并对这些测评方式的优劣进行了粗浅的分析。在此基础上，本文提出应根据现代建构主义的学习理论，根据我们帮助学生获得在真实的语言环境下准确自然地使用语言的能力的教学内容和目的，对我们的教学测评方式进行改革，增加表现性的评估方式，旨在促进学生汉语交际能力的成长。

关键词　教学评估方式　优劣　建构主义学习　表现性测试　汉语能力

一、目前对外汉语教学评估的现状

随着中国的发展，把汉语作为第二外语学习的人越来越多。这些学生90%都是成人，来自不同的国家和地区。他们学习汉语的背景、汉语水平和学习目的都各不相同，有长期学生，如本科生，也有交流学生和短期进修学生，他们有不同的学习汉语的目的，有的是以HSK考试为目的，而有的是因为对中国文化、社会等有兴趣而学习中文的，有的为了在中国工作而学习的等等。因此，学习者的学习目的、学习背景、学习要求和学习习惯不同，在教学上，测试上的特点都会有所不同，因此教师应该在教材、教学方式和测试方法上给与充分的重视和考虑，加以调整，以适应学习者的不同需要。

但中国长期以来绝大部分的考试，无论是学校里教学中的诊断测试，成绩测试、还是全国范围的中考、高考，以及各种各样的资格考试，包括影响极大的各类英语考试，一直采用的是以多项选择（Multiple-Choice Technique，MCT）为基础的标准化的测试方法。之所以这种标准化的测试方法在中国占有牢固的统治地位，是因为首先，在目前中国教育界占主导地位的教育理念仍然强调知识结构，注重知识点的掌握，强调用训练加强学习知识点的有效性。因此测试也是评定对知识点的掌握和考查，而客观性的 MCT 的测试方法对评定客观性的知识的掌握是很有效的，适合这样的教育目的；其次，因为 MCT 题型的正确答案只有一个，因此用它测出的成绩基本上是客观的和可靠的，不会受评估者的好恶的影响，这种 MCT 的测试似乎对被试是公平和可靠的；第三，标准化考试在中国已经有很长久的历史了，如最著名的扼杀个性的“八股文”就是一种标准化选拔考试，因此标准化考试符合中国人的习惯，容易被中国人接受。所以 MCT 在许多领域的测试中被广泛地采用。

而大部分以 MCT 为基础的测试都是终结性测试，这种测试的成绩经常被用来评定学生的“能力”、教师的教学和项目的有效性。由于这种测试方式的流行，导致了家长、学生、教师、学校为了在这种标准化考试中获得高分，跟随着这种考试调整他们的学习和学校的教学，把他们的注意力和精力全部用在为了应试而做大量知识性的练习上，这样就偏离了我们的教育目的。但是不少教师和教育者仍然只注重 Behavioral Adult Education，但是忽视 Humanistic Adult Education。作为教师和教育者应该考虑从不同的理论中吸取有价值的东西和意见，从而来改进我们的教学和测试。MCT 在教学和测试中有它自身的优势和长处，但是它也有局限性，我们必须重新评估这种方法在教学和测试中的角色和作用来提高我们教学和评估的有效性。

虽然汉语作为第二外语教学在世界上已逐渐成为最具活力的语言教学之一，但对它的教学和测试的研究方面仍然十分薄弱。在测试方法上，它自然跟随着主流语言——英语的测试方法。以考查语言知识为基础的终结性测试依然是对外汉语测试中占主导地位的测试方法。由于 Liberal 和 Behavioral 的教育哲学还在指导着教学和测试。教学上，教师更习惯于以教师为中心，以课本为中心，把语言分解为语音、词汇、语法结构、短语句式、课文等部分来讲授。而在测试上，基本采用客观的终结性的测试方法，而不是表现性的，通常的题型是匹配、二选一、填空、完成句子、多项选择、造句、改错等。测试的目的主要是评估学生是否记住了所教授的知识点，这些评估也主要被用在期中和期末的成绩测试上，也就是说在对外汉语教学的测试中还是强调终结性测试，而不是形成性评价。

二、现用的教学及评估方式的缺陷

我认为这种教学方式和评估方式是不能有效地帮助学生学习语言的。首先语言教学的目的是为了学习者获得在真实的目的语中进行交流的能力，运用所学语言解决实际问题的能力，而且语言也不仅是一个可以分解的体系，更是一种动态的、表达某种意图的、具有创造性的能力(行为或活动)。而以教师为中心，以传授知识点为主的教学方法，完全忽视了语言教学应注重培养语言交流能力的发展、注重培养创造能力和分析问题的能力，教师也几乎完全忘记了学习中学生的情感因素，以及学习者的学习动机、学习兴趣、学习的元认知策略(meta-cognitive learning strategies)等等，而这些在学习者语言学习过程中是非常重要的因素。而在测试方法上，我们还以考查知识的记忆为主，这只能鼓励死记硬背，鼓励以教师为中心的教学方法而束缚学习者创造力、元认知能力和分析一解决问题能力的发展，也限制学习者发展他们在真实环境中进行交流解决问题的语言能力。很多学生学习了很多语言的知识，但却不能将这些分散的语言知识融会贯通在一个真实的交流环境中去完成一个简单的生活任务，比如打电话订票。有些学生会抱怨：为什么我学习了很多的语法、词汇，也学习了很长时间，却还不能和中国人顺利地交流？这种只注重分散的知识点而不注重交际能力，不注重学生感觉、情感因素的教学和测试方法的结果是，会使许多学生越来越焦虑、沮丧，或者失去了学习信心而最终放弃了汉语学习。

因此标准化的和分离的知识测试是不适合评估学生的语言交际能力的，也不适合作为一个教学成果或教学项目的唯一评价标准。所以这种教学和测试方法不符合有效教学的原则，它和我们培养学生交际能力的教学目标是相背离的。因此在对外汉语教学中，应以学生为中心，交给学生实用的知识，教授他们解决问题的能力，尊重他们的需要、兴趣和经验，因为从学习者获得知识的认知理论来看，这些在他们学习、认知的过程中都会起积极的推动作用，而且知识能力包括语言能力也需要在实践中不断地构建。在测试方法上，应更多地补充和选用表现性测试，比如口语汇报、角色扮演、演讲、讨论、辩论、写论文、小组工作等等，“在这样的方法中，教师能有效地评估学生怎样在真实的环境中运用所学的语言知识进行交流，学生更重视这样的练习，因为他们认为这样的任务练习更深入，更有趣，更具有主动性”(Mc-Millan, J. H., 2004, p. 199)，这样才能真正发展学习者的语言能力。

三、几种常用的教育评估方式及优缺点

当然并不是说标准型的客观性测试方法就一无是处，每种测试方法都有自己的特点和它适用的测试方面，有各自的优势和弱点，只是不能将某一种测试方式绝对化。在当今对外汉语教学中常用的一些测试方法，它们也都有

各自的特性、优势和缺点，作为对外汉语教师应该能使用不同的测试手段，方法来准确获得学习者、教学任务和教学情况的信息，以便及时调整教学方式使教学效果最大化。

(一)HSK：Chinese Proficiency Test

说到对外汉语的测试，就不能不提 HSK——汉语水平考试。因为这被认为是对外汉语界最具权威的汉语水平考试。这个测试是为测量母语非汉语者(包括外国人、华侨和中国国内少数民族学员)的汉语水平而设立的国家级标准化考试。除高等 HSK 考试有口试和作文两项主观性测试外，其他等级都只有客观性试题。而各等级的客观性试题，主要包括四大部分：听力理解、语法结构、阅读理解、综合填空。

听力部分是先听录音，一个句子或一段对话，然后在选项中选出他认为正确的一项，是考查学生对语段及语篇内容的理解能力。听力测试是非常重要的，但在此测试中也有可商榷的方面，因为这一项似乎并不只是测评被试者听的能力，其实也考其认字能力，因为选项全部是汉字，如果考生虽然听懂了内容，但不认识选项中的汉字，则同样得不到分数，就这一点来看是有失公平的。

HSK 测试是汉语专业技能测验，评估听、读和汉字的书写。在这些年来的教学实践过程中，HSK 显然已经取得了巨大的成功。HSK 试卷客观性试题占 90%，半主观性试题占 10%（Liu Yinglin，1994），而客观性试题对测量事实性知识的能力很有效，而且 HSK 不以某一地区、某一特定的教学方法、某一版本教材为依据，语料选材覆盖面很大，所以它在评定语言知识方面具有较高的可靠性和客观性，有很高的信度，而且可以通过计算机进行评分，有较高的公正性，也省时省力，费用低。

然而用 HSK 来考查学生的语言表达能力确实存在明显的局限性。多项选择的题型只能测试被试对语言知识的掌握程度，而无法直接测试其语言表达能力，而语言表达能力是汉语水平的最基本内容，缺少口试的“汉语水平 HSK 测试”，如何能够准确、全面反映学生汉语水平呢？“其内容效度和结构效度又如何能让人确认呢？”(阿兰·戴维斯，1997)很多例子可以证明这一局限，比如有的学生注重运用语言知识不断地练习在真实的环境中和中国人交流的能力，他们在听、说以及和母语者的交流理解方面都很强，但是他们认识汉字的能力很有限，那这样的人可能 HSK 成绩并不好；可是一些在 HSK 考试中得高分的日韩学生却不能和中国人有效地沟通，甚至说不了一个自然的句子，对外汉语教师都遇到过这样很明显的例子。所以 HSK 考试不能绝对用来评定学习者的汉语水平，特别是他们的口语表达水平。

(二)完成句子

完成句子在对外汉语成绩测试中是经常使用的测试项目，这个测试项目基本有两种形式，一种是完成一个句子，前半句是题干，后半句是一个长长的空格，需要被试者用所给出的词或语法结构或短语完成。如：我以为他是韩国人，__________(其实)。另一种形式，是完成一个对话，题干可能是对话的上句，也可能是对话的下句，学生需要用所给的语言点完成这个句子。如：A：你认为学习汉语轻松吗？B：________________(对我来说，算)。这个测试项目通常是为了评估学习者对所教授的语言知识点是否理解和能否应用。学生要成功地完成这个句子，首先他必须了解所给的词汇或语言结构的意思，其次，他也要理解题干中句子所创造的语境，这样才能成功地完成这个句子。教师可根据学生完成句子的情况来判定学习者是否理解并会使用这个语言点了。

这个测试项目是成绩测验的一种，成绩测验的题目应该尽可能地与最终的教学目标紧密相连(Carr & Harris，2001；Strong，Silver，& Perini，2001)。而这个项目可以直接检验教师教授的语言知识，学生在一个新的语境中正确地成功地完成这个句子，就证明他已经理解了这个语言点。此测验项目的第二个好处是减少学生偷巧或写简单句子的可能性，因为如果让学生用语言点造句，学生可能将教材的句子背出来，而且可能写很短的句子，这并不能检测出学生是否真正掌握了这个语言点。而完成句子使学生必须按照上下文来创造新句子，学生没有办法偷巧，这样达到了测试的目的，也提高了测试的标准。第三个好处，教师可以收集学生在这个项目中所犯的错误，来了解在某些语言点中容易出现的问题，以便调整教学。比如：汉语中“却”的意思很容易理解，但在完成句子中测试这个语法点时，很多学生就会出现将“却”用于人称之前的这样的错误，而且也不会向中国人那样把“却”和“但是、不过、没想到”等词连用来加强否定。教师通过这个测试项目就可以收集到这样的信息，以便来判断哪些是易错之处，哪些可以在教学中加以强调，这样可以有效地帮助教学、指导教学。第四个好处，在无法进行直接的语言能力测试的条件下，这种题型可以间接地考查学生的语言交际能力。因为每个题干都创造出一定的语境，学生必须写出符合语境的句子。

这个测试项目主要的缺点是，这个题型可能存在着主客观之间的矛盾。因为它属于主客观兼容的题目，试题中的情景、语境设定具有一定的客观性，但不同的考生会用不同的主观意识去理解，主观性的应答也就随之不同，因此学生的主观应答可能与教师期待的答案相去甚远，又可能由于教师对此回答不能理解而造成评分的不统一和不公正。另外，汉字也可能影响学生对试题的理解和回答，汉字的错误有时也使教师很难判断学生的真实意思。因此设计试题时，必须要有清楚的限定，使用学生有把握的汉字，尽量减少歧义的产生。

(三)OPI (The Oral Proficiency Interview)

由于教学的缘故，了解到了有关 OPI 的情况。OPI 是一种外语专业技能的测试，上个世纪 50 年代，开始在美国使用，首先它被美国 FSI(the Foreign Service Institute)、外交部和其他美国政府机关用来评定本部门工作人员的外语口语能力，很快被作为美国政府各职能部门工作人员的外语能力水平的测试方法。20 世纪 80 年代被美国教育机构广泛地采用作为评定学校学生外语口语能力的一个测试工具(包括作为外语的汉语)。OPI 把外语学习者的口语能力分为初级、中级、高级和优秀四个等级，而每个等级可以再细分为低、中、高三个水平。OPI 测试是对被试者完整的全面的口语能力进行评估，测量被试在真实的交际环境中，所能完成的语言任务的程度，也测量被试运用语言的准确和熟练程度。

OPI 测试的操作程序分为几步，首先主考和被试进行一般性的对话，这是一个热身阶段，为了减缓被试的压力，创造一个让被试感觉比较舒适的语言环境，同时考官通过初步交流也给被试一个假设的语言等级(考官初步判定的语言等级)。第二阶段，检查阶段。承接热身阶段的话题，主考会通过很多的话题引导被试进行交谈，以检查在第一阶段考官假设的被试的语言等级是否合适。如果被试能够比较自然而且自信地完成这个语言等级的交谈，那么证明被试的水平应在此等级之上。第三阶段，探查被试语言上限。考官提高自己的语言水平，就一个话题深入进去，以探明被试语言水平的上限。和第二阶段一样，考官会通过很多不同的话题来探查被试的语言上限。如果被试在某一个层次不能表述、且开始出现严重的语言错误或理解错误的地方，那就是他的语言上限，如果被试仍能自信地较自然地完成交谈，通过这一语言等级，那考官就要继续向上探明被试的语言上限。经过几次的检查和探查，最后可以判定被试的语言水平。第四个阶段，探明被试水平后，考官要自然地再回到被试能够掌控的语言水平，目的是让被试觉得舒服，不给他们以挫折感，结束测试。

美国外交官的汉语测试，除了使用 OPI 测试方法测试口语能力之外，由于工作需要还增加了口头报告和文章阅读理解。学生的口头报告内容一般是和其负责的工作方面有关系，比如政治官，报告的内容可能是中国的政治形势或政府某一政策及影响等。考官也会就此报告和被试进行交谈讨论，在此探查其专业方面的语言上限。阅读理解测试时，学生先选定两篇(不同话题或方面的)某一级别的文章阅读，然后报告文章内容，之后考官会就文章内容提问，可能是段落大意，可能是词汇、语法等等，以确定被试的阅读水平。

由上可知，OPI包括美国外交官的语言测试也是一种汉语水平考试。但是和HSK比较，它当然更能评估出被试在真实的交际环境中的语言水平。这个测试最重要的好处是能测试被试整体的语言表达和交际能力。语言教学的最终目的，是帮助学生获得在真实的语言环境下准确自然地使用语言的能力，而不只是记住一些分离的语法、词汇等语言知识。语言测试应该反映这个目的，因此当我们评估语言教学的有效性时，我们应该测试学习者在真实的语言环境中应用语言的能力怎么样，也就是说要看被试在真实的语言背景下所展示的语言应用能力，看被试用目标语和说母语者进行交流时的交际能力，而不只是评定他们了解多少语言知识。另外测试对教学起着反拨作用。像OPI及美国外交官的测试就自然地引导其课堂语言教学更强调在真实的语言环境中使用语言，更强调语言能力的发展。因此在外交官的语言课的教学和练习方式，就是通过谈话和讨论来进行的。当然每一种测试都会有缺陷，这个测试形式虽非常符合语言教学目标，但也有不足，就是考官的主观看法会影响被试的成绩。

(四)文章写作

因为成段表达能力直接反映学生的汉语能力，所以通过语段测试来考查汉语学习者的实际汉语水平是一个行之有效的理想方法。比较常用的有两种，一种是限制性的写作，一般教师会要求学生用指定的一些语法结构或者词汇，按照一定的主题来写一段话。比如学生学习了有关四季的词汇，如热、冷、暖和、凉快、下雨、下雪、刮风、潮湿、干燥、有点儿等等，就可以要求学生用这些词介绍他家乡的四季天气；或比较两地的天气情况，用A比B＋*adj*，A跟B一样，A没有B那么＋*adj*等结构来完成语段。另一种是无限制性的写作，学生根据老师给的题目，独立地完成一篇文章，如“我对中国交通的看法”。这种方式更适合高年级的学生。

这种测试方法是表现性评价的一种。表现性评价强调的是“做”，而不只是“知道”(Linn & Gronlund，2000)，而且真实性是表现性评价的一个重要目标，也就是说它很重视真实的情景和环境。而写作测试就是学生运用学习过的语言知识表达真实的想法、看法和情感，因此它非常有效地测试学生的语言表达能力。第二个好处是这个方法给学生提供了一个自由发挥的空间，它鼓励学生进行创作的动机，学生用学过的语言知识、丰富的词汇、复杂的句子结构，表达自己想表达的意思。另一个好处，也是重要的一点，就是学生完成任务的过程也是一个学习的过程，因为在这个过程中学生一定会碰到新的词汇、表达方式、语法等等，按照现代学习理论的观点，新信息必须被积极地改造并与学生先前的知识进行有机的整合(Linn & Gronlund，2000)，这时学生要思考，或者查字典，或者请教同学和老师，因此在整合新知识的过程中，学生构建了自己新的语言知识，进行了有效的学习，而这样学习获得的知识比教师灌输的知识更有效。

当然写作测试的局限也是明显的，最主要的缺点是得分的可靠性和公平性差，因为是主观性测试，所以不同的教师或者同一个教师在不同的时间对学生的评分是不一致的，所以信度较差。另一点局限性是评分需要花费大量的时间和精力，成为老师的负担，所以一些教师因此放弃了这个有效测试学生语言表达能力的方法。

四、根据教学目的及内容改进我们的教学测评方式

由上可知，在对外汉语教学中，以教师为中心，以教授语言知识点为重点，测试方式以考查知识点为主的教学形态，是不符合我们的教学目的和现代学习理论的。现代学习理论主张的是：教师不能只给学生以知识，而应引导学生用自己的头脑来建构知识。教师可以通过多种方式来促进学生的知识建构过程(Slavin，2003)。这就是建构主义学习理论。它强调学生在学习中的主动作用，认为学习者有很强的内在学习的动机和需求，能够自主进行学习活动，学习应以学生为中心，教师是“辅助者”而不是“主宰者”，教师帮助学生去发现意义，而不是一言堂或控制所有的课堂活动(Weinberger & McCombs，2001；Windschitl，1999)教师鼓励学生参与获得知识的过程，在过程中去思考，去发现新知，“理解是一个过程，而不是一个结果”(Bruner，1966)。它提倡合作学习，其理论构想是如果学生互相讨论问题，那么他们更容易发现和理解复杂的概念，也能示范正确的思维方式，暴露和挑战彼此的错误概念。

根据这种现代的建构主义学习理论，我们在教学中应该增加合作学习，任务型交际练习。比如在初级语言学习阶段中，会问问题是很重要的技能，因此可以要求学生彼此之间就某一话题互相提问，然后向全班汇报这样的课

堂活动。为完成汇报任务，学生必须用所学的语言知识在真实的语言环境中向同伴提问，然后要用陈述性的语言形式表达出来，在这个过程中，老师会不断地帮助学生改正语言错误，学生不断地构建正确的汉语体系。又比如在中级水平的班级，可以增加学生就课文内容分组讨论，并概述段落及课文内容；增加相关话题的分组的报告及演讲。中级水平学生对课文内容的理解一般能达到70%左右，但表达不出来，开口的错误率很高，而讨论的方式能让学生在彼此真实的合作交流中，练习语言表达能力，自己构建汉语言知识体系。事实证明，这种合作学习的建构主义学习方式，极好地提高了学生语言表达和交际能力。

测试方法必定要跟随教学内容及方式的改变而改革。测试应该与课程目标及实际教学相一致(Carr & Harris，2001；Fuchs，Fuchs，Hamlett，& Stecker，1991；Linn，2000)。因此表现性的评价方法更适合测试以交际为主的教学内容。所以应该增加任务型的测试内容，要求学生展示自己的学习，或者展示自己能够利用学校里学到的知识和技能来完成一些实际的工作(Campbell，2000；Marzano，Pickering，& Pollock，2001)。

我们可以利用在中国的得天独厚的汉语环境进行汉语能力测试，将学生"赶出教室去"，在自然的环境中，让学生用目的语解决问题，完成任务。比如：初级班学生的表现性测试，可以在学完"吃饭"、"问路"、"坐车"的单元后，测试设计为，让学生做公共车(包括换一次车)，去教师指定的学生不认识的饭馆，教师在饭馆等学生，学生要交给教师两张车票，这被认为是完成任务的证明，然后让学生点菜，测试学生在这个任务中的表现及任务完成的情况。

在中级班的任务测试中，可以分成小组完成，要求学生采访中国人，上中文网查找资料，然后发表演讲。比如：学习了"吸烟者的烦恼"这篇课文，就可以请学生调查中国人对吸烟的态度，中国人对吸烟危害健康的认识，比较在此问题上不同国别的人的差异等，然后写成文章，进行演讲汇报。

这种扩展性的任务测试了在真实环境中学生运用知识、解决问题的能力。也鼓励教师和学生将注意力更多地放在实际的、可信的交际性的语言学习方面，能提高学生学习的兴趣和动机。扩展性的任务强调了对于完成任务的有效性，并提供了一种测量重要学习结果的有效手段。它们既考虑了对结果的评价，也考虑了对过程的评价，并且强调学生在活动中进行积极的意义建构，这与现代学习理论是一致的(Linn，2000)。像这种对高水平的思维能力的考察，就无法用客观性的标准化试题进行测试了，而表现性测试才可能评价这种复杂的学习结果。这就是任务型，也是表现性测试的优势。

当然这种任务型的测试，也会有它的局限性。首先最大的局限是可靠性不够，因为在没有监督的情况下，学生也可以借助英语达成问路、坐车、采访等任务，比较难控制。其次，比较费时费事，需要很长的时间进行，而且设计一个表现性的任务特别是合理地界定、清楚地设计评分规则是比较复杂的，因为课程任务比较紧，所以可能会因为时间的限制而不能坚持使用这种测试方法。

总之，无论我们进行教学还是测试，都应该以我们的教育目的为基础。为了实现教育目的而进行教学设计和教学活动，为了评估教学成果而测试。测试方法各种各样，但都不能绝对化，要根据我们的教学目的、学生不同的学习阶段来选用不同的测试方法，达到反馈教学、促进教学的目的。

参考文献

[1] 阿兰·戴维斯．语言测试原理[M]．经济科学出版社，1997.

[2] Bachman，L. F. *Fundamental Considerations in Language Testing* [M]. Shanghai：Shanghai Foreign Language Education Press，1999：84－98.

[3] Bruner，J. S. *Toward a theory of instruction*. New York：Norton，1966.

[4] Carr，J. F.，& Harris，D. E. *Succeeding with Standards：Linking Curriculum，Assessment，and Action Planning*. Alexandria，VA：ASCD，2001.

[5] Campbell，D. *Authentic assessment and authentic standards*. Phi Delta Kappan. 2000，81(5)，405－407.

[6] Linn，R. L，& Gronlund，N. E，*Measurement and Assessment in Teaching*，8th *Edition*. Published by Pearson Education，Inc，Publishing as Prentice-Hall，Copyright2000 by Prentice-Hall，Inc. 2000.

[7] Marzano，R. J.，Pickering，D. J.，& Pollock，J. E. *Classroom instruction that works：Research-based strategies for increasing student achievement*. Alexandria，VA：ASCD. 2001.

[8] Slavin，R. E. *Educational Psychology*，*Theory and Practice*，*7th Edition*. ISBN 0-205-35143-3 Copyright 2003 by Pearson Educaion，Inc. 2003.

[9] Strong，R. W.，Silver，H. F.，& Perini，M. J. *Teacher What Matters Most*. Alexandria，VA：ASCD. 2001.

[10] Weinberger，E.，& McCombs，B. L. *The impact of learner-centered practices on the academic outcomes of upper elementary and middle school students* .（2001，April）Paper presented at the annual convention of the American Educational Research Association，Seattle.

[11] Windschitl，M. The challenges of sustaining a constructivist classroom culture. Phi Delta Kappan，1999. 80(10)，751—755.

[12] Fuchs，L. S.，Fuchs，D，Hamlett，C. L.，& Stecker，P. M. Effects of curriculum-based measurement and consultation on teacher planning and achievement in mathematics operations. *American Educational Research Journal*，1991，28（3），617—641.

高级汉语综合课生词听写的时机、频率与学习效果的调查

刘　彤

提　要　听写生词是汉语综合课教学中不可或缺的一个教学环节，是每个汉语老师为了让学生尽快掌握生词而使用的一种行之有效的教学手段。本次调查选取了40个高级班的学生作为调查对象，以《博雅汉语——高级飞翔篇》的相关课文的生词作为听写对象。在这些学生的学习过程中，进行了一系列的关于听写效果的调查研究。在这些调查的数据统计、分析的基础上，针对在高级汉语综合课上，生词的听写时机、听写频率的把握这个问题，向汉语教师提出建议，用以指导我们汉语教材的编写与课堂教学的安排。

关键词　高级汉语综合课　听写时机　听写频率　学习效果

一、关于这次研究的简单介绍

(一)研究目的

听写生词是汉语综合课教学中不可或缺的一个教学环节。它是每个汉语老师为了让学生尽快掌握生词而使用的一种行之有效的教学手段。但是，在教学过程中，什么时候听写效果最好？学了多少个生词听写一次效果最好？是单讲生词，然后听写效果好，还是先讲生词，再讲课文，然后听写效果好，是每学习10个生词听写一次效果好，还是每学习20个生词听写一次效果好？这关系到教材编写、生词安排、课堂教法等很多方面的问题。此次调查的目的就是想通过听写成绩的统计来进一步研究高级汉语综合课生词听写的时机、频率与学习效果之间的关系。

(二)研究背景

每一所开设汉语课的院系都会在课程设置中安排《汉语综合课》，每一个教授《汉语综合课》的老师都会在课堂上使用听写的手段来督促学生的汉语学

习。但是，现在汉语课堂上的生词听写，没有一定之规，当然也没有关于生词听写方面科学的定性和定量的要求。我们在生词听写的时机把握与学习效果的研究上还停留在缺乏科学研究的阶段。我们汉语教师人人都使用的听写——这个普通得不能再普通的教学手段，在什么样的操作方式下是最有效的？我们还没有进行深入的、科学的研究。

《博雅汉语》这套教材，是北京大学出版社组织一批对外汉语教学的一线教师和专家，在多年教学经验的积累之上，以第二语言学习理论为指导编写的。这套教材一共分为起步篇(1、2)、加速篇(1、2)、冲刺篇(1、2)、飞翔篇(1、2、3)四个阶段，九册书。各阶段的生词阶梯大约为1000、3000、5000、10000。完成四个阶段的汉语学习的学习者，汉语水平可以达到HSK的3级、6级、8级和11级。《博雅汉语——高级飞翔篇Ⅰ》共10篇课文，适合中等水平以上的汉语学习者使用，每篇1500－1800个汉字，生词797个生词，平均每篇课文79.7个生词，都为丁级词和超纲词。

以50分钟一节汉语课、两节课一个教学时间段为标准，一周安排3次(6节课)，一个学期教一本书，实际教学时间在100节课左右。

本文关于听写的调查就是在《博雅汉语——高级飞翔篇Ⅰ》这10篇课文的讲解中进行的。

(三)研究方法

本次调查选取了首都师范大学国际文化学院的九个国家40个高级A班(2个班)的学生作为调查对象，参与调查的学生汉语水平都在HSK6级以上，学习汉语24个月到36个月之间。所有参与调查的学生，都被告知了调查的计划和目的，对他们的合作都表示了感谢，并且告诉他们，如果对这个调查感兴趣，他们可以询问调查的数据，共享分析的结果。

我们一共作了下面几个测试：

1. 课前不告知学生，下课前要对本节课所讲的生词进行听写，下课时对本节课所讲的生词进行听写。

2. 课前告知学生，下课前要对本节课所讲的生词进行听写，下课时，按计划对本节课所讲的生词进行听写。

3. 课前告知学生，下课前要对本节课所讲的生词进行听写。先讲课文，在讲解课文的过程中讲解生词，然后听写生词。

4. 课前告知学生，下课前要对本节课所讲的生词进行听写。先讲解生词，然后听写生词、最后讲解课文。

5. 课前告知学生，下课前要对本节课所讲的生词进行听写。先讲解生词，再讲解课文，最后听写生词。

6. 在同等条件下，一次学习生词 5 个、8 个、10 个、15 个、20 个，然后分别听写生词。

设计以上几个听写测试的目的是为了掌握以下的信息：

1. 当堂听写生词，事前告知与事前不告知，在听写成绩上有多大差异？

2. 怎么讲解生词比较好？是在讲解课文的过程中讲解生词，还是先讲解生词，然后讲解课文？不同的上课方式，在学习效果上有什么不同？

3. 在同等条件下，一次学习生词多少个，学生的学习效果最好？

(四)假设与局限

这几个关于听写的测试，一方面是为了论证一些汉语教师在使用听写这个手段来督促学生学习时的经验，让这些经验有一些科学数据的支持；另一方面是为了用听写的方法来寻找比较科学的讲解生词的时机；还有一个方面，就是用听写这个方式，试着寻找“在同等条件下，一次学习生词多少个是最科学的?”这个问题的答案。

假设接受测试的学生在某些条件下，听写的成绩出现明显的变化，而且有规律，那么我们就会就相关问题进行更大规模的测试。如果大面积的测试也与此次调查有近似的结果，我们就有条件确认问题的普遍性。

我们的此次调查有一个局限。这个局限就是我们的调查样本比较少，只有高级 A 班 9 个国家，40 个学生参与测试。我们没有足够的样本数量来进行同样范围、不同情况下的测试。比如第一组听写，如果我有 60 个以上的同一水平、同一教学层次的学生，那我可以把它们分成两组，对相同的生词进行听写，一组告知，一组不告知。所得结果的比较就更直接。但是我一年才有两个高级 A 班，共 40 人左右。这一次，没有条件对同样的生词进行调查，只能选取难度接近的 40 个生词，分成两组，进行测试。而且，这次调查只针对中高级，没有涉及其他汉语层次的学生。

二、文献研究

1. 听写作为一种传统的教学辅助手段，在今天各种教学法竞相试用的外语教学中，并不为人们所重视。但笔者在教学实践中发现，有效地利用这一手段，对提高语言的综合能力大有帮助。笔者曾抽调两个班学生平时的五次听写成绩，与期末学位考试成绩作过比较分析，发现二者之间有着密切的相关性。凡是听写成绩好的学生，他们在阅读、口语、写作方面也有较强的能力，反之，听写成绩差的学生，不仅在听力方面存在障碍，在其他方面的能

力也比较薄弱。(赵小沛，1999)

2. 语言学家 Bruton 认为，听写是一种有用而且必要的练习，通过听写，学生可以将口语与书面语有机地联系起来(Bruton，1961)。语言学家 Bowen 也很推崇听写，认为听写既有目的性又有可行性(Bowen，1990)。(刘若云，2006)

3. 听写过程是一个复杂微妙的神经认知活动过程。这一过程经历了从语言信息的输入，到语言信息的浅层次加工、中层次加工、深层次加工，再到信息输出。在听写时，学习者并不是机械被动地记录听到的内容，而是积极主动地进行辨音、理解、联想和推测等活动。(唐琼玲，2006)

4. 听写可以说是将声音形式的信息用文字的形式再现的过程。人脑好比转换器，将声音进行编码、加工，最终转换为指令，引导运动机能。听写实质上是将听觉信息准确地转换成视觉信息。它可以被描述为下面的样子：声音—(输入)—耳朵—(刺激听觉神经)—听的大脑皮层—(信息加工、运动指令)—手—(输出)—文字。(张传枝，2008)

5. 听写，可以引导学生重视汉字的学习，打好学习基础。在教学中我们常常发现，为数不少的中高级班学生(学了一年以上的汉语)掌握的汉字太少，以致给学习，尤其是阅读和写作造成极大的困难。(刘若云，2006)

6. 听写要求学生动脑兼动手，能比较全面地训练学生的语言能力。由于听写是一种学生的书面反馈，教师通过分析学生听写的结果，可及时了解学生掌握语言知识的情况，调整教学计划，使教学更有针对性。(赵小沛，1999)

7. 作为学生，在纠正听写错误的过程中，面对自己所犯的错误，诸如误听造成的结构和词汇错误，不仅印象深刻，而且还能避免今后重蹈覆辙。(张成伟，卢锦凤)

8. 听写还是训练学生听力的一个有效手段，而听力是语言交际的前提。语言学家 Hughes 把听写分成五个过程：语音输入→速记→解码→储存→书面输出(黄启发，2005)。即听写始于“语音输入”，以“书面输出”完成，而“书面输出”则以顺利“速记”、“解码”、“储存”为前提，即先听懂原话。听不懂就不可能写出来，而现实生活中，听不懂就无法与人交流。(刘若云，2006)

9. 学习动机和学生学业成就相互促进、相互影响。对大多数学生而言，能获得教师对自己的肯定是梦寐以求的事情，而最直接的方法就是用成绩来使教师对自己产生好感。于是大部分的学生往往比较重视，会认真地对待。

相对其他作业而言，听写本批改也不会特别费时，也不会给教师增加太多的负担。（张成伟，卢锦凤，2008）

10. 听写可以不受班级规模、学生水平的限制无论多大或多小的班级都可以开展听写活动，听写的效果不会因为班级的规模而有太大影响。只要选择难度合适的内容进行听写，可以在任何学业水平、任何规模的班级中进行，即使学生英语水平参差不齐也可以进行。（张成伟，卢锦凤，2008）

11. 听写生词是新课的开始，也是学生最兴奋、注意力最集中的地方，如果以生词为主线，不转移学生的注意力，让他们的注意力一直维持在这个水平上，那么就能保证课堂气氛的活跃。所以我们选择以听写生词作为整堂课的主线，用它贯穿其他教学环节，形成一个有机的整体。（赵万勋，2007）

12. 根据词汇学习中分散记忆比集中记忆更有效的原则，在进入课文时，教师首先就要明确告知有听写的任务：听写的单词来自课后单词表，以及课文中所拓展的单词。这样，学生就会让这个任务贯穿于课文的学习中，如此，学生不仅会领会全文的意思，还会有所侧重，达到由面到点，再由点概全的目的。（王庆、杨敏，2008）

以上我们查阅到的文献，大部分都是来自英语教学以及第二语言教学对听写的认识。这些文献阐述了听写的心理学过程，总结了听写对第二语言教学的影响和所发挥的主要作用。为我们这次听写调查提供了强大的理论支持。但是，我们通过查找参考文献也发现，在以往的参考文献中，还没有关于听写的时机、频率与学习效果的具体论述。

三、数据分析

我们一共做了下面三组听写的成绩调查：

A. 在课前不告知学生，下课前要对本节课所讲的生词进行听写的情况下，学生听写成绩与课前告知学生这一情况的学生听写成绩进行对比。

B. 在课前告知学生，下课前要对本节课所讲的生词进行听写的前提条件下，先讲课文，在讲解课文的过程中讲解生词，然后听写生词的成绩与先讲解生词，然后听写生词，最后讲解课文的成绩，以及先讲解生词，再讲解课文，最后听写生词的成绩进行对比。

C. 在同等条件下，一次学习生词 5 个、8 个、10 个、15 个、20 个，然后听写生词，最后，把他们的听写成绩进行对比。

（一）A 组听写成绩数据

A 组的听写是接受测试的学生在学习《博雅汉语——高级飞翔篇Ⅰ》第五

课《内部招标》时进行的。这次听写分两次，都是在教师按照往常教学习惯，先讲解生词，再讲解课文的情况下进行的。上课时间都是两节课，每节课 50 分钟，听写都在第二节课的最后 10 分钟进行。它们的区别是，第一次听写，课前不告知学生要听写。第二次听写，课前告知了学生，下课前要对本节课所讲的生词进行听写。

因为两次听写的生词内容不同，为了让生词的难度相差不大，第一次听写我们选取了第五课的生词 1—20，第二次听写我们选取了第五课的生词 41—60。前 20 个生词与后 20 个生词难度大体相同，前 20 个生词有 3 个成语，后 20 个生词有 3 个成语。比较而言，前 20 个生词的难度小于后 20 个生词。

A 组听写的成绩如下：（听写生词 20 个，每个 0.5 分，总分 10 分。一个字错即整个生词不给分。）

学生代码	生词 1—20，事前没告知。	生词 41—60，事前已告知。	学生代码	生词 1—20，事前没告知。	生词 41—60，事前已告知。
A1	7	7	A21	7.5	9.5
A2	5	7	A22	7	9.5
A3	7	9	A23	6	7
A4	5.5	8.5	A24	7	9
A5	5	8	A25	7.5	9
A6	6	7.5	A26	6	9.5
A7	6	7.5	A27	7	9.5
A8	6	7.5	A28	8.5	10
A9	6.5	9.5	A29	8	9.5
A10	7	9	A30	7	9.5
A11	7	9	A31	6.5	9
A12	6	8	A32	8	10
A13	6	8.5	A33	6.5	9
A14	5	9	A34	8	9
A15	7	9	A35	5.5	7
A16	7	9.5	A36	5.5	8
A17	7	9.5	A37	7	8
A18	8	10	A38	6	9.5
A19	5	7	A39	8.5	9.5
A20	5	8	A40	4	6
			平均分	6.575	8.625

分析：

A 组的第一次听写的 40 人平均成绩为 6.575 分，即 20 个生词，当堂掌握了 13.15 个。

A 组的第二次听写的 40 人平均成绩为 8.625 分，即 20 个生词，当堂掌握了 17.25 个。

第二次听写的成绩比第一次提高了 31.178%。

(二)B 组听写成绩数据

B 组的听写是接受测试的学生在学习《博雅汉语——高级飞翔篇Ⅰ》第六课《天才梦》时进行的。这组听写分三次，在课前都告知学生，下课前要对本节课所讲的生词进行听写，区别是：第一次学习生词 1－20，先讲课文，在讲解课文的过程中讲解生词，然后听写生词。第二次学习生词 21－40，先讲解生词，然后马上听写生词，最后讲解课文。第三次学习生词 41－60，先讲解生词，再讲解课文，最后听写生词。三部分生词难度较接近。

B 组听写的成绩如下：(标准同 A 组)

学生代码	在讲解课文中讲解生词 1－20，然后听写生词。	讲解生词 21－40，然后听写生词，最后讲解课文。	先讲解生词，再讲解课文，最后听写生词 41－60。
B1	10	9	9
B2	8	9	9
B3	8	9	8
B4	10	9.5	9
B5	5	6	5
B6	8	9	7
B7	9	10	9
B8	7	9	7
B9	8	9.5	8.5
B10	8	9	7
B11	9	10	9
B12	8	8	8.5
B13	9	8	8.5
B14	9	9.5	8
B15	8	9.5	9
B16	9	10	10
B17	7	7	7
B18	6	9	8.5
B19	9	8.5	9

续表

学生代码	在讲解课文中讲解生词1－20，然后听写生词。	讲解生词21－40，然后听写生词，最后讲解课文。	先讲解生词，再讲解课文，最后听写生词41－60。
B20	7	8	8.5
B21	6	7	6
B22	5	5	6
B23	7	7.5	6
B24	6	8	6
B25	5	6	4
B26	8	8	8
B27	9	9.5	10
B28	7	8	7.5
B29	6	6	5
B30	8	9	8
B31	7.5	7.5	7.5
B32	8	8	7.5
B33	9	10	10
B34	6.5	7	7
B35	8	10	8.5
B36	9	9.5	9
B37	7.5	8.5	8
B38	6.5	7	7
B39	5	7	7.5
B40	8	7	8.5
平均分	7.575	8.15	7.7875

分析：

B组的第一次听写的40人平均成绩为7.575分，即20个生词，当堂掌握了15.15个。

B组的第二次听写的40人平均成绩为8.15分，即20个生词，当堂掌握了16.3个。

B组的第三次听写的40人平均成绩为7.7875分，即20个生词，当堂掌握了15.575个。

三次听写的成绩相差不大，但第二次听写的平均成绩比第一次听写和第三次听写的平均成绩高0.575和0.3625。

(三)C组听写成绩数据

C组的听写是接受测试的学生在学习《博雅汉语——高级飞翔篇Ⅰ》第十

课《我反对克隆人》时进行的。这次听写分五次，每次都是先讲解生词，然后马上听写。在课前都告知了学生听写的计划，区别是：第一次听写是在学生学习生词5个(第1个—第5个)以后进行的。第二次听写是在学生学习生词8个(第6个—第13个)以后进行的。第三次听写是在学生学习生词10个(第14个—第23个)以后进行的。第四次听写是在学生学习生词15个(第24个—第38个)以后进行的。第四次听写是在学生学习生词20个(第39个—第58个)以后进行的。

C组听写的成绩排列如下：(听写生词总分为10分。一个字错即整个生词不给分，五次听写的生词数量分别为5，8，10，15，20。)

学生代码	生词5个	生词8个	生词10个	生词15个	生词20个
C1	10	8.75	9	7.36	9
C2	10	10	8	6.04	7.5
C3	10	10	7	5.38	6.5
C4	10	10	8	7.36	9.5
C5	10	10	10	5.38	6.5
C6	10	10	7	7.36	6
C7	10	10	7	6.04	6
C8	10	10	7	5.38	6
C9	10	8.75	8	5.38	7.5
C10	10	10	9	7.36	6
C11	10	10	9	7.36	6
C12	8	10	9	6.04	5
C13	10	10	10	7.36	6
C14	8	8.75	10	7.36	8.5
C15	10	10	10	7.36	8
C16	10	10	10	7.36	8
C17	10	10	9	9.33	7.5
C18	10	7.5	7	6.04	5
C19	10	10	7	5.38	5
C20	10	10	7	8.02	8
C21	10	10	8	6.04	5.5
C22	10	10	8	5.38	6.5
C23	10	10	9	8.02	7.5

续表

学生代码	生词 5 个	生词 8 个	生词 10 个	生词 15 个	生词 20 个
C24	10	8.75	10	7.36	7
C25	10	10	9	7.36	7.5
C26	10	10	9	7.36	7
C27	10	10	9	5.38	4.5
C28	10	10	9	8.02	7.5
C29	10	10	9	5.38	4.5
C30	10	8.75	9	7.36	6
C31	10	10	8	8.02	6
C32	10	10	6	5.38	5.5
C33	10	10	9	8.02	6
C34	10	8.75	9	7.36	8
C35	10	10	10	9.33	8
C36	10	10	9	9.33	7
C37	10	10	9	8.02	6
C38	10	8.75	9	6.7	5.5
C39	10	10	9	8.02	7.5
C40	10	10	9	8.68	8
平均分	9.9	9.72	8.625	7.029	6.7125

分析：

第一次听写，40 人平均成绩为 9.9 分，基本当堂掌握。

第二次听写，40 人平均成绩为 9.72 分，基本当堂掌握。

第三次听写，40 人平均成绩为 8.625 分，基本上当堂掌握了 8 个生词。

第四次听写，40 人平均成绩为 7.029 分，基本上当堂掌握了 10 个生词。

第五次听写，40 人平均成绩为 6.715 分，基本上当堂掌握了 13 个生词。

四、总结和讨论

通过这次听写的调查和分析，我们可以得出以下几个结论：

1. 在高级汉语阶段的汉语综合课上，当堂听写生词，事前告知与事前不告知，在听写成绩上差异很大。A 组的调查显示，未告知下课前听写的 40 人平均成绩为 6.575 分。而 A 组的提前被告知下课前听写的 40 人平均成绩为 8.625 分。告知以后的听写成绩比未告知下课前听写的成绩提高了 31.178%。

当堂提前告知听写生词的督促作用非常明显，值得引起汉语老师的重视。

2. 汉语综合课上，先讲课文，在讲解课文的过程中讲解生词，然后听写；先讲解生词，然后马上听写生词，最后讲解课文；先讲解生词，再讲解课文，最后听写生词。这几种处理方式在生词的学习结果上没有明显的差异。

因为 B 组的第一次听写的 40 人平均成绩为 7.575 分。B 组的第二次听写的 40 人平均成绩为 8.15 分。B 组的第三次听写的 40 人平均成绩为 7.7875 分。虽然第二次听写的平均成绩比第一次听写和第三次听写的平均成绩高了 0.575 和 0.3625。但差别不大。

3. 在同等条件下，一次学习生词 10 个以下，学生的学习效果最好。一次学习生词 10 个以上，学生的学习效果就发生了很明显的递减。

因为 C 组的第一次学习 5 个生词以后的听写，40 人平均成绩为 9.9 分。第二次学习 8 个生词以后的听写，40 人平均成绩为 9.72 分，与第一组的成绩差别很小。这说明一次学 5 个生词和一次学 8 个生词，在学习效果上没有很大的不同。C 组的第三次学习 10 个生词以后的听写，40 人平均成绩为 8.625 分。C 组的第四次学习 15 个生词以后的听写，40 人平均成绩为 7.029 分。C 组的第五次学习 20 个生词以后的听写，40 人平均成绩为 6.715 分，成绩递减很明显。这提示我们每次生词的教授量最好不超过 10 个，超过 20 个，学习效果就会明显递减。

参考文献

[1] LG. Bruton. “Dictation” [A]. Testing for language teachers [C]. 1961.

[2] Tim. Bowen. “Dictation：New methods. new possibilities”. Reviews[J]. 1990，(9).

[3] 黄启发．简析听写的检测功能及后效作用[J]. 江苏技术师范学院学报，2005 (5).

[4] 赵小沛．浅谈听写的机制与用途[J]. 国外外语教学，1999(3)，45—48.

[5] 刘若云．论对外汉语初级班的听写[J]. 中山大学学报论丛，2006 年第 26 卷第 11 期，199－200.

[6] 唐琼玲．听写的神经认知基础[J]. 广西大学梧州分校学报，2006：88－90.

[7] 张传枝．英语听写遗忘原因探究[J]. 湖北师范学院学报，2008(4)，139－141.

[8] 张成伟，卢锦凤．听写在英语教学中的应用[J]．常州信息技术学院学报 2008 年 6 月 55－57.
[9] 赵万勋．生词听写与课堂组织[N]．人民日报海外版．2007 年 5 月 14 日第 006 版.
[10] 王庆 杨敏：新的课堂词汇互动教学方式——新法听写[J]．科技信息，2008(20)323.
[11] 李晓琪．《博雅汉语——高级飞翔篇Ⅰ》[M]．北京大学出版社，2004.1－3.

论对外汉语教学中的听写机制

戴雪梅

提　要　听写训练是一种有效的教学手段，如何运用才能取得良好的教学效果，是一个十分值得探讨的问题。本文阐述了心理语言学为听写机制提供的理论依据，指出听写可以培养学生的多种能力，尤其是处理语篇的能力。文章还从听写的类型与材料、步骤、课堂组织、评分方法等方面说明了在对外汉语教学中听写机制的具体应用，并且分析了能涵盖多种语言技能的听写机制作为测试手段的可行性。

关键词　听写机制　语篇能力　听辨　理解　记忆　应用　测试手段

长期以来，听写训练一直是中外语言教学界广泛采用的一种用来提高学生语言能力的方法之一。在对外汉语教学中，这一方法也是教师们常用的检测学生听音、记字、识词、辨义、理解句子和语篇的手段。《高等学校外国留学生汉语言专业教学大纲》也对不同学习阶段的留学生提出了相应的听写要求：一年级(一级)的学生“听写单句或语段(句群)的速度为每分钟 12～14 字”，一年级(二级)的学生“听写句子和语段(句群)的速度每分钟为 14～16 字”，二年级的学生“听写语段(句群)的速度为每分钟 17～19 字”，三年级的学生“具有记录课堂笔记、社科性讲座和交谈要点的能力”，四年级的学生“具有记录听课、报告和交谈内容要点的能力”。在初级阶段，听写汉字词和短句对加强学生的汉字识记能力起到了很大的作用，但是听写并不能仅止于字词句，自一年级始，大纲还十分重视语段的听写。当进入中高级阶段之后，随着学生语音、词汇、语法知识的增长，听写要求也越来越高，更加注重提高学生处理语篇的能力。然而，又应如何听写才能获得良好的教学效益，至今尚无充分的研究成果。本文拟从心理语言学为听写机制提供的理论依据谈起，谈一谈如何采用灵活多样的听写形式，使之成为有效的教学手段和测试手段，以期达到提高外国留学生的语言能力，尤其是培养其语篇理解和应用能力的目的。

一、听写机制的理论依据

听写与言语听辨、言语理解和言语记忆过程紧密联系在一起，心理语言学为其提供了理论依据。

(一)言语听辨

人们在日常生活和交际中，每天都会听到大量的言语声音，并且通过语音听辨获得声音所赋予的意义。就孤立的语音听辨而言，听话人首先在听觉阶段把听到的声音信号分析为每一个音素的部分信息，之后把这些信息存放在听觉记忆里，供语音阶段调用，从而辨认出一个个音素。到了音位阶段，再参照语言对音段系列的制约，对语音阶段的辨认进行调整。而在实际的言语听辨中，人们听到的是连续性的声音信号，这些信号相当于音段(phonological segments)，按时间顺序出现。人们不太可能把它们一一切分为分离的声音单位，逐一分辨孤立的音素，而是将注意力集中在信息上，依靠句子中的各种语言制约来获得意义上的理解。连续性的语音听辨不同于孤立的语音听辨，它和语境不可分离，词汇和句法因素在听辨中起着重要作用。它是一个涉及合成与分析的主动的心理过程，而并非是一个吸收声学信号的被动的心理过程。(桂诗春 2000：234－235)

对初级初始阶段的学生在听写时采用孤立的语音听辨训练，可使他们扎扎实实地打好语音基础。到了中高级阶段，听写主要是对学生进行连续性的语音听辨训练，培养他们根据语境获得语义信息的能力。

(二)言语理解

言语理解是指人们在听辨言语材料(表层结构)时要达到理解它所传递的意思(深层结构)的目的。当声音信号输入听觉系统时，人们就要从自己的记忆存储系统中快速提取心理词汇(mental lexicon 或 internal lexicon)，从所听到的词的语音检索出其所代表的意义。但是，言语的理解并不是靠一个一个词的意义简单相加来获得的，而是通过语言的形式最终建立整体意义。语言处理的互动模型(interactive model of language processing)的观点是：句子的理解有两个过程，一个是自下而上(bottom-up processing)的处理过程，从听话人的感觉器官听到的声音信号开始，接着向音素、词语、句子结构发展下去，直到辨认出句子成分的语义关系，产生句子的意义；另一个是自上而下(top-down processing)的处理过程，利用各种信息，加快和澄清对自下而上出现的信息的处理。(桂诗春，368)我们都有这样的经验：在日常交际中，虽然有时没有听清说话人句中的个别语词，但是仍能理解接收到的信息。原因就在于我们能够利用语境和各种已有知识来补充信息，从而将未听清语词的意思激活，之后再通过概念将语词的语音表达激活。这就是一种自上而下和自下而上的互动。

在实际的言语处理中，人们的最终目的是通过对句子意义的理解达到语篇理解，图式则在语篇理解中起到指引作用。当人们遇到不熟悉的语音材料时，因缺乏相应的图式，会对理解产生负面影响；而当接触的是熟悉的语音材料时，由于大脑中的图式充分发挥作用，人们很容易摆脱产生干扰的细节因素。

听写是在理解基础上进行的语言活动，如果不能理解听到的声音信号，这一活动就无法完成。言语的理解是和词语意义以及词语之间的结构关系、语言知识和背景知识密切相关的，因此，听写训练可以培养学生的语义、句法、语用尤其是处理语篇的能力。

(三)言语记忆

记忆是一种较为复杂的大脑思维现象。一些心理学家认为，记忆由感觉存储、短时记忆和长时记忆三个阶段构成。(王初明，139)在言语听辨时，声音信号作用于人的听觉系统，在感觉存储阶段作一两秒钟的停留。这时，人们迅速检索心理词汇，识别出有意义的语音单位，随后进入短时记忆。但是，由于短时记忆容量小及信息停留的时间短，听话人既需要尽快处理短时记忆中的信息，又需要依靠长时记忆中的深层信息对语音信号加以释义。短时记忆和长时记忆相互依存，共同影响着言语理解过程中的信息处理。

听写在完成语音识别、意义理解的同时，既离不开短时记忆，也离不开参与心理词汇检索的长时记忆，这样才能用笔将听写内容记录下来。因此，听写训练可使学生注意培养自己的短时记忆能力，并且在平时的学习中注意积累长时记忆中的语言知识和背景知识。

综上所述，听写过程是一种积极、主动的能产过程，而非消极、被动地接受语言刺激的摹写过程。听写可以培养学生的多种能力，如听力、掌握正确的语音语调的能力，还能提高语义、句法、语用和处理语篇的能力、记忆能力、汉字书写能力，并起到促进其语言知识和背景知识不断得到丰富的作用。

二、听写的应用

(一)听写的类型与材料

常用的听写类型一般有两种：定点听写(spot dictation)或称部分听写

(partial dictation)和短文听写(full dictation)(Harcourt，1977，243)。定点听写要求学生将听到的内容中的某些词、短语或句子记录下来。采用这种听写方式，教师可根据教学重点和难点，设计所要填空部分的内容。对于学生已掌握的词语，可作为已知部分预先打印出来，这种做法的一个优点是能够省时，且有针对性。另外，教师还可根据填空词语的难度，灵活控制听写的难度。短文听写则要求学生将听到的内容全部记录下来，这种方法可视为全面训练和测试学生语言能力的更为有效的手段。上述两种听写类型操作起来简便易行。

除了上述两种常用的听写类型外，还有干扰听写(dictation with interfering noise)、作文听写(dicto-comp)和复合式听写(compound dictation)。干扰听写是把听写材料在制成录音时加上一些噪音干扰，通过调节信噪比，使听写内容更具真实感。作文听写一般是将需要听写的作文原稿播放或朗读一到两遍，学生根据手中的提纲和自己的记忆写出作文的内容。复合式听写，是把部分听写和作文听写两种方式结合在一起的一种听写形式。这三种听写类型操作起来较之前两种类型复杂一些，评分难度也大一些。

初级阶段的听写训练注重字、词、句，多以定点听写形式出现，限于学生水平，听写材料主要选自所学课文。刘颂浩等(1995)在《听写及其运用》一文中总结了利用听写来练习具体语言项目的办法。除了可用于测试和一般性的练习外，还有以下一些变体：1. 用来对即将学习的词进行预处理(利用填空形式，用拼音填写)；2. 复习以前学过的词(听写词、词组或利用完句形式)；3. 加深对某些语法现象的理解(利用选词填空形式)。我们认为这些做法都是在初级阶段教学中提高学生语言能力的一些行之有效的方法，本文不再赘述。此外，还应该指出的是，对初级水平的学生，听写训练要注意从字、词、句逐步过渡到语段。进入中高级阶段时，听写训练则应以语段和篇章为主，多以短文听写的形式出现。可选取的听写材料主要有以下三类：(1)课文中的有关段落，可注意选取含有需要学生重点掌握的生词和富含衔接手段的语段；(2)用学过的生词编写的课文概要，这需要教师下一番工夫，既要注意课文中新词语、句式的使用，又要注意体现语篇衔接手段的应用；(3)与课文内容有某种关联的辅助材料，尤其是那些话题性较强、具有真实性、贴近生活、容易引起学生兴趣的材料。如此选材主要考虑到以下几个因素：它可以使学生较好地复习课文，巩固、加深对课文的理解，同时由于在听写中提高了生词的复现率，强化了学生对所学生词的印象，词汇量的拓展不断加强其语言应用能力，更有利于他们开阔眼界，而不仅仅是将学习停留在课本上。

以上各种听写材料，每次一般以不超过两百字为宜。材料的选取，教师可根据具体情况穿插组织。

(二)听写的步骤

我们主要谈一谈涉及句和句以上单位的听写。其步骤有三。

第一步，先听不写。教师播放预先准备好的录音，或用正常语速朗读需要听写的材料，中间不停顿，这样，使学生能基本理解材料的大意。

第二步，逐句顺序听写。一般情况下，教师将每个句子播放或念两遍，停顿以意群(sense groups，常常是5～9个词)或者是整个短句为最小单位，之后留出相应的时间供学生写出全句(据《高等学校外国留学生汉语言专业教学大纲》对听写速度的要求，可推算出听写每字一年级(一级)用4.3～5秒，一年级(二级)用3.8～4.3秒，二年级用3.1～3.5秒，三年级以上用3秒以内的时间)，课堂训练时，停顿时间可以全班绝大多数学生写完的时间为准。很多二语习得者都习惯于逐词听，句子中一个词听不懂、写不出来，就严重地影响到句子的其余部分，甚至是整个篇章。因此听写时需避免应学生要求重复句中的个别词语，而应注意引导学生将注意力集中到辨义上，培养学生利用语境和背景知识以及已有的语音、词汇、语法知识克服各种干扰来理解概念的能力，使其逐步减少对声音线索的依赖性。

如前所述，人们对语言材料的认知加工离不开短时记忆。听写过程亦是如此，听者的短时记忆直接与从感觉系统输入的当前信息打交道，然后用笔表达出来。美国心理学家George A. Miller(1956)明确提出短时记忆的容量为7±2个组块(chunk)，一般为7，并可在5～9个组块之间波动。

就对外汉语教学的初级阶段而言，特别是在学习刚刚开始时，一个组块往往只是一个字，但在掌握了一定的词汇量之后，一个组块则会变成一个词。例如“我是留学生”这个句子，由于学习过程中词汇量的不断增加，学生就会将最初的五个组块(五个字)切分为三个组块(三个词)加以记忆。

到了中高级阶段，随着语言知识与能力的增长，一个组块则发展成为一个短语，学生可通过记住的关键字词，激活已有的句法知识和图式，排除各种干扰，大大增加记忆容量。学生所能记住的组块的长短，也显示了其汉语能力的高低。我们以《高级汉语教程(修订本)第一册》(姜德梧主编，经济科学出版社，2002)第一课《花市》中的一个语段为例。

一个小小的县城里，为什么出现了这么多卖花的人？有人说，栽培花卉不但可以供人观赏，美化环境，而且许多花卉具有药用、食用和其他用途，可以增加社会财富；也有人说农民们见钱眼开，只要能赚钱，什么生意都想做一做；还有一种简单的，但是富有哲理的说法，那就是："如今买花的人多了，卖花的人自然也就多了。"

听写时，可以在有标点的地方停顿。有的句子比较长，像"而且许多花卉具有药用、食用和其他用途"这一句共由九个词组成，也没有必要将它断开听写，因为当学生进入高级汉语学习阶段之后，完全可以将这个句子的组成成分分为四个组块记忆，即"而且"、"许多花卉"、"具有"和"药用、食用和其他用途"。

第三步，纠错补缺。教师再用正常语速将听写材料完整地念一遍，按句停顿，学生在听写过程中如有错误或遗漏，可在此时更正。

(三)听写的课堂组织方法

作为课堂教学的训练方式，教师可以采用灵活多变的组织方法，营造出轻松的学习氛围，以得到良好的学习效果。

(1)传统式听写

教师念，学生写。这是最常见的组织方法，完全由教师控制听写节奏的快慢。我们在(二)中谈到的听写的步骤涉及的就是这种听写方法。

(2)分组式听写

教师将学生分成小组，每两人一组。念听写材料时，学生一人写，一人听，听的可以帮助写的，并且在听写结束后协助检查。这次甲写乙听，下次乙写甲听。

(3)连句式听写

教师先念一遍需要听写的短文，然后将语句顺序打乱听写。学生按照教师的要求，每人只写一句，完成听写后，记录短文起始句的学生先说，接着由其他学生连接第二句、第三句，直至结尾。最后，可由教师或指定的学生将听写的全部内容写在黑板上，以利于分析错误。

(4)故事续尾式听写

教师先让学生听写完成故事的前半部分，之后让学生在规定的时间内续上故事的结尾。

(四)听写的评分方法

在听写测试中，有学者研究过拼写错误与学生语言水平之间几乎没有任何关系(Oller 1971，Whitaker 1976，Johnson 1973)，建议在计算听写总分时，可将拼写错误忽略不计。然而，这也遭到一些人的反对，认为它涉及公平性的问题，测试时对拼写错误完全不扣分也不十分妥当。美国测试专家

Rebecca M. Valette(1967，244－245)曾总结过四种最常用的听写评分系统，十分值得我们在对外汉语教学中加以借鉴。英语是表音文字，拼写及词形变化方面的问题会影响词的正确性；汉语是表意文字，笔画对错则直接关系到字的正确与否。考虑到汉语不是具有典型形态变化的语言，我们将英语中涉及形态变化的评分系统排除在外，可以根据具体情况采用下列三种评分系统中的任意一种。我们以听写 100 字(100 分)为例加以说明：

(1)添加或漏写一个笔画的字扣 0.25 分，笔画有错误但尚可辨认的字扣 0.5 分，完全写错(包括用同音字替代)、多写、漏写、不可辨认的字或词序颠倒各扣 1 分。用拼音代替汉字，声韵调完全写对，且拼音的出现率在 3%以下，不扣分，超过 3%，每处扣 0.5 分；拼音的声韵调有一处写错，都扣 1 分。

(2)有错误(添加或漏写)，但尚可辨认的字扣 0.5 分；完全写错(包括用同音字替代)、多写、漏写、不可辨认的字或词序颠倒各扣 1 分。用拼音代替汉字，声韵调完全写对，每处扣 0.5 分；拼音的声韵调有一个组成部分写错，都扣 1 分。

(3)写错、多写、漏写一字或词序颠倒各扣 1 分。用拼音代替汉字，扣 1 分。

在听写训练和测试中，一般情况下，我们不主张用拼音代替汉字，否则学生会对拼音产生一种依赖心理，而不利于汉字的掌握。对初学汉语的学生，以鼓励为主，可采用第(1)种评分方式；进入中级阶段后，对学生的汉字书写能力要求有所提高，可采用第(2)种评分方式；进入高级阶段的学生，对他们的汉字书写正确率应有更高要求，可采用第(3)种评分方式。当然，到底采用哪种评分方式，也和听写的目的有直接关系。若是重点在于考查学生听后是否理解，可用宽式评分标准操作；若是听后是否理解与汉字书写的正确性同等重要，则应采用严式评分标准。

三、听写作为测试手段

听写既是一种古老的教学训练手段，又是一种测试手段。但是，在它的使用过程中，也曾遭遇过不少波折。尤其在上个世纪 60 年代期间，由于受到结构主义——心理测量测试方法(psychometric testing)的影响，听写被打入冷宫。一些对听写持反对意见的人认为很难说清听写究竟测定的是什么能力，如主张语言能力可分解为几个相对独立的部分的 Robert Lado(1961，34)认为，听写不能有效地测出任何一种语言技能，因为听写已提供了词序和词汇，不能测定词序和词汇；而且，对于没有听清的单词，可以根据上下文加以推测，所以，听写也测量不出听力水平。那么，听写所能测量的则只能是标点和拼写，而这两方面无需采用听写这一手段测定，可用其他更为经济有效的方法替代。

我们已在前文中论述过，听写要求学生能感知外部语言，并从词、句到话语，分析出话语的主要思想，以达到理解的目的。这一从解码到再编码的过程并非是消极和被动的摹写过程。实际上，在听写中不能说已"提供"了词汇和词序。听写是通过听觉渠道接收信息，不同于视觉渠道通过文字材料直接感知词汇和词序信息。正如 Arthur Hughes(1989，72)所指出的那样：在听写中听话人听到的只是音流，他需要经历解码、贮存和再创造的过程。此外，听话人在听写过程中利用句中其他词语将未听清的词语激活，正好说明他具有综合运用语言的能力。而这种根据上下文语境来识别词的能力是非常需要的，它可用来区分学习者的不同层次。可以说，听写不仅能考查学生的语言知识，而且能考查他们综合运用语义图式、语境等预测及检验预测等能力。

作为听写的积极倡导者，John Oller 提出了"整体能力假说"(Unitary Competence Hypothesis)，他(1979，265)指出，听写能测出学生的综合水平，Andrew Harrison(1983，43—44)也认为听写涵盖了多种语言技能，Rebecca Valette(1964，431－434)经实证研究，证明在长度足够完整的测试(full-length examination)中，听写成绩与听力、阅读、写作成绩存在高度相关关系。Oller 等人在美国加州大学洛杉矶分校的英语分班的 I 卷中设计了听写、词汇、语法、作文和语音等项目，测试后的研究结果显示：听写与测试总成绩的相关系数高达 0.85。此外，国外其他一些对大型综合性考试的研究，都证明了听写测试的分数与测试总分的高度相关。另据有关专家研究，我国英语专业四级统考的听写分数与测试总分之间的相关系数都保持在 0.80 左右。通过技术手段上的验证，我们可知听写能够作为检测学生语言水平的一种综合性测试手段。

那么，听写能否测试出学生的口头交际能力？从表面上看，听写测试似乎无法做到这一点。但是我们知道，具备口头交际能力的前提是在话语接收过程中首先具有解码能力，其次是在理解过程中将话语重新编码并用语言表达出来的能力。尽管通过听写我们无法直接了解学生的语音语调是否准确，却可知道学生是否具有成功地解码和再编码的能力，从而间接地判断出学生的口头交际能力。

笔者在教学中长期重视听写训练，在四期四年级本科生共计 115 名学生中做过听写测试，并调查了听写与其口语成绩之间的相互关系，发现凡是听写成绩好的学生同时具有较强的汉语口语能力。此外，我们计算出这 115 名学生的听写成绩与口语成绩的皮尔逊相关系数为 0.75。

在经历了语言能力的整体性与可分性的争论之后，人们普遍看到了听写在测试整体语言能力方面的价值。70 年代以来，听写测试重新受到重视，它作为一种综合性测试手段在理论上的合理性与实践上的适用性得到了广泛的承认。我们认为，在目前的对外汉语测试中，基于听写是一种综合了各种单项技能的测试手段，完全可以考虑将听写题型纳入测试项目之中。

参考文献

[1] 桂诗春．新编心理语言学[M]．上海：上海外语教育出版社，2001.

[2] 郭丽．论听写作为综合性语言测试手段[J]．国外外语教学．2000(1).

[3] 国家对外汉语教学领导小组办公室编．高等学校外国留学生汉语言专业教学大纲[S]．北京：北京语言文化大学出版社，2002.

[4] 李绍山．听写——有效的外语教学与评估手段[J]．解放军外国语学院学报．2001(4).

[5] 刘颂浩，林欢，高宁慧．听写及其运用[J]．汉语学习．1995(4).

[6] 刘双．从心理语言学角度分析听写技能[J]．外语学刊．1994(3).

[7] 舒运祥．外语测试的理论与方法[M]．上海：上海世界图书出版公司，1999.

[8] 王初明．应用心理语言学——外语学习心理研究[M]．长沙：湖南教育出版社，1990.

[9] 张大成，张厚粲，周晓林，舒华．听写任务下的字词加工[J]．语言文字应用．1999(1).

[10] Davis，Paul & Pinvolucri，Mario. *Dictation：New methods，new possibilities*[M]. Cambridge：Cambridge University Press，1988.

[11] Harrison，Andrew. *A language testing handbook*[M]. London：The Macmillan Press Ltd.，1983.

[12] Hughes，Arthur. *Testing for Language Teachers*[M]. Cambridge：Cambridge University Press，1989.

[13] Lado，Robert. *Language testing，the construction and use of language tests*[M]. London：Longmans，Green and Co Ltd.，1961.

[14] Miller，G.．A. The magical number seven，plus or minus two：Some limits on our capacity for processing information(J). *Psychology Review*. 1956(63). P. 81—97.

[15] Oller，John W. JR. & Perkins，Kyle. *Language in education：testing the tests*[M]. Massachusetts：New House Publishers，Inc.，1978.

[16] Oller，John W. JR. *Language tests at school*[M]. London：Longman Group

Ltd., 1979.

[17] Scovel, Thomas. *Psycholinguistics*[M]. 上海：上海外语教育出版社，2000.

[18] Valette, Rebecca M. *Modern Language Testing* [M]. New York, USA: Harcourt Brace Jovanovich, Inc., 1967.

[19] Valette, Rebecca M. *The Use of the Dictée in the French Language Classroom* [J]. *Modern Language Journal* 48, November 1964.

汉英语句结构差异对比及对外汉语教学

聂建军

提　要　本文从汉英语句的结构特点、语义表达方面入手探讨这两种语言的语句差异，以及在文化、思维方式上，形成这些差异的原因，以求对对外汉语教学有所帮助。

关键词　语句结构　音义结构　语法形式　语法形态

一、前言

汉英两种语言在语句结构上存在巨大差异。这种差异给英语为母语的学生学习汉语带来了巨大的困难，无论是听说，还是读写都给学生在理解或表达上造成了巨大的障碍。本文试图从汉英语句结构、语义表达方面入手，对这两种语言的语句差异进行一些对比、分析，以求为解决对外汉语教学所遇到的问题提供一种思考方式。

二、汉英语句结构的特点

(一)汉竹与英树

汉英语，由于这两种语言的使用者在社会、文化发展进程上的差别，在语句结构上形成了巨大的差异。请看例句：

(1) a. 该地区地势险要，群众条件好，回旋余地大，安全方面完全有保障。

b. It is an area where we have a favourable mountainous terrain, a good mass bass, plenty of room for manoeuvre, and full guarantee for security.

(2) a. 但是人民是最好的鉴定人，他们知道八路军新四军这时数量虽小，质量却很高，只有它才能进行真正的人民战争，它一旦开到抗日前线，和那里的广大人民相结合，其前途是无限的。

b. Being the best judges, the people knew that despite their small number at the time, the Eighth Route Army and New Fourth Army were of high quality, that they alone could wage a real people's war and that boundless prospects would open up before them once they reached the anti-Japanese fronts and joined the broad masses there.

从以上二组例句中，我们可以看出，汉语的句子，特别是较长的句子，是由一个一个分句构成的。每个分句是一个相对独立的音义结构，或有人称之为音义团块。说它相对独立，是因为一个结构的语义可能不完整。当数个音义结构排列在一起形成了完整的句义时，就构成了一个句子。因此，汉语句子成句的条件是一个音义结构、或数个音义结构相连，要构成一个完整的句义。满足了这个条件，就构成了一个句子。如语义不完整，则可一个一个的团块增加下去，好像竹子一样一节节地延展开来。因此，汉语的这种句子结构被形象地称之为"竹式结构"。

而英语的语句结构则被称之为"树式结构"。从前面的英语例句中我们可以看出，每一个英语句子都有一个主语和谓语，谓语中的核心部分是谓语动词。主语和谓语动词构成句子的主干，其他的信息，由附着于主干之上的各种介词、介词短语，分词、分词短语，以及各种从句来承载。英语句子的主谓结构犹如一棵大树的主干，其他成分则如同这棵大树的枝叶，因此，被称之为"树式结构"。

由此可以看出，汉语语句的建构是以满足语意表达的完整为首要条件的，而英语语句的建构是以满足外在的语法形式的完整为首要条件的。即，要有主语和谓语动词，而且主谓之间还要在人称、数等方面保持一致。

1. 如果一个英语树式结构内不能完整表达一个汉语竹式句的全部语义，英语就要用两个，或更多的树式结构来表达。如：

(3) a. 当前经济改革的重点要以我国国民经济的支柱——国有企业为重点，配套推进社会保障体制的改革，巩固和完善宏观管理体制改革的措施，进一步转变政府职能，培育市场体系，沿着建立社会主义市场经济体制的方向继续前进。

b. The current economic restructuring should focus on the reform of state-owned enterprises-the pillars of our economy, plus the supporting reform of social security system. It also aims at strengthening and improving measures in reforming the macro-control system, further shifting the functions of the government, fostering a market system and pressing ahead in the direction of a socialist market economy.

从以上这组句中可看出，汉语的竹式句，只要语意未尽，就可一个一个小句地延续下去，直至说完要说的话，而英语句子受主谓结构这一语法形式的限制，就要将汉语句子表达的语义分为两句，或更多。

2. 当然也有相反的情况，即一个英语句子译为汉语时，要分为几个汉语句子：

(4) a. Human beings have distinguished themselves from other animals, and in doing so ensured their survival, by the ability to observe and understand their environment and then either to adapt to that environment or to control and adapt it to their own needs.

b. 人类把自己和其他动物区别开来。与此同时，人类还具有观察和了解周围环境的能力。他们要么适应环境，要么控制环境，或根据自身的需要改造环境。人类就这样一代代地生存下来。

这组例句英语原文译为汉语时被断为三句，其中画线部分被调整到译文的最后。断句是为了使译文更符合汉语的表达方式，即一个小句一个小句地顺延下来；画线部分的位置调整是为了使译文更符合汉语表达时所遵循的逻辑规律，即，由于某种条件或原因而产生的结果，汉语中一般放在句末。

(二)流水句与主谓句

汉语中的竹式句，还有一些更有特点的句子，这些句子保持了汉语语句的原貌，体现了汉语语句所特有的明快的韵律，如前面的例(1)：

(1) a. 该地区地势险要，群众条件好，回旋余地大，安全方面完全有保障。

b. It is an area where we have a favourable mountainous terrain, a good mass bass, plenty of room for manoeuvre, and full guarantee for security.

再如：

(5) a. 这种床垫工艺先进，结构新颖，造型美观，款式多样，舒适大方，携带方便。

b. The technological design of this bed cushion is advanced with novel structure, beautiful shape and various patterns. They are comfortable and convenient to carry.

(6) a. 到了铁公祠前，朝南一望，只见对面千佛山上，梵宇僧楼，与那苍松翠柏，高下相间，红的火红，白的雪白，青的靛青，绿的碧绿，更有那一株半株的丹枫夹在里面，仿佛宋人赵千里的一幅大画，做了一架数里长的屏风。

b. When he reached the temple he looked southwards and saw on the other side of the lake the Mount of a Thousand Buddhas. There were temples and monasteries, some high and some low, scattered among the grayed pines and green cypresses: the red were as red as fire, the white as white as snow, the blue as blue as indigo and the green as green as emerald, while here and there were a few red maples. It looked like a big painting by Zhao Qianli, the Song dynasty painter, only made into a screen a dozen mile long.

这三组例句中，汉语句子都由一个个音义短句相连而成，有的使用了大量的四字词语，特别是例(6)的汉句，真如修竹节节相连，亦如溪水潺潺而下，节奏明快，朗朗上口，充满了汉语的韵律之美。

这些汉语句中，一个个音义结构相连，不受主谓形式的限制，也不一定有行为者，如例(1)a、例(6)a，而英语句中一定要有主语或行为者，如例(1)b 中用 It 作形式主语，并增加 we。例(6)b 中第一小句加上 he 作主语，第二小句用 temples and monasteries 作主语，第三小句用代词 It 作主语。而且例(5)b 和例(6)b 的英译文为了满足主谓形式的要求都要作断句处理。

三、汉英语差异的原因

汉英语语言结构的差异

1. 汉英这两种语言在漫长的发展过程中，受这两个民族社会文化、思维方式等方面的影响，在语言的构建上呈现了巨大的差异。导致这些差异的原因之一，从普通语言学的观点看，是汉英两种语言分别属于两种不同的类型：汉语属于分析型语言，而英语属于综合型语言。

英语有着外在的形式上的标志，即各种形式、形态上的变化，如名词、代词的性、数、格，动词的时、态、体，主语和谓语动词要在人称、数、时等方面保持一致，等等。汉语的词汇没有词形的变化，主语和谓语动词在人称、数、时等方面没有、也无法有一致的要求。

英语的语法对形态的要求非常严格，如性、数、格，时、态、体等，对形式上需要的东西也是不能少的，如大量的虚词，特别是介词的使用。汉语语法中不但没有性、数、时等语法形式，即使汉语动词之后的“了”、“着”、“过”，也不是非用不可的。

因此，可以说，汉语的语法是隐性的、柔性的，英语的语法是显性的、刚性的。

汉语的语法分析是从语义入手的。我们通过字义或字义间的搭配关系确定词，通过词义或词义间的搭配关系和层次确定语句的语法结构。因此，汉语的语法分析过程是“语义——结构”。语意表达尽了，句子就成立了。所以，我们说汉语是语义型语言，其语法特征是“意足”。

英语的语法分析则是根据形态确定词性，如-er，-tion 等是名词词尾，-ful，-ative 等是形容词词尾，-ly 是副词词尾等等，根据形态如时、数、体等确定限定动词，并以此找出句子的主语和谓语动词，确定出句子的主干部分。完成这一步骤之后，再根据动词的各种非限定形式，根据各种虚词，如各种连词、关系词、介词等判断出各种附着于主干上的枝叶，即句子的其他成分，如定、状、补等。整个分析过程是通过形态确定结构，句子的结构明晰了，句子的意义才能明了。因此，英语语法分析过程是“结构——语义”。在这个结构中，主、谓非常重要，确立了主、谓就确立了句子的框架，就基本上满足了成句的条件。这表明英语是形态型的语言，其语法特征是“形足”。

因此，我们说汉语是“意足”的语义型语言，英语是“形足”的形态型语言。

2. 正由于上述汉英语言的这些特征，决定了汉英语句的结构特点，即“汉竹英树”。

汉语由于语法上的隐性、柔性的特点，语法缺少形态变化，没有严格的语法形式要求。因此，语意的表达就可由一个个的动词、名词等组成一个个的语音语义的团块(结构)，形成小句。语义未完，尽可一个一个小句延续下去，流动铺排，好似竹节延展，好似流水跌宕，形成汉语语句呈竹式句或流水句结构的特点。

英语由于有着显性的、刚性的语法形态、形式的严格要求与限制，句子结构必须以主谓这一主干为核心，其他成分好似枝叶般层层附着于主干之上，形成英语语句结构的树式特点。

四、对教学的启示

以上，我们对汉英语语句语法结构的特点进行了对比、分析，对产生汉英语句特点的原因进行了探讨。那么，我们在课堂教学中就可以向学生强调汉英语句在语法结构上的差异，即汉语语法的隐性、柔性，没有词形变化，没有语言形态的变化，因而汉语语句由一个个小句构成，呈“竹式结构”；英语语法具有显性、刚性的特点，有各种语法形式的标志，语句结构呈“树式结构"的特点。这样，学生才能对汉英这两种语言的不同特点有一个较为明确的概念，才能知道汉英语句到底在什么方面有何种不同之处。这对学生在学习汉语过程中无论是在接受语言信息，即听、读时，还是在输出语言信息，即说、写时，对汉语语句结构的正确把握都会有一定的帮助。

参考文献

[1] 黄伯荣．现代汉语[M]．北京：高等教育出版社，1991.
[2] 刘月华．实用现代汉语语法[M]．北京：外语教学与研究出版社，1983.
[3] 潘文国．汉英语对比纲要[M]．北京：北京语言大学出版社，1997.
[4] 申小龙．中国文化语言学[M]．长春：吉林教育出版社，1991.
[5] 申小龙．汉语与中国文化[M]．上海：复旦大学出版社，2003.
[6] 熊文华．汉英应用对比概论[M]．北京：北京语言文化大学出版社，1997.
[7] 叶蜚声．语言学纲要[M]．北京：北京大学出版社，1981.
[8] 张道真．实用英语语法[M]．北京：商务印书馆，1981.
[9] 朱德熙．语法讲义[M]．北京：商务印书馆，1982.

第二语言词汇测试浅述

任春艳

提　要　词汇是语言学习的重要部分，学习者词汇的多少在一定程度上影响着语言水平的高低。本文针对汉语作为第二语言的词汇测试，在借鉴英语词汇测试的基础上，讨论了词汇测试的内容设定、词汇测试的分类和方法以及词汇测试的发展等相关问题，希望词汇测试能科学有效地服务于语言教学与研究工作。

关键词　词汇测试　内容　方法　发展

一、引言

如广为引用的英国著名语言学家 D. A. Wilkins 的名句所说，“没有语法，人们不能表达很多东西；而没有词汇，人们则无法表达任何东西”，词汇在语言中的重要性可见一斑。那么，在语言学习中，学习者所获得的词汇知识能否代表其语言能力的高低，如果可以，多大程度上代表？学习者的不同词汇知识该如何准确测查与评定？本文借鉴英语词汇测试研究经验，结合对外汉语教学考虑如何准确地测试汉语学习者的词汇知识，希望词汇测试可以科学有效地服务于语言教学与研究工作。

二、词汇测试的内容

词汇测试的对象是词汇知识，词汇知识包括词语的结构、保存、搜索、提取与遗忘等，更接近心理学研究。对词汇知识的界定，国外有不同的观点，大多数的研究者同意连续体观。持该观点的学者以发展的眼光看待词汇知识，他们把词汇知识视为一个由不同水平和知识面组成的连续体，所调查到的词汇知识不过是词汇习得过程中某一特定阶段词汇知识的反映。

词汇知识分类主要依据词语掌握情况，各种分法异曲同工。Laufer

(1998)把词汇知识分成三部分：基本接受性知识、受控制的知识和自由知识，后两者又统称为运用性知识。他认为词汇的发展不只是一个量的问题，词汇知识可能在不同的学习阶段从表面发展至深层。词汇的发展也不只是熟悉新词而已，它还包括深化已知词的知识，词汇知识的深度和词汇量有着同等重要性；习得词汇知识也不只是熟悉词形和标记，它还指熟悉各种意义、概念和已知词的意义。正如桂诗春(1992，33)指出的那样，“有些学习者易于满足于了解外语单词的局部、表面的意义，这是因为他们已在心理词汇中建立了相应的意义网络，他们以为外语单词无非是这个意义网络中的某个意义的另一种形式。对于学习外语词汇而言，最困难的地方是一些外语单词的意义和母语的意义既有重叠，但又不完全重叠，这意味着使用者不但要掌握其外部形式，还必须扩大其原来的心理词汇”。因成人的概念系统呈较大的个体差异，所以我们可以推断他们习得第二语言词汇的困难程度不一样，习得速度亦呈个体差异。

另一种分为理解性词汇与表达性词汇，也有称作接受性知识和产出性知识。接受性词汇知识是指一个人认识和理解单个词的能力，而产出性词汇知识指一个人产出或使用单个词的能力。对接受性词汇知识的测试被称为词汇宽度的测试。一般认为，理解性词汇在习得中早于表达性词汇。这是 L2 词汇的重要特征，已经得到普遍认可。

三、词汇测试的分类及方法

(一)词汇宽度测试

词汇宽度的测试，俗称词汇量的大小，指语言使用者或学习者所知的词汇总量，测试较多的是消极词汇或接受性词汇量的大小。即了解一个词最常用语义的能力。长期以来，词汇宽度研究是词汇研究的重点。测试词汇量的难度在于对所测单词的取样。我们不可能把学习者所知道的所有词都测试到，因此所选单词必须具有高度代表性。对词汇量的调查仅仅是一种预测统计，即通过有限的样本进行预测。宽度测试选择词汇样本需要考虑词频与词分布，采样方法有词频法和词典法。词频法是以词汇频率为依据进行词汇采样，其理由是词频高的词易于为该语言使用者所掌握，而且掌握了高频词在交际中使用的频率也高。具体方法是，借助计算机语料库，确定词汇频率。然后按照不同的词汇频率进行词汇分级，按级别随机采样，组合成词汇测试表。词典法是以一本词典为调查对象，等距离抽样进行测试。

测试方法可分为以下几种：

1. 多项选择题。这是标准化词汇测试中使用最广的测试题型。目标词孤立地出现，选择项有不同形式，例如释义或者有联系的单词，如要求考生在5个干扰项中选出和目标词相关的词。

2. 自测题。给出一列单词，然后要求受试者标出自己认为理解的单词。

3. 是非判断题。比较典型的是Nation(1993)的前1000词的词汇量测试。该测试中，单词在句子语境中出现。测试要求考生判断句子是否正确来考查其对单词的理解。

4. 完成句子题。这可以分为两种，有选择项和没有选择项题型。有选择项的完成句子题考查的是消极词汇，没有选择项的考查的是积极词汇，如Laufer& Nation (1999)的词汇测试题。

5. 给出一列单词(孤立地出现或在语境中出现)，然后要求受试者提供翻译或解释。

上述题型中，多项选择题和自测题遭到不少语言学家的反对。首先，他们认为这两种题型以简单的知道或不知道的尺度来衡量词汇知识，不能真正反映受试者对单词的理解程度。其次，这两种测试方式都是孤立地测某个单词，并不是考查对单词语境含义的理解。但是关于是否必须在语境中考查词汇知识，Cameron (2002)认为，即便一个单词孤立地出现，学习者对该单词的辨认过程也会使其回忆起先前遇到这个单词时它所处的各种语境，因此，考查学习者在脱离语境时能够辨认多少单词是非常有用的。

与多项选择题相比，自测题不需要设计题目，而且在单位时间内可以考查更多的单词。但是自测题最大的问题是：如何避免受试者夸大自己的词汇量？题型3和4中，单词在一定的上下文中出现，并且都可以用在标准化考试中考查消极词汇量。但是这两种题型的具体题目设计有一定难度，尤其是高频单词测试题目的设计(Nation，1993)，这主要表现在：被测单词的上下文中的单词不应该对受试者构成理解障碍，也就是说，应该确保这些单词是比被测单词更高频的单词。同时，上下文中的语法结构也不能过于复杂。题型5考查的也是对单词的辨认，它能较全面地反映受试者的词汇水平。但由于评分难度较高，只适用于小规模测试。

以上的测试方法，各有优缺。目前使用最广泛的消极词汇量标准化测试是Vocabulary Levels Test (VLT) (Nation，1990)。VLT测试要求受试者把单词和释义进行配对，和传统的多项选择题提供4个选择项相比，VLT要求受试者在6个选项中选出正确的单词，猜测的因素大大降低。

(二)词汇深度测试

由于词汇宽度测试都侧重于对单词的认知和理解，许多研究人员和从事二语教学的老师都用二分法(判断学习者知道或不知道，习得或未习得该词)来判断二语学习者的词汇和二语水平。用二分法得出的研究结果回答了“二语学习者知道什么单词”的问题，却未能告诉大家对这些单词学得有多好，是否能够自如地运用这些词。

深度测试涉及词汇多方面能力，测试包括一个词的意思，特别是多义词、同义词、对搭配的敏感性、联想等。词汇的深度知识主要指对最常用的高频词，学习者不仅要明白词汇表面的意思，还要掌握词汇的正式特点、句法功能、搭配的可能性、语体特征等等。Wesche and Paribakht(1993)提出，词汇学习是一个逐步发展的过程，词汇知识的学习有5个阶段：

1. 根本不认识该词
2. 我记得见过该词，却不记得它的意义了
3. 我能猜出该词的意义
4. 我知道该词的意义
5. 我知道如何使用该词

对词汇深度的测试，Nation(1990)认为词汇的句法和语义特征是词汇深度的重要内容，考察受试对其搭配特征和对词汇深层语义习得状况。以汉语“是”和“比”两词的测试为例，具体测试形式示例如下：

1. 他是从北京上________飞机。

A. 了　　B. 来　　C. 过　　D. 的

2. 我来________想了解一下情况。

A. 才　　B. 使　　C. 向　　D. 是

3. 爷爷的身体比去年________。

A. 好得很　　B. 好多了　　C. 好极了　　D. 非常好

4. 山本汉语说得比谁________好。

A. 都　　B. 还　　C. 很　　D. 再

四、词汇测试研究的发展

国外有关二语词汇习得的广度研究早已取得令人瞩目的成果，国内关于学习者英语词汇量的研究从80年代开始(邓昭春，2001)，主要从两个方面展开研究。一是对学习者的词汇进行测量和比较，二是对词汇广度的研究还体现在探究词汇量与学习者词汇能力的关系上。从上世纪90年代中后期开始，国外对词汇习得的研究开始从量扩展到质，从关注学习者词汇的广度知识进入二语词汇知识的深度研究。但如何界定二语词汇的深度知识，究竟怎

么才能算是习得了一个单词的深度知识，国外有许多不同的观点。主要分为两类，一类是连续体观，如 Palmberg(1987)、Henriksen(1996)等。持该观点的学者以发展的眼光看待词汇知识，把词汇知识看做是一个由不同水平和知识面组成的连续体。另一类观点是成分分类观，如 Nation(1990)等，持该观点的学者们按词汇知识的构成成分分类描述，分析构成一个词全部知识的意义和用法的不同方面。研究者们为词汇深度的研究设计了一系列框架包括词频、词的句法特点、词的衍生词、词的联想、词的搭配等等。之后，Nation 提出了包含四个总维度的词汇知识框架，分别是词的形式、位置、功能和意义。

另外，对接受性词汇知识和产出性词汇知识发展的研究结论一般认为有三个阶段：1)接受性词汇比产出性词汇大得多(两倍甚至更多)；2)尽管接受性词汇在整个过程中依然比产出性词汇大，接受性词汇和产出性词汇的差距随着学习者学习时间的延伸而逐渐缩小；3)接受性词汇和产出性词汇的差距不明显，两种词汇接近平衡。对这种二语学习者词汇习得深度发展过程中出现的产出性词汇远远跟不上语言的表达需要现象，有学者也从不同角度进行了分析。吴旭东、陈晓庆认为有两大外部因素妨碍了学习者词汇能力发展的路径：(1)输入数量和范围上有较大局限，以及学习者产出机会的缺乏；(2)教师在强调扩大词汇量的同时未能注意帮助建立各类词汇知识之间的关系。Jiang(2000)认为课堂环境下向学习者输入的词汇数量少，质量差，而且二语学习者已经习惯用母语词汇的概念系统自动翻译以激活相关词汇的母语信息，这就造成了学习者以为掌握了词汇的用法，实则忽略了深度习得的发展的不良结果。这也给我们的语言教学有一定的启示，思考如何进一步更好地开展教学活动。此外，Nation(1990)较全面地论述了 L2 词汇习得研究的应用问题，在语言教学中较为重要的有：(1)有意识地加强记忆术的训练，(2)注意教材词汇的总体编排，(3)课文词表的设计既要考虑词频，又要考虑认知加工的规律，(4)在语境中学习词汇有积极作用，(5)适当地传授词汇学习技巧与策略。

总之，对词汇的测试决定着教学方式的选择，如何认识词汇习得在 L1 与 L2 中的差异以及这一差异是体现在词汇量上还是体现在词汇种类上，这些问题将直接影响教学设计。二语词汇的研究已经开始进入一个新的阶段，从使用传统的、二分法观点到采取全新的、多维度词汇习得观，关注二语词汇习得过程是一个从未知到部分知道直至全部掌握的渐进、漫长的过程，虽然在近年来词汇知识及其测试的研究已取得巨大成就，我们仍需为全面测试词汇各类知识而付诸努力。

参考文献

[1] 邓昭春．英语词汇量调查问题探讨外语教学与研究：兼评一份全国词汇量调查表[J]．外语教学与研究，2001(1).

[2] 桂诗春．中国学生英语学习心理[M]．长沙：湖南教育出版社，1992.

[3] Henriksen, B. Semantisation: A Key Process for Vocabulary Learning and Use[R]. Paper Presented at the 11th AILA World Congress. Finland, 1996.

[4] Jiang, N. Lexical Representation and Development in a Second Language[J]. Applied Linguistics, 2000(21).

[5] Laufer, Batia.. The development of passive and active vocabulary in a second language: Same or different? [J]Applied Linguistics. 1998, 19, 255—271.

[6] Laufer, B. & Nation, P. A vocabulary size test of controlled productive ability[J]. Language Testing, 1999(16)(1), pp. 33－51.

[7] Markus, T. and D. Cameron. The Words Between the Spaces: Buildings and Language [M]. London: Routledge. 2002.

[8] Nation, I. S. P. Teaching and Learning Vocabulary[M]. Rowley, MA: Newbury House. 1990.

[9] Nation, P. Measuring readiness for simplified reading: A test of the first 1000 words of English[C]. RELC, 1993, 31, pp. 193－203.

[10] Rolf Palmberg. Patterns of Vocabulary Development in Foreign-Language Learners [J]. Studies in Second Language Acquisition, 1987(9), pp. 201－219.

[11] Wesche, M. & Paribakht, T. S. Assessing second language vocabulary: Depth versus breadth[J]. The Canadian Modern Language Review, 1996(53), pp. 13－40.

谈谈口语课教学中的话题

涛　亚

提　要　在对语篇研究中话题的开始、发展、转换以及结束进行观照的前提下，本文分析了口语课上小组对话的话题出现的两种不同方式，指出了两者在教学上容易出现的问题以及教学设计上不同的侧重点，并探讨了让小组对话自然化应该注意的有关方面。

关键词　口语课　小组对话　话题　自然化

在语言教学的口语课堂上，教师一般都会给出话题然后让学生们就这一话题进行小组对话，小组的人数常在两人以上。学生通常会比较喜欢这种练习形式，但是练习的效果常常因教师课前对练习的设计、练习进行中的监控情况以及班级的水平而异，特别是对中高级班的学生，由于他们已经有一定的词汇量和语法水平，可以随意地交谈一定的时间，如果只是简单地给他们一个话题和一些新学的词语或语法点，在教师指令不清或要求不严的情况下，很可能会出现过度放任学生自由对话的情况，收不到预期的教学效果；但是如果教师管得过严，又有可能出现冷场和对话进行不自然的问题。要避免以上不理想情况的出现，教师课前的设计就显得尤为重要。如果教师课前对话题的开始、发展、转换以及结束进行合理的设计，上课时实时监测各小组的对话情况，课后对该练习的结果进行及时的评估，那么这种话题练习还是可以达到较理想的效果的。

要进行对话题的设计，就要明白下列问题，一个就是“什么是话题”？其他问题包括如何开始、发展、转换和结束话题？以及有哪些已有的语言学研究成果可以为这些目的服务？

有很多看待话题的角度。话题的正式定义是“被一定的话题处理标记（例如‘顺便说一下’）这样的语汇类标记和音位标记（语调的转变）框住范围的一段谈话”。或者是我们根据语义选一段对话，然后用“周末”“租房”之类的一些词或短语来概括谈话不同部分的内容，这也就是这段谈话的话题。再或者我们可以以互动为标准，只要有一个以上的说话者就某题目说了相关的话语，那么它就是话题。我们还可以说话题就是谈话参与者认为是互相关联的一系列话语。语言教学界广泛采用的对话题的表述是：言语活动的主题。

话题可以说是谈话的原因，或者也可以说因为人们已经开始了谈话所以话题才会产生。第一种情况对应在口语课堂的小组活动上，就是教师给出一个话题，然后学生开始就此话题进行对话，对话的过程中不出现分话题，对话的范围比较清楚，属于比较好控制的情况，这种练习可以较多地运用于中低年级的口语课。第二种情况对应在口语课堂的小组活动上，就是教师给出一个话题，然后要求学生就此话题尽可能多地谈到相关的内容，可以有一些与给出的话题内容相关的分话题，属于比较接近自然化的随意对话，这种对话方式可以较多地运用于中高年级的口语课。但是这种对话方式在中高级阶段如果不加以有效的设计，就有可能因为过于放任而使学生感到成效不大，原因上文已经探讨，此处不再赘述。

在口语课堂上进行与第一种情况相对应的小组活动时，根据"相关性"标准，教师可以给出像"试衣""做菜""租房"这样的语意领域的话题，教师所给出的所有的语汇项目都与此有关，属于这个语意领域；也可以用"衣服是否合适""菜是否好吃""房租是否合理"作为话题；还可以将话题表述得更功能化一些，比如"说服 A 他的衣服很不错""称赞 A 做的菜很好吃""说服 A 降低房租"等，参与谈话的每个人都要就此话题协作。在有关这一话题的小组活动开始之前，教师可以先介绍一些开始、发展以及结束话题的语汇类标记（比如一些提示词）和音位标记（比如特别的语调和话语重音），建议学生尝试使用。

但是在绝大多数随意交谈中，我们发现话题的产生出于多方面的原因，通常是为了能让谈话继续，因为人们已经在一起而且正在交谈。在这类情况下，话题是如何开始、发展、转变、融入其他话题和结束的呢？

在自然的谈话中，谈话可以在很短的时间内就从一个分话题到另一个分话题上，比如从旅行到机场的情况，再到飞机上的服务，再到美食等等，这些有关系的分话题是一个接一个引发的，这种特点在随意交谈中是一种非常常见的现象，但这些分话题又可以在一个大的总体框架（比如"A 的暑假"）内保持连贯性，但是它是怎样从一个分话题转向另一个分话题的呢？当谈话者感到某分话题已经过充分的探讨，他们给出了语汇上的和语调上的暗示：当一个分话题枯竭的时候，有的参与者会使用降调，并短暂停顿，以及对前面讨论进行总结或总体评价——另一种重要的结束话题的行为。其中一个参与者也可以用一个典型的升调从刚才的话题中找到一个因素并将其变成一个新的分话题。一个刚结束的故事里的一个因素作为下一段谈话的主题是谈话者们一个非常常见的行为。话题的转化常常是在短暂沉默之后出现的，这也是随意交谈中常见的一种现象。

在口语课堂上进行与第二种情况对应的小组活动时，教师可以先给出一个总的话题，比如“你的暑假”“你的童年”等作为小组活动的开始和框架，然后提示学生可以有一些相关的分话题比如“旅行”、“和朋友们一起玩”或者“父母和你关系”、“对你影响最大的人”等等，出于话题自然化的考虑，教师提出的这些分话题只起提示的作用，在实际的小组对话中是否出现话题的转化以及转化出哪些分话题，要由活动的参与者在话题的进行中自然地完成，即对话中这些分话题的开始、发展、转换以及结束都由小组活动的参与者完成。谈话结束后，可以由每个小组报告他们都谈到了哪些分话题。这个环节可以有效地帮助话题始终在教师所给的框架内进行，而不是完全的放任和游离。

语篇研究的成果可以让我们知道话题是怎样开始、发展、转换及结束的，这对口语课教学中的话题设计有一定的启示。在口语课上进行的话题练习上，很多语言教师将精力集中在话题的词汇方面，这样做是很有意义的，因为说一个话题没有一定的词汇量是不可能的。另外，词汇项目之间的语义连贯和联想连贯也是发展和改变话题的一种非常常见的途径，但是除此之外，老师还可以提示学生并让学生练习话题的互动特点，例如标记的使用，包括开始标记(顺便说一下；真巧；我想问问你)和结束标记(无论如何；总之；我们就谈这些吧)，或者对一段谈话做出总结、给出评价式的响应(听上去真不错；真奇怪；真的吗)。在做朗读和听力方面的练习时教师可以有意识地让学生集中听听谈话者是如何做总结和评价、做标记和改变语调的，从而使学生学会谈话中的话题转换。

在口语课上，教师可以设计一个练习，让一对或一组学生围绕回顾一个简短的事件展开练习，让他们根据事件中的一些元素展开对话；或者发起一个游戏，要求学生将一系列预先设定好顺序的话题在一定的时间内完成，每个主题之间要有连贯的关联，这样的活动可以帮助学生掌握比较自然地完成话题的技能。教师可以通过对活动结果进行评估，逐步改善活动的设计。

要使课堂练习中话题的进行更加自然化，其中有两点需要注意，首先要做到在话题练习中不出现冷场，办法是要尽力去创造一种对话中的互惠关系：A给B讲了自己的经历或生活感受，通常B会以他自己的生活经历回报。一个谈话者的故事很可能引发在场人的一系列故事。我们看到采访式活动可能会导致谈话一边倒，提问者和回答者都被角色所限，缺少互惠。活动的设计者，即作为练习监督者的口语课老师，应该在互动中加入保证互惠关系的机制，比如要求活动参与者必须找到他们之间在观点、经历或其他方面的共同之处和不同之处。另外，要训练学生更加自然地完成分话题的转换，这就要对学生说明有哪些语言学上的和非语言学的手段可用，并鼓励学生有意识地加以使用。

参考文献

[1] Brown，G.，and G. Yule. 1983. *Dis course Analysis*. Cambridge：Cambridge University press.

[2] Stech，E. L. 1982. The analysis of conversational topic seqnence structnres，semiotica，39，75—91.

[3] 徐烈炯，刘丹青．话题与焦点新论[M]．上海：上海教育出版社，2003.

[4] 黄国文．语篇分析——理论与实践[M]．上海：外语教育出版社，2001.

[5] 黄国文．功能语篇分析纵横谈[J]．外语与外语教学，2001(12).

[6] 胡壮麟．语篇的衔接与连贯[M]．上海：外语教育出版社，2001.

[7] 陈侃，尉万传，毛良斌．中高级汉语口语教师的"主持人"意识[J]．语言教学与研究，2010(4).

俄罗斯汉语推广的新起点

——俄罗斯圣彼得堡大学孔子学院

王 进

提 要 俄罗斯圣彼得堡大学孔子学院作为俄罗斯的第一所孔子学院，自建立至今两年多的时间里，结合当地的实际情况，不断探索发展之路，针对不同学员开办各级汉语学习班，同时举办各种中国文化活动，成为俄罗斯汉语国际推广的新起点，中国文化走出去的新平台。

关键词 孔子学院 汉语 国际 推广

孔子学院是中外合作建立的非营利性教育机构，致力于适应世界各国(地区)人民对汉语学习的需要，增进世界各国(地区)人民对中国语言文化的了解，加强中国与世界各国教育文化交流合作，发展中国与外国的友好关系，促进世界多元文化发展，构建和谐世界。孔子学院开展汉语教学和中外教育、文化等方面的交流与合作。所提供的服务包括：开展汉语教学；培训汉语教师，提供汉语教学资源；开展汉语考试和汉语教师资格认证；提供中国教育、文化等信息咨询；开展中外语言文化交流活动。孔子学院是世界各国人民学习汉语和了解中华文化的园地，是中外文化交流的平台，是加强中国人民与世界各国人民友谊合作的桥梁。

一、圣彼得堡大学孔子学院成立背景

2005 年 7 月，俄罗斯圣彼得堡国立大学与中国国家汉办正式签署创建孔子学院的协议，2007 年 2 月该孔子学院正式开始运行，2007 年 9 月由时任国务委员陈至立、俄政府第一副总理茹科夫亲自揭牌，中方合作院校为中国首都师范大学。该孔院既是我国建在俄罗斯的第一个孔子学院，又是首都师范大学作为中方合作院校在国外建立的第一个孔子学院。俄罗斯圣彼得堡国立大学创建于 1724 年，是俄罗斯最早建立的大学之一，也是俄罗斯教育、

科学和文化中心之一。培养出7名诺贝尔奖得主，现任俄罗斯总统梅德韦杰夫、现任俄政府总理普京均为该校毕业生。其汉语教学长达150多年。

孔子学院实行理事会负责制，理事会分别由合作双方成员组成，会长为首都师范大学校长刘新成教授，首都师范大学副校长宫辉力教授为执行理事长，理事会副会长由圣彼得堡大学副校长杰缅季耶夫担任。此外，合作双方各有3名理事，其中包括中外方院长。目前圣彼得堡大学孔子学院共有行政人员7人，包括俄方院长1人、副院长1人、秘书2人、顾问1人、会计1人，中方院长1人，汉语教师11人(俄罗斯人9位、中国人2位)。孔子学院工作人员构成中，除我方院长外，其余俄方人员均为兼职。

二、圣彼得堡大学孔子学院教学和文化活动

常规教学工作				
序号	课程名称	教学对象	课时数	学员人数
1	标准汉语	15—30岁高校学生、白领	256	255
2	商务汉语	同上	128	10
3	HSK辅导班	同上	16	14
4	中国民俗学	同上	10	16
5	中国心理学	同上	10	60
6	书法	同上	16	10
7	中国烹调基础	同上	16	10
8	口语强化班	同上	16	25
9	留学介绍	同上	10	70
10	中国民族民俗介绍	同上	10	10
总计			488	480

汉语和文化交流推广工作：

序号	活动名称及简要说明	面向人群	参加人次
1	世界大学生辩论赛	大学在校生	30
2	孔子祭祀晚会	同上	30
3	中国电影招待会2次	各界人士	60
4	日常中国摄影比赛	同上	18
5	《孩子们眼中的中国和俄罗斯》油画展	两国儿童和少年	638

续表

序号	活动名称及简要说明	面向人群	参加人次
6	春节晚会	各界人士	200
7	汉语桥比赛 2 次	大学在校生	100
8	HSK 考试	在校生	203
9	接待中国作家代表团	孔院师生	30
10	孔院揭牌仪式、孔子像揭幕仪式	各界人士	150
11	国庆联欢会	大学生、文化界人士	200
12	中国历史研讨会	汉学界	50
13	孔子学院揭牌仪式	各界人士	300
14	接待汉办督导团	孔院师生	50
总计			1959

中外知名学者讲座 Lectures Featuring Distinguished Scholars:			
序号 Number	学者姓名 Name of Scholar	讲座主题 Theme	参加人次 Number of Participants
1	杨建文 Yang Jianwen	中国书法 Chinese calligraphy	100
2	舒乙 Shu Yi	北京文化 Beijing culture	20
3	杨青 Yang Qing	中国音乐 Chinese music	30
小计 Total			150

来华项目 In China Programs(包括夏令营、校长团、师资培训等 including summer camps, educator delegation and teacher training, etc)			
活动名称 Name of the Program	中小学校长人数 Number of Primary and Secondary School Heads/Educators	教师人数 Enrollment of Teachers	学生人数 Enrollment of Students
首师大汉语暑期班 CNU summer program	—	—	50
首师大汉语进修班(一年)CNU long-term language program	—		16

续表

长城汉语培训班“Great Wall Chinese” training	—	4	—
黑龙江大学汉语教师培训班 Chinese teachers training at Heilongjiang University	—	2	—
小计 Total	72		
培训班名称及期限 Name and Duration	参加人次 Number of Participants		
2009年暑期汉语教学法培训班(国家汉办委派专家组) Summer school in the methodology of teaching Chinese language (instructors sent by Hanban)	30		
小计 Total	30		

三、圣彼得堡大学孔子学院 运行两年所取得的成绩

1. 招生情况

圣彼得堡大学孔子学院在中外合作双方的精诚合作下，经过两年的努力，开设数门课程，已招收学生近500百人；举办数次文化活动，近2000人次参加。圣彼得堡大学孔子学院始终致力于使“每一所孔子学院都将成为沟通当地与中国的一条纽带，这一条条纽带将共同搭建沟通世界与中国的汉语桥”，并以实际行动完成孔子学院的使命。通过开设汉语课程和举办各种文化活动，增强了俄罗斯人民对中国的了解，加深了两国人民的友谊，促进了两国在文化方面的交流，获得各方面好评。

2. 办学收入

圣彼得堡大学孔子学院在办学方面的收入：2007年9月至12月收入约为30000美元；2008年2月－6月收入约为30000美元；2008年9月至10月的收入约为457985卢布，约18319.4美元(1美元＝25卢布)，2008－2009学年的一年学费收入约为12万美元(第一学期约为55845美元)。

3. 相关媒体报道

国家汉办网站 www.hanban.org　　　9次

搜狐网站：http：//2008.sohu.com/20080403/n256138616.shtml

环球时报网站：http：//2008.huanqiu.com/Exclusive/2008-04/85684.

html，

俄罗斯国家电视台 1 次

俄罗斯圣彼得堡电视台、广播电台各 1 次

俄罗斯各大网站　　若干次

四、圣彼得堡大学孔子学院建设经验

孔院的建设之初应结合所在地的实际情况，制定相应的发展方向，先稳定再寻求新的发展。孔院的建设需中外合作双方共同努力、共同协商、充分发挥各自的优势、相互协作、优势互补并能调动各方面的积极性，客观地制定相关的政策，解决各阶段遇到的问题，不断开拓新的领域。同时，也要加快中国各高校，特别是孔子学院承办院校的国际化进程。使中国各专业各行业的专家学者走出国门，以孔子学院为交流平台，与国外承办院校精诚合作，互通有无，互相促进，共同发展，不仅能够不断提高各自的学术等各方面的水平，还为中国走向世界，为中国文化走向世界，为汉语走向世界起到积极助推的作用。

首都师范大学音乐学院院长杨青教授作为首都师范大学的专家率先在孔子学院为那里的师生举办中国音乐方面的讲座，受到到了广大师生的热烈欢迎。今后还会有首都师范大学的师生们把他们的知识、才能等通过孔院这个平台展现在孔院师生面前。

五、对孔院今后工作思路及建议

1. 除了原有孔子学院外，在圣彼得堡市不同地区建立 4－5 个教学基地/分院，将语言生人数提高到 500 个人、文化生的人数提高到 250 个人。

2. 在列宁格勒州区城 4－5 家中学以远程教育方式为主进行汉语教学，将该地区语言生人数提高到 200 人、文化生的人数提高到 100 个人。

3. 继续为孔院培养专职教师 15 名。

4. 继续与首都师范大学联合开展中国留学服务，每年派遣 50－60 个学生去中国留学。

5. 研发适合本地情况的汉语和中国文化教材。

六、对国内今后孔院工作的建议

1. 继续为各孔院提供人员(专业汉语教师、管理人员、专家等方面)、汉语教材、用于孔院建设及孔院开展活动所需经费等方面支持；孔子学院作为

教学机构拓展教学会得到圣彼得堡大学的支持，孔院根据当地实际情况尽量自行解决师资等问题。在孔院建设发展稳定以后，中外合作双方都会寻找新的教学及文化活动基地并开展具有特色和影响力的活动，即便孔子学院总部(汉办)不给与经费等支持，孔子学院也会利用自己办学所得或请合作方特别是俄方在办学场所、师资等给与各方面支持。孔院的学费收入按俄罗斯的法律及各项规定不能自由支配使用，因此中国文化推广费用不能由俄方提供，文化推广及讲座或各种活动的开展就需要孔子学院总部(汉办)给予相应的支持。

2. 继续召开每年一次的孔子学院大会，使各孔院对目前孔院的形势与发展能有一个足够的认识，便于各孔院及时调整相应的活动或制定新的发展计划，等等。

3. 增进本地区各孔院的联系和合作，使该地区的孔院做到资源共享，以免造成不必要的资源及资金等的浪费。

4. 充分发挥理事会应有的作用，加强对孔子学院的领导和管理，完成孔子学院的宗旨和使命。对不符合发展要求或不符合经费使用原则的孔子学院进行整改，建立奖惩机制。

5. 加强中方经费及孔子学院收入的管理，对经费的划拨、使用加大监管力度，加强中方经费及孔子学院收入管理、使用的透明度，做到有的放矢。

6. 充分发挥中方双合作院校的作用，组织双方院校的师生在孔子学院开展巡讲、巡展、巡演等活动，增进合作双方沟通与了解，扩大孔子学院的影响。

中级汉语教材主课文的编写

陈雪竹

提　要　在中级阶段的学习中汉语教材的重要性更为突出。一部语言教材是否成功在一定程度上取决于主课文的成败。我们认为在学生语言水平不够高的情况下，故事性强、人物形象突出的文章既容易理解，又对学生有更强的吸引力，因此，中级教材中课文的体裁应锁定在这种文章上。编写中级阶段的综合课教材，“文化导入”已是一个必然的问题。对于如何导入文化以及导入什么样的文化是值得讨论的重要题。

关键词　主课文　体裁　题材　文化导入

教材是教学的基础，承担着指导教师教学和学生学习的重任，它既是实施教学大纲的关键之一，又是教师组织教学活动的主要依据和学生获得汉语知识、技能的主要来源。而在中级阶段的学习中汉语教材的重要性更为突出。中级阶段是对外汉语教学中的一个重要过渡阶段。学习者已经具有了2500个左右的词汇量，大多可以用汉语进行简单实用的表达。然而，中级阶段涌入了大量的新词语，学习者掌握这些词语意义和用法的难度都会有所增加，常常会出现所谓的感觉汉语能力停滞不前或进步缓慢的“高原期现象”。而且中级阶段学习者的学习心理容易处于钝化状态，需有新的力量给予冲击，此时，若教材内容陈旧、教法单一、学而无用，将会使很大一部分学生失去学习兴趣与热情，汉语水平僵滞不前甚至倒退。而如果教材编排新鲜、话题内容顺应现实变化、选择的词汇贴合学生的交际需求，教材无疑可以成为一种新的刺激，激活学习者的自信心与创造力，引发起学生进行有目的的自由交际的欲望，使他们在教材的指引下完成学习，掌握更高层次的汉语能力。所以，教材在中级阶段教学中的任务非常重要，那么教材的编写也就值得深入探讨了。

一部语言教材是否成功在一定程度上取决于主课文的成败。据高彦德等人的调查，在63部有缺点的教材和工具书中，被认为缺点是内容没意思或内容不好的(如内容过时、不实用等)就有33部，占总数的52.4%。可见从一个外国人学习汉语的角度来看，教材的内容是至关重要的。这里所说的“教材的内容”主要是指教材中的主课文。本文力图从中级汉语教材《博雅汉语(冲刺篇)》出发，再次审视和诊断目前汉语教材主课文的编写，使语言教材编写原则和方法的科学性得到较清晰的呈示。《博雅汉语》是一套系列教材，是目前中级精读课教材中较为优秀且影响较大的一部。但在使用过程中也暴露出一些问题：课文内容生涩、生词超纲、偏僻等。结合这些问题可以更好地审视目前编写教材中遵循的原则是否得当。

目前大多的编写者认为好的课文的标准是：内容是题材、体裁丰富，内容既有趣味性，又有文化内涵。这个标准已经得到了普遍的认可，然而，这个标准仍值的进一步商榷。主课文的题材丰富可以使学生接触到生活的方方面面，加强了学生的交际能力，因此我们看到目前的教材中的主课文题材都非常丰富，在《博雅》中编者精心选择出涉及生活、文化、哲学、社会等多个方面的“人类共同话题和反映中国传统与现实的话题”然而主课文的体裁是否也要丰富呢？目前编者通常认为体裁一如题材，也要做到丰富多彩。《博雅》的编者显然在体裁的丰富性上是下了很多功夫，《博雅》课文涵盖了多种文体，包括：小说、散文报道、通讯、议论文、随笔等近十种。但是许多教师认为《博雅》用起来多少有些费劲，许多学生也觉得《博雅》有点枯涩难懂。其原因大概正在于课文的体裁。在教材使用过程中学生偏爱故事性强、人物鲜明的叙事性体裁，而对散文、议论文、说明文等非叙事性体裁表现出兴趣不大甚至畏惧。这是因为非叙述性体裁往往增加了教材的难度。教材的难度由两方面决定：一个是语言项目的难度，特别是生词的难度。一个是内容上的理解难度。非叙事体裁的课文在这两个方面都会加大课文的难度。首先非叙事体裁的课文容易造成课文中词语的大量超纲，比如散文中必然有很多描述性词语，例如《鸟声的再版》中的生词：雄壮、轻缓、庄严、单纯、细腻等，而说明文中会出现科学类词语，如《我为什么吃素》中有：维生素、矿物质、蛋白质、脂肪、新陈代谢、酸碱中和、动脉硬化、高血压、心脏病等。这些超纲词对绝大多数学习汉语的外国人来说，除了学习课文时，今后很可能都不会再用到这些词了。这样的词多了，有百弊而无一利，只能成为学习的障碍。学习这样的教材，教学双方投入到词汇上的精力许多会白白浪费掉，因为许多词都不是学生在中级阶段需要掌握的，如果把这些词过早地强加给他们，一方面违背了循序渐进的教学原则，加重了学生的学习负担；另一方面，相对地减少了《大纲》要求的词出现的机会，无法完成《大纲》规定的教学任务。其次，非叙事性体裁也不易学生理解课文。即便学生学会了全部的生词和语言点，也不能理解文章的内容。在《博雅》中典型的一篇课文是散文《鸟声的再版》，文章中作者用优美的语言描写了在一天的不同时段用录音机录下的美妙的声音，主要体现作者的思乡之情。然而学生读完课文后不但体会不出作者的感情，反而觉得这篇课文很无聊，激发不起学习兴趣。因此在讲授这样的课文之前还需要老师用较多的时间说明文章要体现的思想内涵，这也加重了学生的学习负担。而另一篇《世纪遗产清单》全文都使用讽刺的修辞手法说明上个世纪给我们人类留下了什么，然而学生普遍反映没有办法理解文章的内容，例如："沙漠面积大了，人们就会更方便地欣赏到沙漠里的海市蜃楼，就会不停地听到驼铃的丁当声。"学生很难弄明白"欣赏到沙漠里的海市蜃楼，就会不停地听到驼铃的丁当声"有什么不好。这样的课文给他们带来了很大的困扰，而对他们语言能力的增长却有很少的帮助。所以，我们认为在学生语言水平不够高的情况下，故事性强、人物形象突出的文章既容易理解，又对学生有更强的吸引力，因此，中级教材中课文的体裁应锁定在这种文章上。同时，为避免课文过于单一，编者可加强叙述风格的多样化。同是口语化、规范化的课文，其叙述风格也具有多样性。不同年龄、不同地区、不同阶层，甚至不同性别的人，语言与叙述风格都有细微的差别。在不同的场合和不同的语言环境中，风格也不尽相同，有时使用书面体，有时使用口语体，有时使用客气体，有时使用俗理体。这也正可以解决学生存在的一个明显的弱点，就是听得懂课堂教学语言，听不懂实际生活中的语言。

而且目前教材中体裁的丰富性仅仅是对各种体裁的展现，没有任何形式的归纳说明和练习，即使在学习之后，学生也很难对不同体裁之间的区别有理性的认识和真正的掌握，体裁的丰富性也就不具有任何意义，实际上并不能真提高学生的能力。要想真正达到目的，还有更多的工作要做。而单单是展现各种体裁的不同的工作其实应该放在中级阅读课上完成。

在第二语言教学与学习中"语言与文化的关系更多地表现为相互包容的关系。理解语言离不开文化，理解文化也离不开语言。语言是打开文化大门的钥匙，文化是推动语言学习的动力"。因此，编写中级阶段的综合课教材，"文化导入"已是一个必然的问题。但是对于如何导入文化以及导入什么样的文化是值得讨论的重要问题。以往的教材中文化导入常常通过两种途径：一是直接选用名家名篇，一是在课文中注重介绍汉文化的独特性以及与其他文化之间的差异。《博雅》的编者大致也是这样做的。但是教学中可以发现书中的这些文化内容并未起到推动教学的作用，反而引起很多问题。首先，选用名家名篇常常和教材的趣味性发生矛盾。从某种意义上来讲，选用名家名篇无疑可以增加教材的厚重感和分量，然而名家名篇中的内容往往和学生的生活较远，学生都无切身感受，只剩下一个孤立的、纯粹的语言学习之过程，必然感觉枯燥。虽然《博雅》编者也注意到了这一点，书中没有选用以往教材中选择的古典名篇或者现代名篇，而是选择了当代作家的作品，如席慕蓉的《燕子》、史铁生的《我的梦想》，然而这些作品和学生之间仍有较远的距离，在教学中很难引起学生的共鸣。而那些注重介绍文化差异的课文仅仅是将不同的文化展现在教材中，只是流于形式，师生双方对此都没有太高的积极性，教学效果也不好。甚至有很多学生不赞同课文中对东、西方文化的理解，例如课文《三十年河东，三十年河西》中提到："西方文化从文艺复兴以来，已经兴盛了几百年，把世界生产力提高到了空前的水平，但它同世界上所有的文化一样，也绝不是永世长存的，迟早也会衰落。"这样的内容常常受到西方学生的反驳，认为课文与事实不符，这样更增加了他们对教材的反感。因此，虽然《博雅》教材中试图增加文化内容，但是在实际使用中这些文化内容非但没有引起学生对文化的兴趣，反而使教学陷入窘境，令编者与教师面临无趣与尴尬。为什么会出现这样的状况呢？在中级教学中，我们曾指导学生欣赏《刮痧》这部电影，影片中介绍了中国独特的中医治疗手段，同时也展现了东西方文化的冲突，但是学生对于这些内容都没有表现出特殊的关注，仅仅表示出惊讶之后就过去了，反而对电影中表现的朋友之情，父子之情唏嘘不已，展开了热烈的讨论。由此可见，虽然文化因素在教材中有意识的引进是非常必要的，但引入的方式和内容更重要。那么什么样的文化因素适合引入到课文中，成为语言学习的吸引力而不是阻碍呢？各个民族国家虽然文化不同，但对此并不能引发学生的共鸣，反而是人类文化的共通性，如《刮痧》中表现的人与人之间的感情之能引发他们的兴趣。常常有编者认为文化的导入会牺牲教材的趣味性，其实是不恰当的导入才与趣味性有矛盾，而恰当的导入会激起学生的学习兴趣和热情。

每一部教材的出现，总有它的理论和现实背景，而社会在进步，学科在发展，新的教学理论和新的研究成果不断出现，人们的教学观念也在更新，教材就无可争议地需要被重写。在编写新教材过程中，编写者必须要对旧教材作深入的研究，进行认真的回顾和反思，在这个基础上，才能编写出既借鉴了以往同类教材的成功经验，又汲取了本学科及相关学科最新研究成果的新一代教材。

参考文献

[1] 高彦德．外国人汉语学习与使用情况调查研究报告[M]．北京：北京语言学院出版社，1993：23—25.
[2] 李晓琪主编．博雅汉语(冲刺篇Ⅰ)[Z]．北京：北京大学出版社，2005：2.
[3] 王威．关于中级汉语教材选文的典型分析[A]．中高级对外汉语教学论文选．北京：北京语言学院出版社，1991：240.
[4] 李晓琪主编．博雅汉语(冲刺篇Ⅰ)[Z]．北京：北京大学出版社，2005：36.
[5] 王钟华．试论对外汉语教学课程规范[J]．语言文化教学研究集刊，1997(1)：6.
[6] 李晓琪主编．博雅汉语(冲刺篇Ⅰ)[Z]．北京：北京大学出版社，2005：203.

眼动研究与汉语二语习得

付玉萍

提　要　眼动研究作为一种心理学研究范式，对汉语二语习得研究具有重大的理论与实践意义。首先，通过眼动研究可以获得关于汉语二语习得的一系列实证数据，这将使我们对汉语二语留学生的阅读水平、阅读能力有更充分的认识。其次，以阅读心理学理论和第二语言习得理论对数据进行定性分析，可以揭示汉语二语阅读认知理解规律，获得的研究结果不仅可以直接用于指导对外汉语教学，而且也将为习得理论的发展提供证据，推动认知习得研究的进步。第三，眼动研究以科学假设、科学实验为基础，用眼动数据作为阅读能力和语言水平的证明，是最有说服力的阅读研究方法之一。第四，用眼动实验方法进行汉语二语阅读研究，也将会给汉语二语习得研究带来新的思路、新的视角。

关键词　眼动研究　汉语二语习得　认知

一、什么是眼动研究

眼动研究，是阅读认知研究的一种专门的研究范式，属于阅读心理学范畴。它是通过眼动仪实时连续地记录读者阅读时的眼动信息，根据这些眼动数据研究分析读者的阅读理解心理过程，揭示阅读认知理解的规律。

眼动研究由于实现了对阅读过程的实时连续的观察，也被称为阅读过程研究。这种基于认知的阅读过程研究，突破了传统研究方法的局限，对深入探讨阅读的本质具有重要意义。我们知道，眼睛的运动是认知加工的外显活动，所以对读者阅读时眼睛运动情况的研究就是对其认知加工过程进行研究的最佳途径。阅读过程中眼睛的运动，主要包括注视、眼跳、回视等，还包括眨眼等一些伴随动作。阅读理解的过程是从注视开始的，读者首先要通过注视获取视觉信息，然后大脑对信息进行加工处理，实现理解之后眼睛就会跳到下一个位置去获取新的信息。因此说，阅读过程实际上是一个注视与跳跃的连续过程。阅读眼动研究正是以这一阅读认知活动的现实为基础而建立的研究范式。

阅读眼动研究已经有100多年的历史。在没有进行眼动研究以前，人们以为阅读过程中眼睛的运动是均匀的，人的视线连续不断地扫过一行一行的字符，缓慢地向前移动，注视点从一端平滑地移向另一端。眼动研究揭示了人类阅读过程的一个重要规律，即：人在阅读时视线并不是平滑移动的，而是以跳跃方式将阅读的整个过程分割成若干注视阶段，这就是眼跳。这一现象是1879年由巴黎大学的Javal发现的。这一发现为人们打开了阅读眼动研究这扇窗。此后，心理学家们对眼动研究投入了很高的热情，做了许多开创性工作，发现了大量的基本的眼动事实，并进一步拓展了眼动研究的视野。

西方的眼动研究可以分为三个阶段。第一个阶段在19世纪末到20世纪初期，这一时期主要是发现了大量的眼动事实。第二个阶段是在20世纪20年代到五、六十年代，这一时期人们把眼动研究应用于教育研究，进行学习、教学研究。第三阶段是20世纪50年代以后，这一阶段由于认知学派的产生，推动了眼动研究的发展，可以说是把眼动方法和认知思想结合，进一步揭示阅读认知理解的规律。

国内阅读眼动研究受条件限制，直到上世纪80年代才真正开展起来。虽然国内眼动研究开始得比较晚，但也已经取得了可喜的成绩。研究成果主要在：中国学生阅读不同类型文章的眼动特征，如记叙文、说明文、散文等；不同阅读方法的研究，如快速阅读；影响阅读的因素研究，如有图阅读和无图阅读、多媒体阅读；中文阅读障碍研究，如学生发展性阅读障碍、耳聋读者的阅读障碍、脑损伤读者的阅读障碍等。可以看出，汉语眼动研究跳跃了眼动事实研究阶段，直接在西方研究的基础上，进入应用研究阶段和认知心理研究阶段。

二、眼动研究对汉语二语习得的意义

进入二十一世纪，随着中国改革开放的深入、综合国力的增强，世界范围内的“汉语热”持续升温。国家汉语国际推广领导小组办公室（简称国家汉办）公布的信息说，当前全世界汉语学习者将近两亿，并且这个数字还会不断地增加。以美国为例，由美国教育部门主持的公立高中中文大学学分先修课程（简称AP中文，the College Board’s Advanced Placement Program），在2006年秋季开始实施，并于2007年设立AP考试，若通过考试，则可抵减大学学分。这就意味着美国高中学生不仅可以在高中阶段选修汉语课程，并且所取得的成绩将影响其大学学习，也意味着中文教学将成为美国主流教育中重要的外语科目之一。在这一政策引导下，美国将有更多的高中正式开设汉语课。2006年、2007年的岁末年初，应美国申请中国派遣了一批志愿者到美国的中小学教授汉语。可以说，学习汉语已经成为世界性潮流。2006年，国务院颁布《关于加强汉语国际推广工作的若干意见》，把汉语国际推广工作作为国家的一项重要任务。为推广汉语而建立的孔子学院，到目前(2007年年初)已经有120多所，覆盖40多个国家和地区，国家汉办规划，到2010年全球将建立500所孔子学院或孔子课堂。

汉语教育事业的发展，也促进了相关研究的发展。当前汉语二语研究大体包括汉语本体研究、教学研究、习得研究等。汉语本体研究，是针对汉语自身特点进行的研究，包括汉语的语音、句法、语义、语用等方面的问题。教学研究是研究汉语教学的规律与方法。习得研究则是以学生为对象，研究学生在习得汉语方面的一系列问题。三者的关系，本体研究无疑是基础，是根本，教学研究和习得研究属于紧密联系的策略性研究。虽然汉语二语教学有很长的历史，但上世纪80年代以前，来华留学生人数有限，没有形成规模，除了专业院校外，一般只将其作为中文系教学工作的一部分，针对汉语二语所进行的研究自然也是很有限的。更由于教育思想的局限，在所进行的相关研究中少有针对学生的学习规律的研究。当代教育思想已经从教师中心论转变为学生中心论，学生是学习的主体，学习的过程是自主的。在这样的时代背景下，习得研究尤显意义重大。汉语二语习得研究已经成为我们当前必须重视的研究领域。

第二语言习得理论，无论是四五十年代的对比分析假说(Contrastive Analysis Hypothesis)，还是六七十年代的中介语假说(Interlanguage Hypothesis)与偏误分析(Error Analysis)，到Krashen的输入假说(Input Hypothesis)、Chomsky的普遍语法假说(General/Universal Grammar Hypothesis)，都是建立在英语学习的基础上。国内汉语二语习得研究以鲁健骥先生发表《中介语理论与外国人学习汉语的语音偏误分析》(1984)为标志，经历了大约20年的发展，对汉语二语习得中的语音句法偏误、习得顺序、中介语特征等问题进行了研究，取得了一定的成绩。但是这些研究一般还是以传统方法进行的研究，是根据学生的作业、作文、测试成绩等二语习得的文字材料分析习得规律，属于对习得结果的研究。这样的研究有其科学道理，但这种定性研究缺少定量研究的基础，不可避免地存在一定的主观性。另一个角度说，西方的学习理论很多都是以大量的科学实验为基础的，建立在合理的假设、科学的证明之上。而我们的习得研究则缺少这样的实证性工作，没有对习得的过程进行研究。

阅读是日常生活中经常发生的认知活动。在当今知识经济的时代，阅读更是人们获取信息的必然途径。阅读能力的高低，关系到一个人在社会生活中的竞争力，影响着个人的学习、工作、发展。同时，阅读也是一种比较复杂的认知技能，随着年龄的增长和不断的学习过程，人的阅读技能也会逐渐发展。正因为阅读对人类具有重要意义，所以阅读心理学成为一门非常重要的学科，人们探讨阅读规律和阅读心理过程，解释人类如何从事阅读活动。但是阅读心理研究一直以来以母语阅读研究为主，从各个角度、各种层面进行的科学实验几乎都是以本族人为被试，偶有研究外语学习的，一般也还是从本族人出发，如中国人进行的中国人汉语和英语双语习得的比较研究等，以来华学习汉语的留学生为对象进行汉语二语阅读研究的尚未见报道。汉语教育事业的蓬勃发展，认知科学的研究基础，都为汉语二语阅读眼动研究提供了条件，可以说当前进行汉语二语阅读的眼动研究是很好的时机。

来华学习汉语的留学生是以汉语为第二语言的成年语言学习者，他们各自的母语不同，但是基本上已经拥有了比较充分的母语能力。然而作为汉语学习者，他们的语言水平、语言能力是有限的，处于正在学习的过程当中。阅读是贯穿留学生汉语学习过程的一门课程，也是与学习过程紧密联系的一项技能，不同阶段的阅读具有不同的特征，在词汇、句法、篇章等方面表现出差异性，在阅读心理方面也必然是色彩纷呈。

一直以来，如何对留学生的阅读水平和阅读能力进行科学评价，是汉语二语教学与习得研究面临的重要问题。通常情况下，学校在开学初通过测试，对学生的汉语水平做一个基本评价，以决定其学习的班次。学习过程中，还有针对不同科目的考试，以检验学习效果。然而，这种通过简单的测试、计算等方法获得的评价存在很多问题，主观性强、干扰因素多、缺乏科学性等。可以说，这种评价只能满足一般教学需要，不能为教学习得研究提供充分而有利的证据，特别是对汉语二语习得理论研究贡献不大。汉语水平考试(HSK)是最权威的考试系统，由国家汉办考试中心主持建立，属于水平考试，受到世界各国普遍认可。HSK 建立了自己的题库，有自己的评价体系。但它仅仅是学生汉语水平的评价，说明学生的汉语水平已经达到了某一程度，并不能反映学生具体的语言习得问题。特别是 HSK 有严格的保密制度，很难直接为汉语二语教学习得研究所用。从 HSK 考试研究情况看，考试专家关注的是考试系统的信度、效度等问题，对考试与汉语教学的关系很少研究。眼动研究正是从教学实际出发，通过合理设计阅读实验，对学生的汉语水平做出评定，直接服务于汉语教学。

除语言能力外，学生的学习心理也是语言学习过程中的重要问题。早在100多年以前，心理学家就用实验的方法研究人们在阅读时的心理活动。他们发现，学习的过程也是心理成熟的过程，反过来，成熟的学习心理对学习的效果具有积极的促进作用。比如，高水平的读者会选择合适的阅读理解策略，遇到问题会采取有效的方法进行调节，他们对自己的阅读活动有很清楚的认识，整个阅读过程都处于自我监控状态。而低水平的读者是不能做到这些的。汉语二语高级阶段的阅读心理水平处于怎样的状态？这种阅读心理状态对他们的汉语学习有哪些影响？这样的问题，到目前为止还没有见到相关研究。

由于阅读眼动研究是从西方开始的，所以研究中的各种理论模型，都是以英语为材料建立的。这说明两个方面的问题，一是汉语阅读眼动研究做得还很不够，需要不断努力，来创立以汉语为材料的阅读眼动模式。二是现在的这些眼动模型不一定适合汉语的情况。汉语是和英语完全不同的语言系统，应该进行以汉语为材料的眼动研究，为世界眼动研究做出贡献。在汉语母语眼动研究的基础上，进行汉语二语眼动研究，基本上还是一项填补空白的工作。通过这样的研究工作将揭示汉语二语阅读认知规律，为汉语认知理论的发展提供有利证据。对汉语二语进行的眼动研究是汉语认知研究的组成部分。

在我国，英语教育，包括其他外语教育，和对留学生的汉语教育同属于第二语言教育。英语学界由于与世界其他国家更直接的接触，所以对国际上各种教育理论和教育思想的接受和应用都更快、更好，对理论的研究也更多。而汉语二语相对来说，对学习理论的研究比较少，没有形成活跃的理论研究的风气，特别是对当前最受关注的认知学习理论的研究还很不够。因此，眼动研究将推动汉语二语研究领域对认知学习理论的研究。

综上所述，用眼动实验的方法进行汉语二语阅读研究，具有重大的理论与实践的意义。首先，研究可以获得一系列实证数据，这将使我们对汉语二语留学生的阅读水平、阅读能力有更充分的认识。其次，以阅读心理学理论和第二语言习得理论对数据进行定性分析，可以揭示汉语二语阅读认知理解规律，获得的研究结果不仅可以直接用于指导对外汉语教学，而且也将为习得理论的发展提供证据，推动认知习得研究的进步。第三，眼动研究以科学假设、科学实验为基础，用眼动数据作为阅读能力和语言水平的证明，是最有说服力的阅读研究方法之一。第四，用眼动实验方法进行汉语二语阅读研究，也将会给汉语二语习得研究带来新的思路、新的视角。

参考文献

[1] 白学军，沈德立．不同年级学生读课文时眼睛注意方式的研究[J]．心理科学，1996(1)．

[2] 白学军，沈德立．初级阅读者和熟练阅读者阅读课文眼动特征的比较研究[J]．心理发展与教育，1995(2)．

[3] 白学军，阎国利．儿童理解课文时眼动过程的研究[J]．天津师大学报，1993(6)．

[4] 白学军，阴国恩．有关眼动的几个理论模型[J]．心理学动态，1995(2)．

[5] 陈前瑞，赵葵欣．汉语第二语言习得[J]．汉语学习，1996(5)．

[6] 陈贤纯．外语阅读教学与心理学[M]．北京语言大学出版社，1998.

[7] 陈向阳．不同年级阅读课文和句子的眼动过程研究[D]．北京：国家图书馆博硕士论文库，2000.

[8] 陈煊之，熊蔚华．中文分析之句法历程初探[J]．心理科学，1995(6)．

[9] 陈燕丽，李勇，杨琳．话题兴趣与文本阅读眼动特征的研究[J]．心理学探新，2004(2)．

[10] 程琪龙．语言学研究的认知观[J]．汕头大学学报，1998(1)．

[11] 戴曼纯．论第二语言词汇习得研究[J]．外语教学与研究，2000(2)．

[12] 高立群．汉语把字句认知表征图式的实验研究[J]．心理科学，2004(1)．

[13] 高立群，黎静．日本留学生汉日同形词词汇通达的实验研究[J]．世界汉语教学，2005(3)．

[14] 高立群，彭聃龄．汉语形声字语音加工的前词汇通路[J]．心理科学，2005(4)．

[15] 龚少英，彭聃龄．句法意识的发展及其与阅读理解关系的研究进展[J]．心理科学，2005(2)．

[16] 郭胜春．汉语语素义在留学生生词词义获得中的作用[J]．语言教学与研究，2004(6)．

[17] 沈德立．学生汉语阅读过程的眼动研究[M]．北京：教育科学出版社，2001.

汉语国际教育硕士专业文化课教学初探

詹　颂

提　要　本文分析汉语国际教育硕士专业文化课设置方案的调整与变化，对文化课教学目的的确定及教学内容与教学方法的选择进行初步探讨。

关键词　汉语国际教育硕士　文化课　教学

2007年3月30日，国务院学位委员会办公室发布关于《汉语国际教育硕士专业学位设置方案》的通知，并设立了24所试点院校招收汉语国际教育硕士专业学位研究生。由于汉语国际教育硕士专业是一个新设置的专业，其课程设置有一个摸索与完善的过程，文化课的设置三年中亦有相应的调整与变化。

2007年9月18日，国务院学位委员会办公室在北京召开全国汉语国际教育硕士专业学位教育指导委员会成立大会，10月24日通过《汉语国际教育硕士(MTCSOL)专业学位研究生指导性培养方案》，将此专业课程分为公共课、必修课与选修课三类。在必修课中有一门文化课，即"中华文化与跨文化交际"。选修课中的文化类课程则有六门，即：中国思想史、当代中国概况、国际政治与经济专题、国别与地域文化、礼仪与公共关系及中华文化技能，但并未规定学生必选文化类选修课，因选修课还有语言类与教学类课程，学生可任从三类中选修，只需修满10学分即可，因此，学生完全可以只选修语言与教学类课程，而放弃文化类课程的学习。

"中华文化与跨文化交际"作为五门必修课之一，有详细的课程指导说明。这一指导说明阐述了课程性质、课程目标与课程基本内容，在课程安排与建议一项中，给出了课程开设时间安排的建议，并以表格形式列出了每周的教学内容，对跨文化交际部分的教学内容又以注释详加说明，并规定了必讲的基本概念与相关理论，及可选择性讲解的内容。此外，课程指导说明中还对教学方法提出了建议，并规定了课程评估与考核的方式，且列出了主要参考文献。对于任课教师而言，有如此详细的课程指导说明，教学似乎有了定心丸，但从我们的实践看，此门课的教学仍存在极大困难。

首先，本门课程实为两大块内容拼合而成，第一大块内容是中华文化与世界文明概况，第二大块内容是跨文化交际学的基本概念、基础理论及典型案例，而从教学内容的安排中看不出这两大块的有机联系，前一半文化与后一半跨文化交际截然两分。

其次，教学内容过于庞杂，教学时间紧张。以第三、第五、第六与第七个教学周的安排为例，其教学内容分别是：世界主要哲学思想与宗教文化、中国社会发展进程与重大史实、中国主要哲学思想与宗教文化及中国古典艺术精粹、民俗艺术与审美价值观，以上任一专题皆有一门课的容量，而每个专题在本门课中的教学时间仅两节课。教师若求全，则只能是概况介绍，流于肤浅；若有所侧重，则必定挂一漏万。跨文化交际部分的教学内容要想在规定教学时间内完成则更是对教师的挑战。如第十一个教学周“跨文化交际理论与案例分析之一”，课程指导规定必讲的基本理论与概念有：交际、文化、编码与译码、行为源与反应者、言语交际、非言语交际及信息内涵的同位调整及相应规则理论、结构主义理论、修辞学理论、减少不确定性理论，要在两节课时间内讲解这些概念与理论，还要进行相关的案例分析，从我们的教学实践来看，是无法完成的。而且尤其令教师苦恼的是，这些规定必讲的概念与理论有些并无太多关联，放在一起讲解不免牵强。

再次，虽然课程指导说明对每次课的内容都做出了安排，但仅是一个标题，具体的教学内容仍须教师自行选择与组织。如何根据专业性质和课程特点选择恰当的教学内容，是本门课能否达到预期教学目的的关键，而指导说明却未能对此提出有效的或方向性的指导意见。它列出的授课内容标题体现不出汉语国际教育专业特色，把它拿到中国大学的外语系亦同样适用。本门课指导说明中列出的 14 种参考文献没有任何一种与对外汉语教学有关，参考文献本可为任课教师选择教学内容提供参考，却不能发挥应有的作用。因此，无对外汉语教学经验的教师从课程指导说明中基本认识不到本课程对象的特殊性，其教学内容的选择极有可能与汉语国际教育工作脱节，达不到本门课的教学目的。

学位教育指导委员会的专家应是从各校的教学反馈中发现了“中华文化与跨文化交际”这门文化必修课程设置不当，在新的课程设置方案中，即对此门课做了较大调整，且对文化课总体做了全新的安排。新课程设置方案将全部课程类型分为核心课程、拓展课程与训练课程三种，在学位核心课程中，设置了两门文化课，即“中华文化与传播”及“跨文化交际”，亦即将原文化必修课“中华文化与跨文化交际”的两大块分成了两门课，并加上了中华文化传播的内容。这一调整把生硬捏到一处的两块内容分开，终结了原课程设置的大杂烩状态，也意味着新课程安排对文化课更为重视，在五门核心课程中，文化课占了两门，各 2 学分 36 学时，课时与学分都比原来增加了一倍。在教学指导方面，新课程设置方案则一改原来巨细无遗的全面规定与建议，完全放手，未做任何课程指导说明，仅列出一个课程名称。这在给予各培养学校更多自主权的同时，也使任课教师面临更大的压力。教师须根据课程名称自行制订教学计划，确定教学目的，选择与安排教学内容，并采取恰当的教学方法。文化课学位核心课程中的“跨文化交际”或可参考原课程指导说明，而“中华文化与传播”则须教师自行对课程进行定位。在学位拓展课程中，有四门文化类课程，即：中国思想史、国别与地域文化、中外文化交流专题及礼仪与国际关系。从学分规定看，学生可从此四门课中任选一门，获得 2 学分即可。训练课程中亦有一门文化类课程，即中华文化才艺与展示。从学分安排看，训练课程须修满 4 学分，而列出的训练课程 4 门各 1 学分，因此此门文化训练课实为学生必选课。

在无课程指导说明的情况下，如何开展新课程设置方案中的文化类课程教学，是每个学位授予学校及任课教师面临的问题。笔者以为，文化课的教学可参照《国际汉语教师标准》(以下简称《标准》)中的相关说明，也应考虑到课程性质与学生情况。

新课程设置方案虽无课程指导说明，但将其课程名称与《标准》对照，不难看出，其课程设置与国际汉语教师应具有的知识、能力与素养是相吻合的。据《标准》前言，《标准》的制定“先后聚集了海内外近百名专家和学者参与研制工作，并广泛征求了国内外专家学者和一线教师的意见”。在制定过程中“借鉴了 TESOL 等国际第二语言教学和教师研究新成果，吸收了国际汉语教师实践经验，反映了国际汉语教学的特点”。作为一个针对国际汉语教学对师资的要求而制定的标准，它对汉语国际教育硕士专业的教学亦具有指导意义。《标准》的模块二即为“文化与交际”，下分两项内容，即中国文化、中外文化比较与跨文化交际，十分全面地列出了教师在此两方面应具备的基本知识与基本能力，亦与新课程设置方案中的文化课相对应，因此，文化课的教学目的与教学内容即可依此《标准》而定。如“中华文化与传播”这门课的“传播”落脚到何处？标准 4.4 可为教师提供参考，此条标准下列基本概念范畴为：1. 汉学与传教士；2. 国外汉学研究概况；3. 所在教学国家的汉学家及汉学研究。此条标准下列基本能力为：1. 应了解汉学的概念内涵、研究对象、研究方法及发展过程；2. 应了解国外汉学研究的历史与现状，并能适当应用于教学；3. 应了解所在国家的汉学家及主要的汉学著作，并能恰当地应用于教学与交流；4. 应了解传教士对汉学研究及中国社会各方面的影响。虽然此条标准并不能涵盖中华文化传播的全部内容，但抓住了汉学这个重点，中华文化传播的教学即能兼具学术性与实用性，教师可根据学生将要前往任教的国家的情况，有重点地选择相关教学内容，避免面面俱到，无的放矢。

新课程设置方案中的三类文化课程性质各有不同，其教学方法亦应有所不同。文化类学位拓展课程重在丰富学生的知识储备，开阔视野，在教学方法上，可以讲授为主，讨论为辅。训练课程顾名思义，是要使学生掌握中华文化才艺并能展示与教授，教学方法自当以训练为主。学位拓展课程与训练课程可以聘请相关专业的教师讲授，如中国思想史、国别与地域文化及中华文化才艺与展示等课程可以借助哲学专业、地理文化专业与音乐、美术、书法等相关专业的师资力量，甚至可以直接安排汉语国际教育硕士生到相关系科选课。

文化类核心课程则应由具有对外汉语教学经验的专业教师承担，其教学内容的选择角度与教学方法亦应与上述拓展与训练课不同。即如“中华文化与传播”课中的中华文化内容虽以知识文化为主，但在教学内容的选择上则应转换视角，要使学生在掌握中华文化基本脉络的前提下，能从未来任教国的汉语学习者的角度审视中华文化，考虑在将来的教学与文化传播活动中，如何使任教国的汉语学习者了解中国人的价值观念、思维模式、行为规范、审美取向、生活情趣、宗教信仰等文化内容，并能回应其因文化差异而提出的各种质疑。比如，孝作为中国传统社会的核心价值观，为西方学生所难于理解与接受。如何使西方学生了解孝产生的文化土壤、孝在中国传统社会中存在的合理性及其社会功能以及在当代社会的继承与变化，就是汉语国际教育专业学生面临的问题，因此，本专业的学生既须掌握《孝经》等中国文化典籍的基本内容，还应对孝的观念在传统与现代社会中的表现有全面了解，并对任教国学生的相关价值取向有一定认知，方能做出有针对性的回应。有鉴于此，本门课的教学在传统的讲授与讨论法外，开展辩难式教学活动是一个可行的选择，任课教师可将学生分成两方，一方代表中国，一方代表学生未来的任教国，就相关问题展开辩论，教师要指导学生查阅相关资料，进行辩论的准备工作，并在辩论结束后进行点评与总结。

跨文化交际课程的经典教材目前皆是外语、国际关系或传播学专业的，相关案例亦皆为外语教学及商务与外事活动的案例，大多不适合汉语国际教育硕士专业的案例分析之用。虽然对外汉语教学界尚无跨文化交际课程的权威教材，但已有相关的研究论文与著作，教师应根据自身对外汉语教学经验，并参考他人研究成果，编撰适合本专业学生的讲义，在教学中应充分而合理地运用案例法，选择典型的对外汉语教学案例，恰当运用影像资料以增强直观性，营造身临其境的气氛，着重培养学生在汉语教学中的跨文化交际意识与技能。

目前汉语国际教育硕士专业学生的来源十分复杂，中国学生除来自中文、外语等专业外，亦有来自商贸、金融等专业者，外国学生虽大多来自汉语专业，但因国内外大学的课程设置不同，亦有不少学生对中国哲学等中华文化的基本知识一无所知，因此教师须根据学生的情况适当调整教学内容。在学生不具备应有的中华文化基础知识的情况下，须为其勾勒基本的知识结构框架。虽然知识积累非短期所能完成，但教师完全可以为其指出获取知识的正确方向与途径，为其将来从事汉语国际教育工作打好基础。

参考文献

[1] 教育部．汉语国际教育硕士专业学位研究生指导性培养方案[R]. 2007.

[2] 教育部．汉语国际教育硕士专业学位研究生培养必修课程指导说明[R]. 2007：22－28.

[3] 国家汉语国际推广领导小组办公室．国际汉语教师标准[M]. 北京：外语教学与研究出版社，2007：15－28.

[4] 李泉．汉语国际教育硕士培养目标与教学理念探讨[J]. 语言文字应用，2009(3)：105－112.

[5] 陈青妮．论汉语国际教育硕士专业的课程设置[J]. 曲靖师范学院学报，2008(5)：118－121.

汉语口语词汇学习的必要性

——兼谈急需挽救的汉语口语字汇

杨武元

提　要　本文通过英、汉两种语言对口语词汇的重视和推广力度的比较，并通过对常用工具书新华字典中口语词的调查统计，着重列举并分析了汉语口语词大量运用于生活中，却未能及时地进入汉语教材的现象，讨论了汉语口语词汇使用的必要性，同时发起了对挽救口语词写法的呼吁。

关键词　口语词　口语表达　口语常用字　书面语

每个国家的人都喜欢鲜活、表现力强的口语词，甚至在某些应该用口语表达的语境中，如果一个词用得不合口语习惯，还会给人一种用词不准确，说话使不上力的感觉。

下面我们可以比较一下在英、汉语中口语词使用的情况和地位：

一、英、汉语中口语词汇在教学中的地位及其在生活会话中的使用情况的审视

书店里以口语学习为主要内容的英语学习书籍和光盘铺天盖地。在各类由外教主持的英语电视教学节目中，更是大力推广口语词汇的教学，比如：《美国口语典》《洋话连篇》《北美人就这么说》《学校不教的口语》《好莱坞电影口语模仿秀》等等。

为什么英语中的口语词汇保存得很好，人们既会说又能写，不需要有人呼吁去挽救呢？主要是因为英语是拼音文字，所以他们日常所说的大量俚俗语言，人们马上就可以写出来，没有发音和书写之间的障碍，也就是通常所说的"所写即所说"。英语中的口语词不但频率极高地出现在生活对话中，也大量地运用在各种小说和电影对白之中。所以学习英语的人，常常会在这些场景中遇到大量的俚俗语，进而促进这些语言学习者们去学习、记忆。

这些口语词可以分成两类：

(一)本身是常见单词，却有一些不寻常的用法：

You are a real *card*！你真是一个活宝(电影《liar，liar》)！card 本义是纸牌，这里用来指善于引人发笑的人。

That ain't gonna *fly*. 那行不通。(电影《Madagascar》)用极常用的动词 fly(飞)的否定式表示行不通。

Thank you for *sticking* around. 谢谢您参加我们的节目。(CNN 新闻主持人语)用 Stick around 代替 stay。

You *rat* me *out*！你出卖我！(电影《View from the Top》)rat 本义老鼠，这里用 rat out 代替 betray.

What's the *damage*？多少钱？《洋话连篇英语教学节目》

此问句没有采用大家熟知的 How much is it，而换了一种口语表达法，却让很多外语学习者如坠雾中，节目中还有一个小幽默，卖东西的女孩把 damage 听成了粗话 damn it，言道："你骂人！别以为谁没学过英语！"……

(二)本身是四六级词汇大纲里没有收录或没有列为重点的，但却在口语中经常使用：

This time，it is *ironclad*. 这次铁定不变。(电影《liar，liar》)用 ironclad 这个表示包铁甲的来代替 unchangeable.

Now，*skedaddle*！现在快走吧！用这个看似复杂的 skedaddle 代替了极常用的 go。(电影《View from the Top》)

He was as *giddy* as a school boy.(美国电影《Indiana Jones》)他高兴得都有点失态了。这句话如果用普通的 happy 一词，就表达不出他当时兴奋得无法自控的样子。

Stay away from my turf！(美国电影《Madagascar》)离我的地盘远点！没有直接用 territory，而是用了一个来自体育界的词 turf。

Everyone knows that she is the boss's *stooge*.(动感英语教学节目)用 stooge 代替 flunky.

以上所列举的英语口语表达对中国学生来说，多数比较生僻，但**它们却在英语的对白中活生生地应用着，成为了我们学外语听力障碍的重要原因之一。**也突显了我们的英语词汇大纲在编纂时，存在着只从一般文字语料中归纳常用词、表达法的现象。

而在对外汉语教学中，口语词汇的教学就相对显得薄弱。课堂上教授的多数词语给人的感觉都是较正式的，一丝不苟的词汇。运用起来也显得较为刻板。甚至学生学了没多久就开始让其接触文学作品选段了，搞得学生说起话来文白夹杂，再加上如果发音还不够正确，真是会不知所云。

究其原因，(一)主要是因为中国人自古以来崇尚文学，喜欢“雅言”，因而谁说话的时候如果文辞华丽典雅，遣字用句讲究，常常备受他人羡慕和崇敬。但如果用的场合和时间不合适，效果就会适得其反。比如，有一则古代笑话说：

一个秀才晚上睡觉被蝎子蜇了，喊老婆说：“贤妻，迅燃银灯，你夫为毒虫所袭!”连说几遍，老婆不知其意。书生实在忍不住了，喊叫道：“老婆子，快点灯，蝎子蜇着我了!”老婆这才明白了丈夫的意思……

(二)是因为中国汉字不是拼音文字，较难写难认，不容易被文化素养较低的社会大众所记录，而口语词汇在书面上又运用得较少，所以这些口语词汇的写法就几近失传了，多保留在百姓的日常生活中。

将书面语和口语混杂不清一直是我们汉语教学中存在的一个很大问题。就连我们常常依据的对外汉语甲乙丙丁级词汇的分类，其实也是从报纸杂志或新闻稿件上提取统计而产生的，而这些来源里的词汇，多为书面语，是尽量避免使用俗语、口语的。所以报刊上不常见，说明不了某些词在生活中鲜活的生命力。

情景 1：某人：这个菜太咸了，简直 hōu 得慌!

情景 2：这个商店的衣服 hōu 贵，咱们换一家吧。这个 hōu 字，也是十分常用的，但较少有人写得出来：齁。(见《新华字典》齁字条)

但其实在生活中，中国人同样也酷爱着鲜活的口语词。

新产生的口语词，如近来由小品演员引入百姓生活中的动词：忽悠(口若悬河地欺骗)，是其他现有的任何词，如欺骗、诳骗、糊弄等所无法取代的，于是慢慢融入了普通百姓的日常口语中。另据报道，上海译文出版社近日推出的《汉英大词典》(第 3 版)收录了很多新鲜口语词汇，**从一个侧面说明了对外汉语教学中已经急需把鲜活的口语词汇介绍给外国留学生了。**报道称，新版汉英大词典中收录有如下一些词：“房奴”(mortgage slave)，“宅男”(Otaku)，“宅女”(Otaku girl)，“卧槽族”(job－hugging clan)，“赖校族”(campus dwellers)，“甲型 H1N1 流感”(influenza A virus subtype H1N1)等；有网络流行用语，如“躲猫猫”(hide－and－seek)，“山寨版”(cheap copy)，“装嫩”(act young)……

但生活中运用得最多的，还是那些从历史上传承下来的口语词，这些词以其精准、形象的表达，在我们的语言词汇系统中牢牢地站稳了脚跟，成为了固定词汇。

我们还可以再看一些用新华字典中找到的口语词所造的例句，来体会一下这些词汇是否为生活常用语：

这些口语词同样也可分为两类：

(一)本身是常见字：

情景3：A：你怎么了？B：我擦玻璃把指甲弄 pī（裂开）了。pī 写作：披。

情景4：A：请问去地铁的电梯在哪儿？B：你随大 liù 往前走就看到了。liù 写作“溜”。

(二)是一些不太容易写的字：

情景5：某人：我头上有一根白头发，你帮我 hāo 下来。这个 hāo 字，也是较少有人会写：薅。

情景6：A：你怎么说起天津话来了？B：我最近特喜欢天津话那个 kuǎ 味儿！kuǎ 写作“侉”。

情景7：吃完了糖葫芦别乱扔 qiān 子。qiān 写作“扦”。

情景8：A：今天他还来得了吗？B：都6点了，够 qiàng 了。qiàng 写作“戗”。

在没有较好的口语常用字字典作为语料库的情况下，我们只能选用新华字典作为我们的口语词调查来源，因为新华字典里边收录的字都是我们公认的最常用的、最常说的汉字。笔者在新华字典中搜集到了一些很值得我们重视的字汇和词汇(见附录)。为了避免方言词的干扰，凡是标有方言字样的字词都没有入选。即使如此，其中有些，恐怕即使是中国人，也只是会说而写不出来的，**尤其在这个以键盘代替笔纸的时代，若再不呼吁一下针对这些基础汉字的教育，那中华传统文化中的某些汉字，及其所承载的精微的含义，就真的会慢慢失传了。**写不出的原因，一有些是太常用的字，许多人不敢相信该含义竟然就是这个简单字，如：把腿抢破了皮的“抢”/磨剪子抢菜刀的“抢”，指甲披了的“披”；二是因为该口语词对应的汉字确实较难写一些，如打喷嚏的“嚏”。在笔者在新华字典中收集这些口语词的过程中，发现有些字在电脑基本字库里竟已经不收录了，如给婴儿换褯子的褯 jiè。小兵张嘎/生的嘎/生 gǎ。走路一跩一跩的跩 zhuǎi 等。这些口语字的写法渐渐不为人知的原因，想来就是由于人们嫌其过于俚俗，长期不屑在文章中、教学中使用，而渐渐成为生僻字。这些口语字汇在新华字典中的总数为114个，占对外汉语教学甲乙丙级字汇5168字的2.2%，占3500个常用汉字的3.3%，虽然总量不算多，但是如果留学生能在口语表达中运用其中的一些，无疑会迅速拉近与对方的文化距离，对自身的表达起到“画龙点睛”一般的效果。实际上无论是电脑打字用的汉字字库，还是前文提到的对外汉语教学中的甲乙丙级的分类，都是根据汉字在报纸杂志中的出现频率来划分的，而并不是真正从人们的口语中抓取词汇而进行的分类。所以没能把本文提到的很多字汇收录进去。

不能否认，个别口语词的使用范围较为有限，如：绗，多用于裁缝业；尥蹶子，多用于畜牧业；囊膪，多用于屠宰业，但对于想了解社会生活各个方面的语言学习者来说，掌握一点这样的词，对于能与各界人士融洽地交流，一定会是很有好处的。

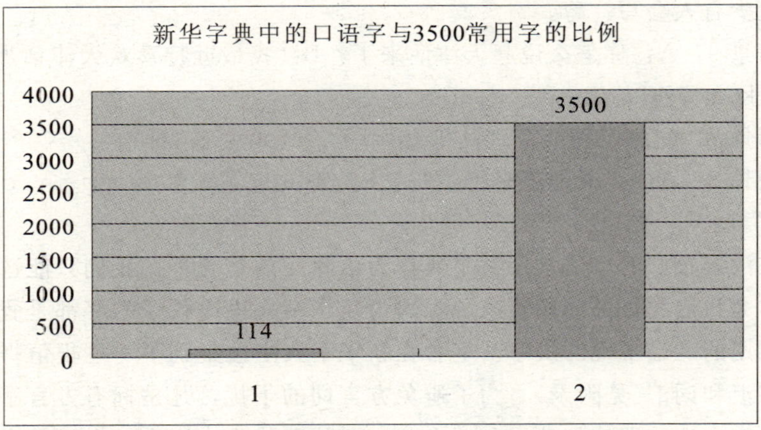

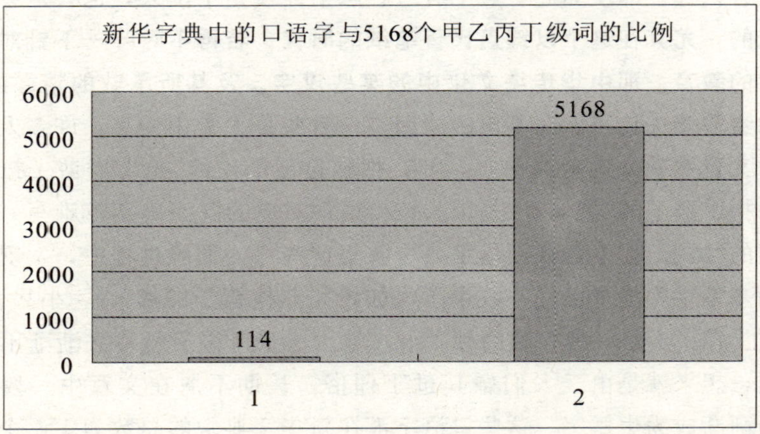

二、汉语口语词汇及表达学习的必要性

1. 对于只是想学习交流工具的外国人来说，真正对他们有用的，是我们生活中的言语，特别是当他们想深入了解中国人的生活，想听得懂地道的生活用语或电影对白时，就更要多掌握用这种口语来了解中国和中国文化。

留学生对语言的追求跟中国人是不同的，中国人可以追求雅言，**留学生的初级目标是要掌握交流的工具。而反应我们日常生活交流实际的很多口语表达，却并不是常常，甚至一直都没能出现在留学生的课本中。**

由于中国的语言文字不是拼音文字，所以不少字说起来容易，写起来难。比如：凳子或椅子下边的横木，我们都知道叫“凳子 chèng”那么这个 chèng 字，想必不是每个人都写得出来的。新华字典录为“橕”。

情景 9：后边的同学踩着前边同学的凳子橕，前边的同学抗议，就一定要这样说：请别踩我的凳子橕！如果一定回避这个橕字，难不成要说：请别踩我凳子下边的木头条/横木/木棍！

甚至有的口语词对应的汉字由于久已没有太多人会写，竟然没有被电脑的基本字库收录，如：“鹐”字。

情景 10：您怎么了？B：别提了，我打了一辈子雁，最后还是让雁把眼 qiān 了。qiān 写作“鹐”。

2. **还有一些名物的叫法，如果留学生们只是按照字典上查到的名称去聊天，恐怕能明白的人不会太多，这是有些字典在编纂的时候存在的问题。**如：这个城市每到夏天的傍晚就会在路灯下聚集很多的蝼蛄。蝼蛄的通称是喇喇蛄 lálagū。外国学生如果跟我们聊天，用字典里找到的词来问：你们这里夜晚的蝼蛄 lóugū 多吗？大概听得懂的人不会太多。笔者在做学生的时候中，跟外教学一首英文歌，歌词里有一种植物的名称，外教想尽了各种办法解释了一番之后，我们学生还是不知道是什么，最后只好拿出英汉词典，查到该词的英语解释给学生看，结果学生看了，翻译成：芫荽，对这个对译的汉语名称仍不明白。其实，用俗语翻译大家就会都明白：香菜。

另如 deoxyribonucleic acid，字典上的翻译是脱氧核糖核酸，看了翻译还是不会明白到底是什么，更谈不上去使用这个词了。其实它的缩写英文倒是很简洁明了：DNA。

3. **文学作品中也不乏这些口语词的大量运用。**俗语的最大特点就是它的通俗性和普遍流传性，有一些俗语词语本就被宋元明清甚至近代以来的百姓广泛使用，如《红楼梦》中：“还有那一句言词奉劝你，二爷的话好歹别当耳

旁风。”“动不动有人无人来上头上脸，讨人嫌更比从前说话儿疯。”另如红楼梦及其子弟书中的：挫磨、数落、贱胚子等。再如现代文学中因以口语写小说而被称为语言大师的老舍先生的小说《骆驼祥子》中：……他计划着怎样杀进他的腰(〔杀进腰〕把腰部勒得细一些。)去，好更显出他的铁扇面似的胸，与直硬的背……在他的长篇小说《赵子曰》中：“屠户门前挂着一队队的肥猪大羊，血淋淋的心肝，还没有洗干净青粪的肠子，在铁钩上悬着，嗡嗡的绿头蝇成群的抱着猪头羊尾咂一些鲜血，蝇子们的残忍贪食和非食肉不过节的人们比较，或者也没有多大的分别……拉车的舍命跑，讨债的汗流浃背，卖粽子的扯着脖吆喝，卖樱桃桑葚的一个赛一个嚎。毒花花的太阳，把路上的黑土晒的滚热，一阵旱风吹过，粽子、樱桃、桑葚全盖上一层含有马粪的灰尘。做小买卖的脸上被汗冲得黑一条白一条，好像城隍庙的小鬼……拉车的一口鲜血喷在马路上，死了，讨债的和还债的拍着胸膛吵闹，一拳，鼻子打破了。秃着脑瓢的老太太和卖粽子的为争半个铜子，老太太骂出二里多地还没解气。市场上卖大头鱼的，在腥臭一团中把一盘子煮肉用手抓着吃了……”其他如：“眼晕”、“好嚼骨”、“谱儿”“张罗”“揣起来”“拿个大顶”……民俗学家傅惜华先生曾在评价俗语时说过：“……词句虽有时近于俚浅，妇孺皆晓，然其写情则沁人心脾，写景则在人耳目，述事则如出其口；极其真善美之致。其意境之妙……殊无能与伦者也。”

在经典文言文作品中的体现如：我刚才摔了一跤，把腿抢破了皮。这个抢字在战国策卷二十五——魏四《秦王使人谓安陵君》中即有所运用：秦：“布衣之怒，亦免冠徒跣，以头抢地尔。”

4. **有些词汇，虽然日常发音常常与字典有出入，却是我们无法忽视的。我们也可以把他们归入特殊的口语词类，需要提醒师生们注意学习或者理解。**

其实这类词汇只是发音与规范过的发音有差异。这类词语的实际生活口语发音，对于某些喜爱俚俗语词，希望迅速融入中国人的文化生活中的留学生来说，还是有一定的研究和使用价值的。我们也可以探究一下这种词汇在口语中普遍存在的原因。

这些词是因为在口语中保留着古时的发音，而该字规范后的发音或者成为多音字，或者已经规范成听起来相去甚远的发音了，这从古韵书上可以找到答案。口语例：夹 gā 肢窝。夹，现代汉语既发 jiā 音，也发 gā 音。而 gā 音正是古汉语发音的遗留，《广韵》《集韵》《正韵》将其注为古狎切，《韵会》将其注为訖洽切。这个夹在这里变成了多音字。其实，j 和 g 是一对对称的演变音，古时很多发 g 音的，现在很多都规范成了 j，那么口语中保留的很多以 g 为声母的字汇就不容易被人们所熟知，同时也造成了学生们听力上的障碍和困难，口语例如：张家庄，流传下来的口语发音是张 ga/e 庄，于是慢慢有人就将其写成了张各庄（常见于地图标识中），也渐渐没人知道这个“各”本来就是“家”的本音。家，《唐韵》古牙切；口语例：手指甲儿 gàr，甲，《集韵》《韵會》古狎切《正韵》古洽切；口语例：秋天收的秫秸可以烧火。秸，《广韵》古黠切。口语例：我要把这个结解 gǎi 开，解，说文解字注为佳买切，而佳字在说文解字里正是注为古膎切。其他在口语中保留的混用发音如芥菜 jiècài/gàicài，上街 shàngjiē/shànggāi 等等不一而足。

对于这一类沿用古音的口语词，由于发音已经被重新规范化，那么当留学生在生活中或者电影对白中听到时，就需要老师能把这种发音的来源解释清楚，而不是简单地将其归为方言土语一棍子打死。而对于某些希望以地道的口语接入本地人生活的留学生来说，言谈中保留一些这类看似被字典纠偏过的发音，确实能起到拉近双方距离的作用。而其中某些字音的人为的规范化，说不定过一段时期还是拗不过社会约定俗成的力量，或教育部门为了保持传统文化一脉相承性，使古代诗词韵文读起来更朗朗上口，而重新改回它们古代的发音，也未可知，就如呆板 áibǎn 被迫改回 dāibǎn，确凿 quèzuò 被迫改回 quèzáo，照片 zhàopiàn 部分地（一些口语教材）被改回 zhàopiān 一样。

5. **口语词并不一定就是粗俗语的别名。**如在口语中，我们把早晨起床后眼角出现的分泌物叫作“眵目糊”（见《新华字典》眵字条），这个叫法比一般人所说的“眼屎”听起来要文明得多。

6. **有些口语词的精微传神表达效果或独到的含义，是其他近义词无法取代的。**

如前文所引用的抢破了皮的“抢”，《现代汉语词典》释为：刮掉或擦掉物体表面的一层。这个含义跟一般的“擦”、“碰”所表达的意思是有距离的。“眵目糊”具有栩栩如生的形象性，也是具有独到的表达效果的。另如饼铛子，《高级汉语词典》释为：烙饼或做菜用的平底浅锅。如果因为不会说而一概叫成它的总称——锅，就抹杀了饼铛子这个词所包含的独到的涵义了。

在我们的对外汉语教学口语教学和对中国孩子的语文教学中，多学习一些这样的字汇和词汇，不但可以使学生们的语言更准确、更地道，同时也能把我们祖先创造的丰富多彩的表达言语继承、流传下去，而不至于最后大家都只会说一些文绉绉的书面语，而连一些常用的日常用语都说不好、写不出来。

还有一点就是，留学生在学习汉语的时候，当听到老师或中国人说了一个字之后，又特别喜欢问：老师，这个字怎么写？

那么如果连中文教师都只会说不会写这些汉字，怎么能指望外国学生掌握这些字的用法和写法呢？那么很多本科毕业甚至于研究生毕业的留学生语言表达都有问题，全世界都高呼“中文难”，对口语词的了解不够，应该也是重要原因之一。

其实，有的口语词并不一定比其同义词难写或难记。如例句：你今天穿得像一个肋膩 lēde 兵。这句话中的肋膩，很多人将其写为邋遢（《高级汉语典》指其为同义词），其实反而更难写了。另如陀螺，在口语中说成“尜 gá”，是个极好的会意字，用小、大、小三个字形象地表明了这种儿童玩具的样子，既形象又简单又好记。

总之，通过我们的比较、调查统计研究可以看出，在口语教学中，不但不应将口语与书面语教学混为一谈，还应该注意继承常用口语词的用法和写法，这样既可以继承发扬 5000 年的传统汉字文化，又能增强学生的语言表现力。

参考文献

[1] 许慎. 说文解字[M]. 北京：中华书局，2004.
[2] 周祖谟. 唐五代韵书集存[M]. 北京：中华书局，1983.
[3] 广韵[M]. 上海：上海古籍出版社，1982.
[4] 康熙字典. 北京：中华书局，2004.
[5] 新华字典. 北京：商务印书馆，2004.
[6] 汉语大字典. 武汉：湖北辞书出版社，成都：四川辞书出版社，1990.
[7] 现代汉语词典. 北京：商务印书馆，1979.
[8] 高级汉语词典. 海口：海南出版社，1996.
[9] 红楼梦. 北京：人民文学出版社，1996.
[10] 老舍. 骆驼祥子. 北京：人民文学出版社，1981.
[11] 老舍. 赵子曰. 北京：商务印书馆，1928.
[12] 老舍. 正红旗下. 北京：人民文学出版社，1980.
[13] 东方友人. 英语教学光盘《洋话连篇》. 北京：知识出版社，2003.

第二部分
汉语本体研究

古代汉语特殊语序的两个问题

王春辉

提　要　古代汉语的特殊语序呈现出的是相对标记模式。古代汉语中疑问句、否定句中代词作宾语前置的语序变化与谓语－主语、中心语－状语等语序的变化是两种类型的特殊语序，应该予以区分。特殊语序是古代汉语和现代汉语中都存在的语言现象，通过与现代汉语中的特殊语序进行比照，能帮助我们加深对特殊语序这一现象的了解和认识。

关键词　特殊语序　有标记　无标记　对比

一、引　言

大多数学者都接受这一观点，即由于汉语中的形态(morphology)变化很少，因此语序和虚词成为汉语中重要的语法手段。语序在汉语语法研究中有着极其重要的地位，它自古以来都是语言学家关注的核心问题之一。

从历时的层面来看，从古代到现代"汉语的词序并没有多大的变化"(王力 1980：355)[①]，一般的语序都是主语在前，谓语在后；述语在前，宾语或者补语在后；作修饰语的定语或状语在前，中心语在后。但是也不能说完全没有变化，毕竟变化或者说演变才是语言的本质特性。从共时的层面看，无论是在现代汉语还是在古代汉语中，在无标记的(unmarked)语序之外，总会有一些有标记的(marked)语序，学者们一般称之为"特殊语序"。比如在古代汉语和现代汉语中都有谓语放于主语之前的句子，或者定语后置的句子等。本文所讨论的就是古代汉语中的特殊语序的几个问题。[②]

二、分清两种类型的特殊语序

从理论上说，其实特殊语序这个大系统有两种类型，它们处于不同层面。

(一)第一类特殊语序

第一类特殊语序就是那些由于表达、修辞、语用等的需要而临时改变的语序，比如谓语置于主语之前(例1)；定语远离中心语置于句首或后置(例2)；代词作宾语在肯定句中前置(例3)。这些都是有标记语序，它们都有一个无标记语序与之对应。这种类型的特殊语序，古今如一(详见下文第三部分的讨论)。

(1)甚矣，吾衰也！久矣，吾不复梦见周公！(《论语·述而》)

(2)李太后，平亲王之大母也。(《史记·梁孝王世家》)

(3)民献有十夫予翼。(《书·大诰》)

(二)第二类特殊语序

但是另一类所谓的特殊语序却不是这样。古代汉语中，疑问句和否定句中代词作宾语要提前，这是一种特殊语序，如例(4)(5)所示。

(4)吾谁与为亲？(《庄子·齐物论》)

(5)诸侯之乱，吾未之学也。(《孟子·滕文公上》)

而我们之所以说它们是特殊语序，是从现代汉语的视角把它们放在汉语语序的总框架里面说的，即汉语里宾语要置于动词(或介词)的后面。这一点与上文第一类特殊语序相同。但是如果我们仅考虑古代汉语里疑问句或否定句中代词作宾语时的位置这一类情况，我们就会看到，古代汉语里没有一个与之相对应的无标记语序。王力先生指出："有人认为疑问代词宾语和否定句代词宾语放在动词前面的句子是'倒装句'，那是不对的，因为依照先秦正常的语法结构正是应该这样。假定在先秦史料中发现'吾欺谁'、'莫毒余'等，那才应该认为'倒装句'，因为那种结构不是正常的。"(王力 1980：364)刘景农先生也指出："否定句大多数要倒装，但也有偶然顺说的……至于疑问句，我们认为倒装，完全是从现代语法角度来看的，其实它在文言本来就是这样的表达法(如疑问代词作宾语必居动词或介词前等)，很少有例外的顺说形式。"(刘景农 1994：164)

这一类型的特殊语序与现代汉语中的一种情形类似，就是现代汉语中宾语如果在指称上是定指(例6)，或者任指(例7)，那么它就要被置于动词的前面，并且是不能后移的。这种宾语前置本身就是无标记的，而且它没有有标记的对应形式。

(6)这些人我都认识。

(7)我那个朋友什么都不懂。

小结一下，第一种类型在古代汉语的共时体系中有其相应的无标记形式，它们是有标记形式；而第二种类型在古代汉语的共时体系中本身就是无标记形式，与之相对的语序则是有标记形式，我们之所以说它是特殊语序，完全是从现代汉语的视角得出的结论，这一情形如下表一所示。认清这一点，有助于我们更好地理解古代汉语，更好地把握古代汉语及现代汉语的语序特点。

表 1　两类特殊语序的相对标记性

	从古代汉语的视角	从现代汉语的视角
第一类	有标记	有标记
第二类	无标记	有标记

三、与现代汉语对比的古代汉语特殊语序

特殊语序在古代和现代汉语中都存在。在与现代汉语特殊语序的对比中来重新审视古代汉语的特殊语序，有助于加深对古代汉语特殊语序的认识，对历时地考察汉语的发展变化也大有裨益。下文将给出特殊语序的主要类型，并进行古今对比。

(一)主语和谓语的语序变化

古代汉语中的主语和谓语的语序变化主要出现在感叹句和疑问句中，如：

(8)宜乎百姓之谓我爱也！(《孟子·梁惠王上》)

(9)仁夫，公子重耳。(《左传·僖公四年》)

(10)子张问：“士何如斯可谓之达矣?”子曰：“何哉，尔所谓达者?”(《论语·颜渊》)

(11)伯鱼之母死，期而犹哭，夫子闻之，曰：“谁欤，哭者?”(《礼记·檀弓上》)

现代汉语中的主谓语序变化也主要是出现在感叹句和疑问句当中，如：

(12)多么雄伟啊，长城！

(13)怎么了，老爷子?

这种形式的语序变化是由于要强调谓语部分，或是抒发某种强烈的感情，突出谓语部分这一信息焦点而进行的。

古代汉语中，陈述句里的谓语有时也可以前置，多用于描写或判断，如：

(14)君之惠，不以累臣衅鼓，使归就戮于秦。(《左传·僖公三十三年》)

(15)窃见故司空椽桓荣，宿儒盛名，冠德州里。(《后汉书·班固传》)

(16)若崩阙角稽首。(《孟子·尽心下》)

现代汉语中，陈述句里的谓语也可以前置，但多见于口语中，如：

(17)我不想买了，那茄子。

(18)找到了，我的书。

在现代汉语口语中，祈使句里的主语和谓语也可以进行语序的变换，如：

(19)快走啊，你们。

(20)别说话了，大家。

(二)动词(或介词)与其宾语的语序变化

宾语的语序变化是古代汉语语序变化的主要部分。下文将它分成几个小类来进行考察。

1. 疑问句中代词宾语前置。其中又可以分为动词宾语的前置(例 21-22)和介词宾语的前置(例 23-25)，如：

(21)孟尝君曰："客何好？"(《战国策·齐策四》)

(22)寡人有子未知其谁立焉？(《左传·闵公二年》)

(23)吾谁与为亲？(《庄子·齐物论》)

(24)曷为久居此围城之中而不去也？(《战国策·赵策》)

(25)蛹以为母，娥以为父。(《荀子·赋·蚕》)

疑问句里面代词作宾语前置是古代汉语里的一种特殊语序，而且正如前文所说，疑问代词作宾语前置恰才是古代汉语中的正常语序。到了现代汉语，这种特殊语序已经不用了。

2. 否定句中的代词宾语前置。古代汉语中的否定句，指的是用否定词"不、未、勿、毋、弗、莫"等构成的表示否定的句子，如：

(26)今郑人贪赖其田，而不与我，我若求之，其与我乎？(《左传·昭公十二年》)

(27)诸侯之乱，吾未之学也。(《孟子·滕文公上》)

(28)伯有之乱，以大国之事，而未尔讨也。(《论语·学而》)

否定句中代词作宾语也有不倒装的，和今天的语序一样，但这是个别现象，如：

(29)其未得之也患得之。(《论语·阳货》)

(30)知我者，谓我心忧。不知我者，谓我何求。(《诗·王风·黍离》)

(31)今子鲁囚也，吾弗敬子矣。(《左传·庄公十一年》)

同疑问代词宾语前置的情形一样，这样的语序在古代汉语中是无标记的。这种形式的语序变化到了现代汉语中，除了在一些成语或常用语中还存在残余形式外（如32），也已经消失了。现代汉语中，宾语要置于否定副词和动词的后面。

(32)时不我待。

3. 以复指代词为标记的宾语前置。就是将宾语提前，之后用“之、是、实、焉、于”等特殊指示代词将其复制，于是就构成了有标记的宾语前置。如：

(33)我，一人之为，非为楚也。(《左传・襄公二十八年》)

(34)非子之爱，而浦之爱。(《左传・宣公十二年》)

(35)不务张其义，齐其信，唯利之求。(《荀子・王霸》)

(36)戎狄是膺，荆舒是惩。(《诗・鲁颂・閟宫》)

(37)臣闻之：“鬼神非人实亲，唯德是依。”(《左传・僖公五年》)

(38)我周之东迁，晋郑焉依。(《左传・隐公元年》)

(39)赫赫南仲，猃狁于襄。(《诗・小雅・出车》)

到了现代汉语里，这种以复指代词为标记的宾语前置已经没有了。但是却也还有一些宾语前置的句子可以看做是有标记的。比如例(40)(41)中，都是宾语前面用“一”，后边有否定词“不”或“没有”等构成“一…也(都)不/没有…”的宾语前置格式。还有像如(42)(43)这些句子里，都是语序提前的表多数的宾语后面有范围副词“都”相应。这几种现代汉语中的宾语前置现象可以看做是有标记的。

(40)他一个人都不认识。

(41)一句好听的话也没说。

(42)村里的人他都认识。

(43)那些题他都做了。

4. 肯定句中介词宾语的语序变化。这里以介词“于”和“以”为例。

(44)谚所谓“室于怒，市于色”者，楚之谓矣。(《左传・昭公十九年》)

(45)七日不克，比尔乎取之。(“乎”用法同“于”)(《左传・襄公十年》)

(46)我之不共，鲁故之以。(《左传・昭公十三年》)

(47)毛得必之，是昆吾稔之日也，侈故之以。(《左传・昭公十八年》)

这是一种比以上几种语序变化都要复杂的特殊语序变化，到了现代汉语中也没有了。不过现代汉语中却有介词和宾语构成一个介宾短语，从而将动词宾语提前的，如下两个“把”字句：

(48)小猫把茶杯打碎了。

(49)他们把敌人打跑了。

(三)定语和中心语的语序变化

下文将分两种情况来考察:

1. 定语远离中心语置于句首。如:

(50)六二,亿丧贝。(《周易·震》)

(51)平原君,翩翩浊世之佳公子也。(《史记·平原君列传》)

(52)思鲁等第四舅母,亲吴郡张建女也。(《颜氏家训·风操》)

这种形式的有标记语序,现代汉语中也有。如:

(53)花也不很多,圆圆的排成一个圈,不很精神,倒也整齐。

(54)咱们热热的来壶茶喝。

(55)红的,白的,蓝的,黄的,有好多好多的气球。

2. 定语置于中心语之后。在古代汉语中,定语后置有形式上的标记。一种是定语前加"之"字使定语后置。如:

(56)固国不以山溪之险,威天下不以兵戈之利。(《孟子·公孙丑下》)

(57)带长铗之陆离兮,冠切云之崔嵬。(《楚辞·九章·涉江》)

(58)蚓无爪牙之利,筋骨之强,上食埃土,下饮黄泉,用心一也。(《荀子·劝学》)

另一种是定语后加"者"字使定语后置。如:

(59)请益其车骑壮士可为足下辅翼者。(《史记·刺客列传》)

(60)晋悼夫人食舆人之城杞者。(《左传·襄公三十年》)

(61)马之千里者,一食或尽粟一石。(《杂说四》)

(62)使吏召诸民当偿者,悉来合券。(《战国策·齐策》)

现代汉语中也有定语后置现象,不过已不再使用像如"之""者"这样的形式标记,而是直接将定语放在中心语的后面。如:

(63)我还期待着新的东西到来,无名的,意外的。

(64)我们要坚决和党内的机会主义作斗争,左的和右的。

(65)河的两岸有很多好看的石子儿,长的,圆的,粉红的,雪白的。

(四)状语和中心语的语序变化

古代汉语中,状语和中心语的语序变化可以分为两种情况:

1. 一种是状语在前,但远离中心语。如:

(66)尧舜者,至天下之善教化者也。(置于谓语部分之首)(《荀子·正论》)

(67)身与士卒平分粮食，最比其羸弱者。(置于分句之首)(《史记·司马穰苴列传》)

(68)纷吾既有此内美兮，又重之以修能。(置于句首)(《楚辞·离骚》)

这种语序变化现代汉语中也大量存在。如：

(69)悄悄地，她走到他背后。

(70)在战略上，我们要藐视敌人；在战术上，我们要重视敌人。

(71)田野里，他们跳着笑着。

2. 第二种情况是状语置于中心语之后。如：

(72)臣闻之怛然，痛心伤剥，窃怀忧国，不忘须臾。(《后汉书·谯玄传》)

(73)幽寻得此地，讵有一人曾？(《韦给事山居》)

(74)发而不中，则不怨胜己者，求反诸己而已。(《唐石经礼记·射义》)

这种特殊语序在古代汉语中并不常见。现代汉语中也有状语后置的句子。如：

(75)如果我能够，我要写下我的悔恨和悲哀，为君子，为自己。

(76)老王回来了，也许。

以上就是古代汉语中主要的特殊语序。现代汉语中还有一种特殊语序，是古代汉语中很少见，甚至没有的，就是述语和补语语序变化的句子。现代汉语中，有的时候为了凸显动作的动量，动量补语有时也可置于述语之前。这种前置的动量补语只有当句子中的其他成分有与它相呼应的成分时才能成立。如：

(77)一次讲不明白，就讲两次、三次，直到明白为止。

(78)一趟去请不了来，就去两趟。

四、小结

通过上面的论述，我们可以归纳出以下事实：

1. 与现代汉语类似，古代汉语中，特殊语序中的前置成分时意义的重心，是强调的对象，语句重音也一定在前置成分上。也就是说，除了像疑问句或否定句中代词作宾语前置的那两种情况外(因为它们本身就是无标记的)，语序的变动绝大多数情况下是突出或强调某成分的需要；

2. 在与现代汉语的对比中，我们可以看到：从古代到现代，汉语的语序并没有发生很大的改变，即使是在特殊语序这一领域，古代和现代也基本是一致的，不一致的也只是在表现形式上。如下表 2 的对比所示。

表2　古今特殊语序对比表

	古代汉语	现代汉语
主谓语序变化	＋(感叹句、疑问句中)	＋(陈述、祈使句也可以)
疑问句中代词宾语前置	＋	—
否定句中代词宾语前置	＋	—
复指代词式宾语前置	＋	—
肯定句中介词宾语提前	＋	—/＋
定语远离中心语在句首	＋	＋
定语在中心语后	＋	＋
状语在前远离中心语	＋	＋
状语在中心语之后	＋	＋

附注：

①王力先生所说的“词序”相当于本文所讨论的“语序”。

②本文所说的语序仅限于单句的语序，复句的语序则不在本文讨论范围之内。

参考文献

[1] 楚永安编著．古代汉语表达例话[M]．北京：中国青年出版社，1994.

[2] 崔应贤等著．现代汉语定语的语序认知研究[M]．北京：中国社会科学出版社，2002.

[3] 范晓．关于汉语的语序问题(一)[J]．《汉语学习》，2001(5)：1－12.

[4] 范晓．关于汉语的语序问题(二)[J]．《汉语学习》，2001(6)：18－28.

[5] 范晓主编．汉语的句子类型[M]．太原：书海出版社，1998.

[6] 郭攀．汉语特殊语序的古今名称问题[J]．《华中师范大学学报》，2003(3)：115－119.

[7] 何乐士、赵克勤等著．实用古代汉语教程[M]．北京：北京出版社，1991.

[8] 刘景农．汉语文言语法[M]．北京：中华书局，1994.

[9] 陆俭明．汉语口语句法里的易位现象[J]．《中国语文》，1980(1)：28－41.

[10] 沈祥源主编．古代汉语[M]．武汉：武汉大学出版社，1998.

[11] 王力．汉语史稿[M]．北京：中华书局，1980.

"S当NP_1NP_2"句式简析

孙红玲

提　要　本文从"你可别当他傻瓜"变换为把字句引出的疑问出发，根据"当"的语义确定与之相应的句式结构，在此基础上借鉴论元理论的研究成果，通过变换分析的研究方法对现代汉语中的"S当NP_1NP_2"句式进行了细致的分析。认为，现代汉语中的"S当NP_1NP_2"句式应当来源于"S当NP_1是NP_2"句式，两种句式中的"当"都有两种可能的词义，而词义的不同又制约着与把字句之间的变换关系。"S当NP_1NP_2"句子结构的实质是"当"带小句宾语，其中的NP_2是非论元性名词组。

关键词　变换分析　论元性　非论元性

一、问题的提出

本文所说的"S当NP_1NP_2"句式主要指以下这种句子：

(1)你可别当他傻瓜。　　　　　　你老当她孩子。

有学者把这种句子的结构看成是"当傻瓜＋他"、"当孩子＋她"，即"他"作"当傻瓜"的宾语，而"她"作"当孩子"的宾语。另外，这些句子与把字句之间存在变换关系。如例(1)中的句子可以变换为：

→　(2)你可别把他当傻瓜。　　　　　　你老把她当孩子。

我们的疑问是，变换分析要求主要动词的词义不能改变，更不能改变主要动词，那么例(1)中的"当"与例(2)中的"当"真的是同一个动词吗？例(2)中的"当"是"当做、作为"之义，这应该没有疑义，但例(1)中的"当"是何义就不好简单下结论。另外，这类句子的内部结构是否真的是"当傻瓜＋他"，也值得进一步思考。

二、"当"的词义及其对应结构

为了明确"当"的词义，我们先看《现代汉语词典》(1998)和《汉语动词用法词典》(孟琮等主编)对“当”的释义和说明。

《现代汉语词典》对“当”的释义如下：

“当”分为几个词，其中读第四声的“当”有两个：当$_1$和当$_2$。当$_1$有五个义项，其中：

③作为；当做：不要把我当客人看待。

④以为；认为：我当你回去了，原来还在这儿。

为行文方便，我们暂且把作“作为；当做”之义讲的“当”记作“当$_x$”，把作“以为；认为”之义讲的“当”记作“当$_y$”。这样，《汉语动词用法词典》对二者的解释可以表示如下：

当$_x$：
- 带名宾：他一个人当两个人
- 带动宾：就当没他
- 带形宾：以次当优／以坏当好
- 带小句宾：就当他已经毕业了／就当我不知道这码事
- 其他：把别人的事当自己的事

当$_y$：
- 带名宾：我当[是]小红呢，原来是小明
- 带动宾：我当[是]没人了，原来屋里坐满了
- 带形宾：我当[是]错了，结果对了
- 带小句宾：我当他是学生呢，原来他是老师
- 杂类：我当老李呢／我当北京呢

根据两部词典的释义和说明，如果一定要用“当”结构来表达例(1)所表达的意思，那么可供选择的句式有：

- 句式1(带小句宾语)：S当$_x$ NP_1是NP_2　　例：我当你是丽丽呢。
- 句式2(把字句)：①S把NP_1当$_x$$NP_2$　　例：你可别把他当傻瓜
  - ②S把NP_1当$_x$$NP_2$＋VP例：老师把学生当自己的孩子看
- 句式3(带小句宾语)：S当$_y$$NP_1$是$NP_2$　　例：我当她是山东人呢

其实句式1和3可以合并为“S当NP_1是NP_2”。所以，可供选用的句式实际上只有两种，即把字句和“S当NP_1是NP_2”句式。

现在看来，例(2)中的句子选用的正是句式2中的①式，可见其中的“当”只能作“当做；作为”之义讲。但是与“当”各种词义对应的句式中并没有“S当NP_1NP_2”这样的句式，所以例(1)中的“S当NP_1NP_2”句式从何而来就不得而知了，而其中的“当”也就不能确定是什么词义，从例(1)到例(2)的变换也就不能随意进行。

我们以为，对各种“当”结构的分析应该分组进行。如：

$$A\begin{cases}\text{S 当 }NP_1\text{是 }NP_2 & (A_1)\\ \text{S 当 }NP_1 NP_2 & (A_2)\end{cases}\qquad B\begin{cases}\text{S 把 }NP_1\text{当 }NP_2 & (B_1)\\ \text{S 把 }NP_1\text{当成 }NP_2 & (B_2)\\ \text{S 把 }NP_1\text{当 }NP_2+VP & (B_3)\end{cases}$$

顾阳(2001)曾经运用论元理论对B组中的B_1和B_2作了相关分析①，我们感兴趣的是A组两种结构之间可能的关系，以及A组中NP_2的论元性与非论元性问题。

三、"S当NP_1NP_2"的来源

我们注意到，例(1)中的两个句子都能变换为"S当NP_1是NP_2"句式而保持语义不变，不管其中的"当"是"当$_x$"还是"当$_y$"。例如：

你可别当他傻瓜 → 你可别当他是傻瓜

你老当她孩子→ 你老当她是孩子

这使我们想到，"S当NP_1NP_2"很有可能是从"S当NP_1是NP_2"转换来的。因为这两种结构中的"当"都有两种可能的词义，可以是"当$_x$"，也可以是"当$_y$"。为证实这一点，我们不妨再看些例子。

(3)我当你山东人呢 → 我当你是山东人呢

(4)你当我"二百五"呀 → 你当我是"二百五"呀

(5)你可别当老王阿Q → 你可别当老王是阿Q

(6)他总当音音孩子 → 他总当音音是孩子

根据我们的观察，凡是"S当NP_1NP_2"式的句子，都可以变换为"S当NP_1是NP_2"而不改变任何语义，所以这初步证实了我们的猜测是可能的。但是，反之让"S当NP_1是NP_2"变换为"S当NP_1NP_2"是否都是自由的呢？

(7)那孩子一直当那驴是马 → ※那孩子一直当那驴马

(8)你别总当所有的犯人都是坏人 → ※你别总当所有的犯人都坏人

可见，并不是所有的"S当NP_1是NP_2"都可以变换为"S当NP_1NP_2"。但可以肯定的是，把"S当NP_1是NP_2"看做"S当NP_1NP_2"的一个来源应该没问题。那么"S当NP_1NP_2"有没有可能来源于把字句呢？不妨再看些例句：

(9) 我当他小明呢，原来不是 → ※我把他当小明呢，原来不是

(10)我当老王河北人呢，结果不是 → ※我把老王当河北人呢，结果不是

(11)他当那东西鸟蛋呢，谁知是鸡蛋 → ※他把那东西当鸟蛋呢，谁知

① 参看沈阳、何元建、顾阳：《生成语法理论与汉语语法研究》，2001，第391页。

是鸡蛋

(12)我当你坏人呢 → ※我把你当坏人呢

看来，不是所有的"S 当 NP_1NP_2"都能变换为把字句，所以"S 当 NP_1NP_2"不可能来源于把字句，否则，它应该都能还原为把字句。

这样，"S 当 NP_1NP_2"可能的来源只能是"S 当 NP_1 是 NP_2"句式。又因为"S 当 NP_1 是 NP_2"是"S 当$_x NP_1$ 是 NP_2"和"S 当$_y NP_1$ 是 NP_2"两句式的合并，所以"S 当 NP_1 是 NP_2"中的"当"可能是"当$_x$"，也可能是"当$_y$"，那么，因此带来的结果就是"S 当 NP_1NP_2"中的"当"也是集"当$_x$"与"当$_y$"于一身，即有两种可能的词义。这正好支持了我们前面的观点，即例(1)中的"当"既可以理解成"当做；作为"之义，又可以理解成"以为；认为"之义。同时也找到了为什么可以有这两种理解的原因所在："S 当 NP_1NP_2"来源于"S 当 NP_1 是 NP_2"句式，其中的"当"集"当$_x$"与"当$_y$"于一身，有两种可能的词义。

所以，只有当"S 当 NP_1NP_2"中的"当"是"当$_x$"时，"你可别当他傻瓜"类的句子才可以变换为把字句。而因为"当$_x$"与"当$_y$"共用一个句子形式，所以一个孤立的"S 当 NP_1NP_2"形式往往掩盖了问题的实质。因而，除非有具体语境的制约或作特别说明，否则简单地认为"S 当 NP_1NP_2"可以变换为把字句，就会违背语言事实，得出片面甚至错误的结论。

四、"S 当 NP_1NP_2"和"S 当 NP_1 是 NP_2"中 NP_2 的论元性与非论元性

1. NP_2 的论元性与非论元性

既然"S 当 NP_1NP_2"是从"S 当 NP_1 是 NP_2"变换来的，而后者的用法又是"当"带小句宾语，那么认为"S 当 NP_1NP_2"也是"当"带小句宾语就无可厚非，即其中的"NP_1NP_2"实际上是一个名词谓语小句。这种现象在现代汉语中并不少见。如：

(13)这个人好人。

(14)我山东人。

(15)明天情人节。

(16)你雷锋啊？

"老王、山东人、情人节、雷锋"本身都是名词组，因为在句中作了句子的谓语，表现出强烈的谓词性，因此是非论元性的。同理，"S 当 NP_1NP_2"中的 NP_2 也是小句中的谓语，所以也就具有了这样一种谓词性特性，即是非论元性的。可见，"S 当 NP_1NP_2"中的 NP_2 是一种非论元性名词组。

至于“S当NP_1是NP_2”中的NP_2，因为“NP_1是NP_2”是小句形式，可以单独成句，NP_2充当的自然是动词“是”的宾语，因此是论元性名词组。

2. 从NP_2的论元性与非论元性看两种句式之间的变换

前面说过，“S当NP_1NP_2”变换为“S当NP_1是NP_2”是自由的，反之则受限，即“S当NP_1是NP_2”中只有一部分可以变换为“S当NP_1NP_2”。我们知道，“S当NP_1是NP_2”中的NP_2是论元性名词组，“S当NP_1NP_2”中的NP_2是非论元性词组，名词组作论元性成分是名词组的本来职责，而作非论元性成分则必是勉为其难。因此，让一个名词组作论元性名词组是无标记的、自由的，而作为非论元性名词组则是有标记的、不自由的。

知道了两种句式之间变换受限的原因，不难得出“S当NP_1是NP_2”变换为“S当NP_1NP_2”时需要的条件。先来看几组变换的实例：

(17)我当他是山东人呢 — 他山东人 → 我当他山东人呢

(18)你可别当他是傻瓜 — 他傻瓜 → 你可别当他傻瓜

(19)你别总当他是坏人 — 他坏人 → 你别总当他坏人

(20)你别总当所有的犯人是坏人 — ※所有的犯人坏人 → ※你别总当所有的犯人坏人

(21)他总当盐是糖 — ※盐糖 → ※他总当盐糖

由例句可以看出，能变换为“S当NP_1NP_2”的“S当NP_1是NP_2”有一个共同的特点，就是其中的“NP_1NP_2”总能成句。所以，当“S当NP_1是NP_2”中的NP_1和NP_2能直接成句时，“S当NP_1是NP_2”可以变换为“S当NP_1NP_2”。

另外，值得注意的是(19)和(20)两例。两句唯一的不同就是“NP_1”：一个是“他”，一个是“所有的犯人”。仅仅这一点不同，例(19)可以变换为“S当NP_1NP_2”句式，例(20)则不可以。问题的关键就在于“NP_1NP_2”能否成句：能成句就能变换，否则不能变换。所以“S当NP_1是NP_2”能否变换为“S当NP_1NP_2”绝不仅仅取决于“NP_2”，“NP_1”同样不可忽视。而这一事实再次说明，许多人把NP_2看做变换关键的做法其实是一种误导。

五、“S当NP_1NP_2”与“S＋VP＋NP_1NP_2”句式的关系

除了上文谈到的“S当NP_1NP_2”结构，还有一类句子，从形式上看也与“S当NP_1NP_2”结构非常相似。如：

(24)a. 妈妈夸她好孩子

b. 你不该骂他笨蛋

c. 我们叫他老汪

d. 大家称他英雄

e. 小明喊他哥哥

该组句子与“S当NP_1NP_2”结构的形式非常类似，用符号表示就是：S+VP+NP_1NP_2。两类句子共同的特点是：句子中都有三个名词组，一个动词组。但是形式上的相同并不代表着句子内部的结构也一致。试比较：

(25)a. 妈妈夸她　　(26)a*. 你可别当他(傻瓜)

b. 你不该骂他　　b*. 他老当她(孩子)

c. 我们都这样叫他　　c*. 我们都当他(学生)

d. 大家都这样称他　　d*. 我一直当他(坏人)

e. 小明一直这样喊他　　e*. 我从来不当他(坏人)

(24)中的句子与(25)中的句子有着极为紧密的语义联系：动词的词义没有任何改变；“VP+NP_1”的结构及语义也没有任何改变。(25)中的句子也都成立。这种情况说明，(24)和(25)两组句子中的“NP_1”都是VP的真正宾语。相比之下，(26)中的句子除非有括号内的名词性成分，否则不管动词前面加什么修饰成分，句子都不合格。这说明，“S当NP_1NP_2”这种句子的内部结构与(24)中句子的内部结构并不相同，尽管表面上的形式是一样的。(24)中的句子格式不是真正的“动词带小句宾语”格式，动词的真正宾语是NP_1。“S当NP_1NP_2”则是真正的“动词带小句宾语”格式，即动词的真正宾语是小句“NP_1NP_2”，而不是“NP_1”。为了进一步证实这一点，不妨再作几组比较：

(27)a. 我当/你走了呢，原来还在这儿

b. 你就当/我不知道这码事

c. 你就当/他已经毕业了

d. 我当/他(是)学生呢，原来他是老师

e. 你可别当/他(是)傻瓜

(28)a1. ？我们叫/他老汪　　b1. 我们叫他/老汪

a2. ？大家称/他英雄　　b2. 大家称他/英雄

a3. ？小明喊/他哥哥　　b3. 小明喊他/哥哥

(27)这组句子是典型的“当”带小句宾语格式，这在《汉语动词用法词典》中已有明确的说明。而例(28)a组句子的结构也是“动词带小句宾语”格式，可凭语感去理解这组句子，似乎很难接受，相比之下，b组这样的结构却很自然。可见，(24)这组句子的结构不宜看成“动词带小句宾语”结构，看成“动词+宾语+补足语”结构更好。

可见，把“你可别当他傻瓜”的结构看成是“当＋他傻瓜”，即“当”带小句作宾语，会比看成是“当傻瓜＋他”，即“他”是“当傻瓜”的宾语更容易令人接受。

六、结　语

通过以上的分析，本文的结论有这么几点：

第一，明确“当”的词义是对比分析“当”结构的前提，具有可比性的“当”结构应分组对比，因为它们之间的变换因“当”词义的不同而受到不同的制约。

第二，“S 当 NP_1NP_2”是从“S 当 NP_1 是 NP_2”变换来的，其中的“当”集“$当_x$”与“$当_y$”于一身，有两种可能的理解：“当做；作为”义或“以为；认为”义。“S 当 NP_1NP_2”中的 NP_2 是非论元性名词组，“S 当 NP_1 是 NP_2”中的 NP_2 是论元性名词组。当 NP_1 与 NP_2 能构成主谓关系而成句时，“S 当 NP_1 是 NP_2”可以变换为“S 当 NP_1NP_2”，否则不能变换。

第三，“S 当 NP_1NP_2”结构的实质是“当＋小句宾语”，即“NP_1NP_2”构成小句形式作“当”的宾语，而非 NP_1 作“当＋NP_2”的宾语。

参考文献

[1] 程工．语言共性论[M]．上海：上海外语教育出版社，1999.

[2] 沈阳，何远建，顾阳．生成语法理论与汉语语法研究[M]．哈尔滨：黑龙江教育出版社，2001.

[3] 石定栩．乔姆斯基的形式句法[M]．北京：北京语言文化大学出版社，2002.

[4] 徐烈炯．共性与个性——汉语语言中的争议[M]．北京：北京语言文化大学出版社，1999.

[5] 朱德熙．变换分析中的平行性原则[J]．《中国语文》，1986(2).

“颜色”的语义发展

李俊红

提　要　现代汉语的“颜色”一词是由古汉语中“颜”+“色”所构成的双音节短语转化而成的双音节词，如今可以并列使用的“颜”和“色”本义其实有截然不同的所指，“颜色”的语义经过了不同阶段的发展。在语义变化的影响下，“颜色”的构成方式也由古汉语的偏正限制结构转向了现代汉语的联合并列结构。由于意义引申和内部结构形式重组所造就的内涵已经改变的“颜色”一词，在现代汉语中不断出现新的用法，体现了社会和语言发展对语义带来的巨大影响。

关键词　“颜色”　本义　引申　结构

一、引言

现代汉语中，“给…(一)点颜色瞧瞧/看看”的用法很常见，如：

小瘪三，叫你到处乱摆摊，今天要给你点颜色看看！(《三毛流浪记》)

白嘉轩说：“给那个死(史)人一点颜色瞧瞧，骚一骚他的脸皮！”(《白鹿原》)

我看不给你点颜色瞧瞧，你不知道马王爷是六只眼！(《荒唐岁月》)

他是趁咱们之危，给咱们点儿颜色看看，就算把银子送去，孩子也未必领得回来。(《大宅门》)

由于“颜色”的特殊文化内涵，这类表达还被用来作为测试题目，考察外国人对中国语言文化的理解。在一份以第一语言非汉语者为测试对象的汉语水平考试的模拟试卷中，有这样一道听力理解题目：

听力材料：

女：小山怎么还不回家？

男：他爸爸说了，要是他考试再不及格，就给他点颜色看看。这不，今天刚发了昨天的数学考试卷子，他不敢回去。

问：小山为什么不回家？

A 数学没考好。

B 爸爸不让。

C 没拿到考试卷子。

D 他的画画得不好。

这道题目的正确答案是A。作为干扰项之一的“D他的画画得不好”显然是针对“给他点颜色看看”中的“颜色”一词所可能导致的色彩义的歧解而设计的。

中国社会科学院语言研究所词典编辑室编写的《现代汉语词典·修订本》(商务印书馆1996年版)“颜色”(yán sè)条下收有四个义项：①由物体发射、反射或透过的光波通过视觉所产生的印象；②〈书〉指面貌；容貌；③指脸上的表情；④指显示给人看的厉害的脸色或行动。其中，义项④应该是“给…(一)点颜色瞧瞧/看看”中“颜色”一词的最合理解释。

一个非常著名的中国式英语的噱头，是把“给你(一)点颜色瞧瞧/看看”(teach you a lesson)翻译作“give you some color to see see”。抛开玩笑的成分，“给你(一)点颜色瞧瞧/看看”中的“颜色”和作为color义的“颜色”到底有没有什么关系呢？

二、“颜”和“色”的本义

中国文字学史上第一部系统的字典《说文解字》是这样解释“颜”和“色”的：“颜，眉目之间也。”“色，颜气也。”从《说文解字》的释义来看，“色”强调的是内心世界的外在表露，而“颜”却指的是具体的部位，它们的语义重点是截然不同的。

关于“颜”所指的具体部位，学者们也有不同的讨论：

段玉裁《说文解字注》认为《说文解字》所谓的“眉目之间”应当是“眉之间”，“目”是后人的妄自增字。因为目之间已经是鼻茎了，而“鼻茎”义的本字是“頞”。段玉裁以为，“颜”就是医书所说的“阙”、道书所说的“上丹田”、相书所说的“印堂”。

徐灏《说文解字注笺》指出改作“眉之间”也不太合理。徐灏和《说文解字注匡谬》的作者徐承庆、《说文解字义证》的作者桂馥等人都认为“颜”应当是“额”的方言语转、指的是前额部，只不过“中夏谓之‘额’”、“汝颍淮泗之间谓之‘颜’”。根据这种看法，“颜”又成了一个方言词了。

而在实际语言中使用的“颜”，其所指部位又不限于以上两种。如“颜面无存”、“无颜见江东父老”中的“颜”似乎又指的是整个面部；而“红颜薄命”、“红颜知己”、“冲冠一怒为红颜”的“红颜”当是以两腮上方涂抹胭脂红的局部特征来指代女人，这里的“颜”显然是无论如何也不能解释为“印堂”或“前额”部位的。

三、“颜色”的连用及其语义的演变

段玉裁《说文解字注》：“凡羞媿喜忧必形于颜，谓之颜色。”这似乎说明了“颜”、“色”二字常常连用的原因。“颜色”连用表示“脸色”、“表情”义的用法至今还保留在现代日语中，如“顔色が悪い”(脸色很差)、“顔色を動かさない”(不动声色)等。

饶炯《说文解字部首订》：“‘色’为‘颜气’，犹今言‘颜色’、‘气色’是也。其实为‘颜上之气’，但俗语‘色’同‘颜’举则省‘气’、‘色’同‘气’举则省‘颜’，幸口为词，亦非别为二事。顾色者，神之表，气之所发，凡七情存中，五色见于眉目之间，即说解所谓‘颜气’也。”按照饶炯的说法，“颜色”、“气色”是一回事儿，“颜色”之说是俗语省略的结果。正是这种省略，为“颜色”由双音节短语转向双音节词、由偏正限制结构转向联合并列结构奠定了基础。

根据语言表达简省率的要求，在“色”前加“颜”有时是一种重复。“颜色”的内涵在很多时候实质上基本等同于“色”。“颜”、“色”二字之间的关系也是可离可合的，是松散的。可以用来证明这一点的是保留在成语等语汇中“颜”、“色”二字的单用，如“厚颜无耻”、“笑逐颜开”、“龙颜大怒”、“三军过后尽开颜”，“察言观色”、“大惊失色”、“谈虎色变”、“面不改色心不跳”等等。

由于“色”的语义特点是形于外，是与内在心理相对而言(如“色厉内荏”)的外部符象表现，所以又“引申为凡有形可见之称”(《说文解字注》)，“颜色”就又有了“面貌”、“形象”的意义，如“颜色憔悴、形容枯槁”(《楚辞·渔父》)。“颜色”还特别用来指称女人的“美貌”，也可抽象为“光彩照人”的“光彩”，如“回眸一笑百媚生，六宫粉黛无颜色”(《长恨歌》)。由于表达区分率的要求，“面貌”义被单用的“颜”分担并抽象为“面子”，如“颜面”、“汗颜”、“无颜见江东父老”等，“颜”的指女人美貌的这个意义也逐渐被“色”所专有，如“姿色”、“不近女色”、“秀色可餐”等。

“颜”、“色”的这种区别使用和范畴划分在现代日语中表现得也很明显，如“顔が広い”(面子广)、“顔がつぶる”(丢面子)，“色を作る”(化妆)、“色

を好む”(好色)等。日语中甚至有“色男”(美男子、情夫)的说法，“色”的使用对象不仅仅限于女人。汉语中“色”的意义后来由“女人美貌”义进一步发展，出现了“(不正当的)男女关系”的新义，如“色情服务”、“出卖色相”等，“色”从而有了贬义的感情色彩。

人有七情：“喜、怒、哀、惧、爱、恶、欲”(《礼记·礼运》)。表现在外，每一种不同的情绪一般都伴随不同的面部色彩，如兴奋时的红光满面、发怒时的脸色铁青、恐惧时的脸色煞白等等。现代汉语中有“羞红了脸”、“气得脸都绿了”之类的说法，也都表明了情绪和色彩的密切关系。这可以看做是“颜色”由“表情”义引申出“色彩”义的中间条件。

王宁《训诂学与汉语双音词的结构和意义》(1997)和董秀芳《词汇化：汉语双音词的衍生和发展》(2002)都有对“颜色”一词的相关论述。她们认为由于意义的引申发展、特别是“色彩”义的最终出现，“颜色”的内部结构被重新分析为联合式，“五颜六色”就是“颜”、“色”成为并列关系的最好证明。

其实不只“色彩”义，在“表情”这个意义上，二者已经有并列的用法，如“和颜悦色”。这个“颜”可以看做是被“色”的意义同化了。

不过，由于“颜”、“色”二字的本义所决定的意义特点，在“色彩”这个意义上“颜”与“色”的地位实际上依然不“平等”：在现代汉语中，“色”常常作为构词语素参与构成与“色彩”义有关的词语，如“彩色”、“单色”、“亮色”、“暗色”、“暖色”、“冷色”、“色泽”、“色盲”、“色弱”、“色觉”、“色调”、“流行色”等，而“颜”除了“颜料”外，很少再有其他“色彩”义的表达形式了。

四、余论

尽管经过了多次的意义发展变化和内部结构方式的重新分析，“颜色”的本义却并没有因此消失，不仅在一些书面语、甚至在口语中也得以保留。如本文开头提到的“给…(一)点颜色瞧瞧/看看”。虽然《现代汉语词典·修订本》把“③指脸上的表情”和“④指显示给人看的厉害的脸色或行动”划分成了两个义项，但实际上④其实是可以包含在③之中的。而且，①②③④四个义项都处在同一个引申系列中，是同一意义引申的不同结果。

语言总是以不断地发展变化来保存和增强它的生命力的，“颜色”作为其中的一个单词也不例外。随着语言的发展，“给…(一)点颜色瞧瞧/看看”中的对象“…”已经不再局限于人。在现代新新人类的表达中，又出现了“给厨房一点颜色瞧瞧”、“给生活一点颜色瞧瞧”之类的说法，这些说法当中的“颜色”已经不再指表情、脸色或报复、教训性质的行动，而是被用来指真正的色彩，或被抽象来指某种浪漫的情调。这时的“A 给 B(一)点颜色瞧瞧/看看”被进行了解构和重新结构，“瞧瞧/看看”的施事从 B 转换成了 A，因为“厨房”和“生活”都是没有眼睛、不可以“瞧瞧”的。或者可以说，这时的“瞧瞧/看看”已经虚化成不需要眼睛就能完成的“感觉”了。

参考文献

[1] 丁福保编纂．说文解字诂林[Z]，北京：中华书局，1988.

[2] 董秀芳．词汇化：汉语双音词的衍生和发展[M]．成都：四川民族出版社，2002.

[3] 王宁．训诂学与汉语双音词的结构和意义[J]．语言教学与研究，1997(4).

[4] 中国社会科学院语言研究所词典编辑室编．现代汉语词典(修订本)[Z]，北京：商务印书馆，1996.

汉语“名物化”问题研究述评

曹　娟

提　要　本文梳理了自《暂拟汉语教学语法系统》以来关于汉语动词名物化问题的研究成果。传统语法学时期，词义是确定词类的标准，以《暂拟汉语教学语法系统》为代表，坚持“名物化”观点；结构语法学流行时期，以朱德熙为代表，反对“名物化”说法，坚持动词形容词(词组)做主宾语“词性不变”；第三个时期，讨论布龙菲尔德向心结构理论与“N的V”的核心问题；第四个时期，形式语言学派、功能语言派、认知语言学派都用各自的理论来解释汉语“名物化”现象。

关键词　名物化　词性不变说　“N的V”的核心　以“的”为核心的DP结构

汉语动词或形容词处于句子的主语、宾语位置时，词性是否变化？因为汉语缺乏形态变化，我们不能根据词形变化来判别，所以自《马氏文通》问世以来，语法学界对这个问题的看法一直有很大的分歧。1956年出版的《暂拟汉语教学语法系统》把这种现象称为动词(形容词)名物化问题，1960年史振晔认为叫“名词化”更能体现词的语法特点变化。所以语法学界把这种现象称为动词(形容词)的“名物化”(名词化)问题。我们拟从以下几个方面做一个简要的回顾。

一、是否有名物化之争

(一)名物化说

动词性成分直接充当主语或宾语时的句法地位，一直是个极具争议性的问题。早期的分析倾向于“名词化”或“名物化”，即认为充当主语或宾语的动词已经变成了名词。

黎锦熙(1924)采用“依句辨品”的标准，认为“思想的变迁”、“律师的辩护”中“变迁”、“辩护”已转为名词。

《暂拟汉语教学语法系统》(张志公，1956：17－18)把下面三种格式作为动词形容词的特殊用法：

(i)分析是必要的。

我们重视分析。

诚实才好。

他喜欢清静。

(ii)他的来使大家很高兴。

狐狸的狡猾是很出名的。

(iii)作品分析是文学教学的重要内容。

(i)里动词形容词保留着全部的特点，所以只是动词形容词的特殊用法，而(ii)(iii)里的动词形容词失去了动词形容词的特点(或部分特点)，取得了名词的一个特点，是动词形容词的名物化用法。

史振晔(1960)认为《暂拟汉语教学语法系统》中的“名物化”提法本身难以显示词的语法特点变化的含义，因此改为“名词化”，他的研究结果是：单个儿的动词形容词作主语宾语的时候，不管它是否已经实现动词形容词的特点，都是名词化的用法；作主宾语的动词形容词带有定语时，不论其定语的性质如何，都是动词形容词的名词化用法；作主语的动词、形容词带了状语、补语和宾语之后，也是名词化的用法。而且这只是它们本身的名词化，而不是连同状、补或宾语在内的整体名词化。史振晔的观点与《暂拟汉语教学语法系统》大致相似，只是更决断些，即把上面的(i)也算作名词化。

(二)词性不变说

朱德熙(1961)认为动词、形容词作主语宾语的时候跟作别的成分的时候性质没有本质差别，对“名物化”说立论的三个方面作了批驳。首先，名物化论者所说的“事物”实际上是一般意义上的事物，不是作为语法范畴的“事物”；其次，“名物化”论者所说的用作主语、宾语的动词形容词具有的“名词的语法特点”，其实是名词、动词、形容词共有的“语法性质”，而不是区分名词跟动词形容词的“语法特征”；第三，处于主语、宾语位置上的动词、形容词丧失了动词、形容词的部分语法特点，是因为不管何类的词，当它出现在某一特定结构中的时候，所实现出来的语法特点不可能是它的所有语法特点，出现在不同结构中的同一类词，所实现出来的语法特点也不完全相同。

这篇文章影响很大，很多人认为“名物化”是从意义着眼的，而仅仅凭意义来进行语法分析是不够的，所以主流意见不再支持“名词化”或“名物化”的观点，转而主张动词性成分的功能原本就包括做主语和宾语。1981年“全国语法和语法教学讨论会”在修订《暂拟汉语教学语法系统》时取消了名物化的说法，1984年出版的《中学教学语法系统提要》中没有再提“名物化”。

（三）具体对待的观点

到了上世纪七十年代末，人们已经认识到这个问题的复杂性，不能一概而论。吕叔湘(1979)认为：“凡是在相同的条件下，同类的词都可以这样用的，不算词类转变；凡是在相同的条件下，同类的词不是都能这样用，而是决定于习惯的，是词类转变”，又指出“语义没有明显变化，但是语法特点有不同程度的改变，改变到什么程度就应该认为词类已经转变，颇难决定。这个问题主要发生在‘动词名用’上，情况相当复杂，需要专门研究。有人主张一概称为‘动名词’，以为可以解决问题。其实这是不能解决问题的，因为‘动名词’只适用于一般的‘动词名用’，不能兼指已经转变成表示动作的真正名词。例如‘挨批评’的批评只是动词名用，而‘文艺批评’的批评则是正式的名词，二者是有区别的。”

邢福义(1981)重新提出“名物化”的主张，他认为“在一定条件下，动词、形容词的词性可以临时发生某些变化。有时，动词、形容词向名词转移；有时，形容词向动词转移。这样，就出现了动词形容词名物化的现象，出现了形容词动态化的现象。”“所谓‘动词形容词的名物化’，是指动词、形容词充当主语或宾语取得了名词的一部分特点，但并未完全转化为名词。这是动词形容词在性质上向名词临时转移的现象”，包括：(1)由动词或形容词充当谓语的主谓结构，在主谓之间加“的”，成为偏正结构，用于主语部分或宾语部分，其中的动词或形容词便成为句子的主语或宾语，能回答“什么”的问题。(2)状中结构变化而来的定中偏正结构充当主语部分或宾语部分，其中的动词和形容词便是主语或宾语，能回答“什么”的问题。(3)动词充当“进行”类的动词的宾语，有时带定语，有时不带定语。(4)动词或形容词单独充当或者并列充当宾语或主语，虽不带定语，但能回答“什么”的问题。同时他指出动词或形容词充当宾语，但只能回答“怎么样”的问题时不算名物化，还有兼类的情况不能算名物化。

王维贤(1987)认为动词、形容词可以做主语、宾语，如“打是不对的”“打伤人是犯法的”等中间的VP就不必看成名物化，但“我的没有搬家”、“他的教训儿子”等是小句经过名物化转换来的。

杨成凯(1991)提出“词位”、“词例”的理论，指出要想确定词性，必须分析这个词例的形式和意义。他把不作句子谓语的谓词称为“非谓语式谓词”，然后分为A、B两类，A类如“我想明天去”中“去”，B类如“你要记住明天的教训”中“教训”，A类谓词的前边可以出现状语，不可出现定语；B类谓词前边可以出现定语，不可出现状语。他举了一个两可的例子“这本书的/地出版”，“出版”的前边加状语时（这本书的顺利地出版），它叙述事件的过程；“出版”前边加定语时（这本书的顺利的出版），它指称整个行动。虽然二者都向名词方向转化，但程度不同，前者不宜归入名词范围，只是谓词性减弱，后者已转为抽象名词。

二、“名物化”与布龙菲尔德的向心结构理论

（一）维护向心结构理论与修订向心结构理论之争

在讨论出现在主宾语位置上的动词形容词是否名物化的时候，不少人认为“这本书的出版”是个名词性短语，但是中心语“出版”是动词，这就和布龙菲尔德的向心结构理论发生了矛盾。施关淦（1981）指出：“我的穷（是人人都知道的）”“这本书的出版（是有重要意义的）”是名词性偏正结构，而其中心词（核心）被认为是动词，跟布龙菲尔德的向心结构理论相悖逆。他认为核心成分“出版”不是动词，是动名词。

此后，名物化问题重新成为研究热点，特别是“N的V”结构，因为其中心语原来是动词性成分，但整体结构却是名词性的，该如何用向心结构理论来解释，学者们各抒己见。

朱德熙（1984）认为“布龙菲尔德关于向心结构的定义是有毛病的”，布龙菲尔德完全根据语法功能给“核心”下定义，实际上“核心”这个概念跟语义密切相关。他修正了“向心结构”的定义，改写成：“向心结构指的是至少有一个直接成分与整体在语法功能上功能相同、在语义上受到相同的语义选择限制的句法结构。向心结构中与整体功能相同并且受到相同的语义选择限制的直接成分是它的核心。”他认为“技术的进步非常快”、“他的死很悲惨”、“这种谦虚是假的”这种格式动词中心语不是核心，真正的核心应该是前边充任修饰语的“的”字结构（N的）和量词组合（Q）。

陆丙甫（1984）提出用规定性标准修正向心理论：“如果结构体AB的功能取决于（不再是等同于）A或B，则A或B就是核心。”陆的意见和朱的意见基本一致，但陆又担心“他的不去”这类所谓“名物化”的问题，从规定性标准来看，决定这个结构名词性功能的是“他的”，未尝不能说它是核心。但这样处理太违背我们的语言心理。

施关淦（1988）认为朱德熙和陆丙甫对向心结构理论的修正不能服人，动

词、形容词名物化说法是有道理的。

项梦冰(1991)既同意布龙菲尔德的向心结构理论，又反对名物化的说法，认为“这本书的出版”整体是名词性的，而“出版”则是动词性的，原因是汉语的词类和句子成分的关系是错综复杂的。

胡裕树、范晓(1994)认为语义平面的“名物化”和句法平面的“名词化”应该区分，“他的笑”、“这本书的出版”、“态度的坦白”一类短语，整个短语可以说在语义平面名物化了，在句法平面名词化(变成名词性短语)了；但其中的“笑”“出版”“坦白”等，说它们在语义平面名物化了是可以的，而在句法平面它们并没有转化成名词，不是名词化。他们指出：“必须注意的是，布龙菲尔德关于向心结构的理论用于汉语是有困难的。”

(二)生成语法与向心结构理论

程工(1999)引进DP假说来解释动名词、形名词，他认为名词短语实际上是冠词的最大投射，“他的来”和“他的这种快”一样是指别词(冠词)D的最大投射，而指别词有[＋N]性，所以整个结构也有[＋N]性，而D的补足语是动词或形容词，它们的中心词有[＋V]特性。他认为布龙菲尔德的向心结构理论反映了直接成分分析法的局限性，应该修改，更好的分析方案应该使修饰语与中心语挂钩，不与整个结构发生直接的句法关系，同时又使中心语的性质通过某种方式“映现”或者说“投射”到整个结构上。这样，一个结构在整体上的语法性质由其中心词的语法性质决定，是保留了布龙菲尔德的向心结构理论的合理的内核。所以DP假说可以维持布龙菲尔德的向心结构理论中合理的内核，又可以避免名物化理论的一些弊端。

熊仲儒(2001)认为“零成分”是转换平面上的理论假设，也是结构主义语言学常用的技术手段。为了解决“名物化”问题，他建议用“零成分”这个概念，并设定了一定的证伪条件，即“NP的VP”中“V”可以带宾语可以加状语，但不可以附加任何时体成分。他认为用“零成分”既可以解释词类不变，又可以论证向心结构，更重要的是它能描写母语说话者的语感直觉。

司富珍(2002)引进CP假说，提出汉语的“的”可以是一个标句词，具有[＋N]的特点，同意程工维持布龙菲尔德向心结构说合理内核的观点，但反对将“他的来”一类结构的中心词是指别词“他的”，而认为是标句词“的”，“的”决定着以它为投射的整个短语的语法性质具有[＋N]性。

陆俭明(2003)同意司富珍的观点，认为“NP的VP”结构应该重新认识，其中心语不是VP，而是“的”，“这本书的出版”是“这本书”和“出版”中间插入“的”的“的”字结构。

司富珍(2004)认为在各种类型的 Dep(笔者理解：即传统所说的“的”字结构和“NP 的 VP”结构)里，“的”都可以看做是一个句法中心语，中心语的语类特征决定了其所在短语整体的语类特征。她认为“这本书的出版”是一种 Dep，“的”决定短语的名词性，这样既坚持“出版”是动词性成分而非名物化理论，又维护向心结构的理论，完全合乎逻辑。另外“木头的房子”也不是双核心结构，因为其核心不是“木头”，也不是“房子”，而是“的”。

熊仲儒(2005)赞成司富珍的观点，并提供了一些语料作证明。

但是，周国光(2005，2006)对司富珍、熊仲儒的观点提出质疑，认为“的出版”等根本不符合汉语说话者的语感。

三、“名物化”与“NP 的 VP”

自上世纪 80 年代以来，对“名物化”问题的讨论集中在“这本书的出版”这种“NP 的 VP”结构上，对这一结构中的每一部分都有细致的描写及解释。

(一)“NP 的 VP”中的“VP”

李宇明(1986)认为中心语“V”既有动词原来的语法性质又增加了“语法位”的性质。“语法位”指词在具体语句中所占的位置，分为主位、宾位、述位、定位、状位、补位、句末位等，这些语法位本身具有一定的语法性质。动词进入主位、宾位时，除了具有动词本身的性质外，同时增加了“主位”、“宾位”的指称性，因而前面带上了定语。所以说“N 的 V”中“V”仍是动词，只是新添了语法位的一些性质。

陈宁萍(1987)摈弃了传统的离散式词类理论，采用 Ross 的连续统理论对中心语“V”进行了分析，认为汉语动词近百年越来越多地向名词方向漂移，“N 的 V”是一个测试动词的名词性强弱的框架，凡能进入这一框架的动词均具有一定的名词性。

张伯江(1993)认为“N 的 V”整体是名词性的，其中中心词 V 又很难被证明为名词性，这种矛盾反映了汉语语法事实——动词在不同句法地位中体现出不同的动态属性，所以他考察了汉语书面语“N 的 V”结构里 V 可能实现的性质，结论是：表时间的意义的语法手段最受限制，表情态的次之，而动词自身的补充成分(宾语)和修饰性成分(状语)相对比较自由；“N 的 V”中 N 和 V 的关系没超出一般主谓结构的语义关系，以 N 是 V 施事或受事为主。

胡明扬(1996)认为，V 既保留了动词的部分特征又丧失了动词的部分特征，既取得名词的功能特征，又未取得名词的全部功能特征，所以把中心语 V 归为动名词。

詹卫东(1998)调查了《动词用法词典》的全部动词进入“N的V”的中心语V的情况，指出只有动作性弱、事件性强的动词才易被凸显，才能充当中心语V；分析了N与V的语义关系；指出“N的V”经常作主语、宾语，是名词性短语，但对充任谓语的动词有一定的要求，证明其中心语V是动词，动词的一些属性并没有完全丧失。

王冬梅(2002)用Hopper&Thompson的及物性(transitivity)理论考察了“N的V”结构中V的及物性，发现动词越是具有高级物性特征，越不易出现在该结构中，认为及物性是动词范畴化的最典型的表现，所以得出“N的V”中的V动词性较弱的结论。

沈家煊(1999)从典型范畴理论出发，认为词类的内部具有不匀称性。有的成员是典型成员，有些成员是非典型成员。词类与词类之间不是离散的而是连续的。中心语V表现出程度不等的连续统的名词化倾向。

王冬梅(2003)证明出现在宾语位置上的动词的控制度和谓宾的名物化之间存在共变关系，即动词控制度强，谓宾的名物化弱，反之，则强。

(二)“NP的VP”的句法结构及语义研究

大多数学者如前面提到的朱德熙(1982)、施关淦(1981)等都认为这是偏正结构。

姚振武(1995)认为是主谓结构，认为“N的V”是上古“N之V”的直接继承者，二者都不是名词性偏正结构，而是某种主谓结构处于非独立的、指称状态下的一个变体，其中的“的”不是名词性偏正结构的形式标志，而是这种主谓结构处于非独立的、指称状态下的一个非强制性的形式标记。

生成语言学的支持者如司富珍、陆俭明、熊仲儒等认为是主谓词组中间插入“的”字形成的名词性结构，“的”是中心语。

陈庆汉(1996)认为这是偏正结构，经常做主宾语，具有一定的名词性；但这个结构作主宾语要受一定条件限制，这些条件恰恰跟谓词性词语充当主语宾语的条件相同，说明“NP的VP”具有一定的动词性质。所以“NP的VP”具有动词和名词的双重性质，处于从动词性向名词性转化的状态之中。

詹卫东(1998)指出“N的V”在语义上“是一个整体事件性指称”。沈家煊、王冬梅、(2000)认为“N的V”是一种“参照体——目标”构式，针对目标V，人们总是选择凸显度高(同时也是信息度高、可及性高)的N充当参照体。

四、“名物化”和指称、陈述等语用研究

朱德熙(1982)将充当主语或宾语的动词性成分划为两类。简单地说，一

类动词性成分以“打太极拳是最好的运动”中的“打太极拳”为代表，“已经事物化”了，成了“指称”的对象，可以用“什么”来提问；另一类以“要天天练才学得会”中的“要天天练”为代表，没有“事物化”，是“对于动作、行为、性质、状态的陈述”，可以用“怎么样”来提问。

朱景松(1997)认为“什么”、“怎么样”事实上首先是确定外延和内涵的，“陈述”和“指称”的确定比较复杂，应该联系语境确定一个形式是指称的还是陈述的，NP与指称、VP与陈述不能简单等同。关于名物化，他认为，首先，并非所有的谓词性主、宾语都是指称性的；其次，指称属于由语境确定的语义范畴，与离开特定语境而存在的NP不能简单等同；再次，指向外延本身可以看成“事物化”，但与名词的类义所指的“事物”不在同一层次上。

郭锐(2000)指出N的V格式具有把“陈述”转化为“指称”这一功能。后来(2002)又将“陈述”和“指称”这两个概念归纳为词语本身固有的特性，作为表述功能的具体表现。认为表述功能是词语本身的性质，而不是看做语法环境的性质，“指称”表示一个对象，语义内向，一般可用“什么”提问，可以受定语修饰，“陈述”表示一个断言，语义外向，一般可用“怎么样”提问，可以受状语修饰。这样，避免了将“指称”和事物化挂钩所带来的困难。

石定栩(2005)指出指称和陈述在理论上不构成对立，用来描述这类动词性成分的功能在操作上有困难，建议以名词化和名物化来描述。但动词性成分在充当主语或宾语时的句法特性并非完全统一，所以朱德熙先生关于动词的指称功能和陈述功能的两分法是正确的。比如“我们必须注意原材料储备”中“原材料储备”是名词性短语，“储备”这个动词具有了名词的句法地位，已经“名词化”，而“我们必须注意储备原材料”中“储备原材料”是整个动词短语“名物化”了。

张伯江(1993)指出“N的V”结构做主语更常见，这种结构是汉语书面语里陈述指称化和标志已知信息的一种重要手段。尹世超(1993)指出“N的V”常常被用来作文章的标题，这种格式具有鲜明的书面语色彩，显得庄重不俗，适宜作书面语作品的标题。姚振武(1995)指出“N的V”只用于书面语不用于口语。

詹卫东(1998)认为“N的V”这种格式总是回指上文的陈述，把原来陈述表达的内容专用指称表达出来。他还指出“N的V”终究不具有主客体性质的事物，因而不容易跟其他动词性成分发生直接的语义关联。“N的V”充当话题就比较受限制。如果要使它作话题，就需要在它前面加上介词“对”这一标记。

五、总结和启示

一个世纪以来，关于“名物化”问题的讨论一直不断，总体来看，其轨迹是这样的：第一个时期：传统语法学时期，词义是确定词类的标准，以《暂拟系统》为代表，坚持“名物化”观点；第二个时期：结构语法学时期，以朱德熙为代表，反对“名物化”说法，坚持动词形容词(词组)做主宾语“词性不变”；第三个时期：讨论向心结构理论与“N 的 V”的核心问题，朱德熙和陆丙甫的观点与施关淦的观点针锋相对；第四个时期：解释时期，形式语言学派、功能语言学派、认知语言学派都用各自的理论来解释汉语“名物化”现象。这和整个语言学发展的背景也是一致的，早期的语言学重视描写和归纳，当代的语言学不仅描写语言现象，还要解释为什么语言现象是这样的。现在虽然各学派研究的角度不同，采用的方法不同，得出的观点不同，但总的来说对汉语“名物化”这一特殊现象的描写越来越细致，研究越来越深入。

关于动词“名物化”的研究，虽然学界尚未达成一致意见，但总体的趋势是放弃了用什么名词术语的争论，研究者更加注重用科学的方法对“N 的 V”作定量和定性研究，揭示了“N 的 V”的特点和功能，以及其中 N 的特点、V 的特点，笔者认为汉语中其他有争议的问题的研究可以借鉴这种注重事实而不在术语上“钻牛角尖”的方法。

参考文献

[1] 陈宁萍．现代汉语明词类的扩大[J]．中国语文，1987(5)：379－389.
[2] 陈庆汉．“N 的 V”短语的句法分析[J]．河南大学学报(社科版)，1996(4)：64－67.
[3] 陈庆汉．20 世纪“N 的 V”短语研究评析[J]．河南大学学报(社科版)，2005(5)：151－155.
[4] 程工．名物化与向心结构理论新探[J]．现代外语，1999(2)：128－144.
[5] 郭锐．表述功能的转化和“的”字的作用[J]．当代语言学，2000(1)：37－52.
[6] 郭锐．现代汉语词类研究[M]．北京：商务印书馆，2002.
[7] 胡明杨．词类问题考察[M]．北京：北京语言学院出版社，1996：248－249.
[8] 胡裕树，范晓．动词形容词的“名物化”和“名词化”[J]．中国语文，1994(2)：81－85.
[9] 胡正武．汉语动词(形容词)名物化(名词化)问题研究综述[J]．台州师专学报，1995(4)：46－51.
[10] 黎锦熙．新著国语文法[M]．北京：商务印书馆，1924/2001.
[11] 李宇明．所谓的“名物化”新解[J]．华中师范大学学报，1986(3).
[12] 陆丙甫．关于语言结构的内向、外向分类和核心的定义[C]，语法研究和探索(三)，

北京：北大出版社，1985：338－351.
[13] 陆丙甫．名物化问题异议种种[J]．语文导报，1985(7).
[14] 陆丙甫．“的”的基本功能和派生功能：从描写性到区别性再到指称性[J]．世界汉语教学，2003(1).
[15] 陆俭明．对“NP＋的＋VP”结构的重新认识[J]．中国语文 2003(5)：387－391.
[16] 吕叔湘．汉语语法分析问题[M]．北京：商务印书馆，1979.
[17] 木村英树．“的”字句的句式语义及“的”字的功能扩展[J]．中国语文，2003(4).
[18] 沈家煊．不对称和标记论[M]．南昌：江西教育出版社，1999：274－282.
[19] 沈家煊，王冬梅．“N 的 V”和“参照体——目标”构式[J]．世界汉语教学，2000(4)：25－32.
[20] 施关淦．“这本书的出版”中的“出版”的词性——从“向心结构”理论说起[J]．中国语文通讯，1981(4)：8－12.
[21] 施关淦．现代汉语里的向心结构和离心结构[J]．中国语文，1988(4)：265－273.
[22] 石定栩．动词的名词化和名物化[C]，语法研究和探索(十二)，北京：商务印书馆，2004.
[23] 石定栩．动词的“指称”功能和“陈述”功能[J]．汉语学习，2005(4)：3－10.
[24] 史振晔．试论汉语动词、形容词的名词化[J]．中国语文，1960(12)：422－425.
[25] 司富珍．汉语的标句词“的”及相关的句法问题[J]．语言教学与研究，2002(2)：35－40.
[26] 司富珍．中心语理论和汉语的 Dep[J]．当代语言学，2004(1)：26－34.
[27] 司富珍．中心语理论和“布龙菲尔德难题”[J]．当代语言学，2006(1)：60－70.
[28] 王冬梅．“N 的 V”结构中 V 的性质[J]．语言教学与研究，2002(4)：55－64.
[29] 王冬梅．动词的控制度和谓宾的名词化之间的共变关系[J]．中国语文，2003(4).
[30] 王维贤．论现代汉语动词形容词的名物化[C]，语法修辞新探，杭州：浙江教育出版社，1987.
[31] 项梦冰．论“这本书的出版”中“出版”的词性——对汉语动词、形容词“名物化”问题的再认识[J]．天津师范大学学报，1991(4)：75－80.
[32] 邢福义．词类辨难[M]．兰州：甘肃人民出版社，1981.
[33] 熊仲儒．零成分与汉语“名物化”问题[J]．现代外语，2001(3)：228－236.
[34] 熊仲儒．以“的”为核心的 DP 结构[J]．当代语言学，2005(2).
[35] 杨成凯．词类划分原则和谓词“名物化”，语法研究和探索(五)，北京：语文出版社，1991.
[36] 姚振武．汉语谓词性成分名词化的原因及规律[J]．中国语文，1996(1).
[37] 姚振武．现代汉语的“N 的 V”与上古汉语的“N 之 V”(上)(下)[J]．语文研究，1995(2)：2－9，1993(3)：26－29.
[38] 尹世超．说标题动词及相关的标题格式[J]．中国语文，1993(4)：5－6.

[39] 张志公．语法和语法教学——介绍“暂拟汉语教学法系统”，北京：人民教育出版社，1956：17－18.
[40] 詹卫东．“NP＋的＋VP”偏正结构在组句谋篇中的特点[J]．语文研究，1998(1)：16－23.
[41] 詹卫东．关于“NP＋的＋VP”偏正结构[J]．汉语学习，1998(2)：24－28.
[42] 张伯江．“N 的 V”结构的构成[J]．中国语文，1993(4)：253－259.
[43] 周国光．对《中心语理论和汉语的 Dep》一文的质疑[J]．当代语言学，2005(2)：139－147.
[44] 周国光．括号悖论和“的 X”的语感——“以‘的’为核心的 DP 结构”疑难求解[J]．当代语言学，2006(1).
[45] 朱德熙，卢甲文，马真．关于动词形容词的“名物化”问题[J]．北京大学学报(人文科学版)，1961(4)，又见朱德熙．现代汉语语法研究，北京：商务印书馆，1980：193－224.
[46] 朱德熙．关于向心结构的定义[J]．中国语文，1984(6)：401－403.
[47] 朱德熙．说“的”[J]．中国语文，1961(12).
[48] 朱德熙．语法讲义[M]．北京：商务印书馆，1982：101－102.
[49] 朱德熙．自指和转指[J]．方言，1983(1).
[50] 朱景松．陈述、指称与汉语词类理论[C]，语法研究和探索(八)，商务印书馆，1997.

说“最爱”

应晨锦

提　要　本文从意义、功能两个角度对“最爱$_1$”(“我最爱北京”)和“最爱$_2$”(“我的最爱”)作了细致比较，论证了“最爱$_2$”是名词，而不是状中结构的谓词性短语。最后指出名词“最爱”的产生是语言简约性要求的产物。

关键词　最爱　名词　意义　功能

零、引言

本文要讨论的是出现在下面例子里的“最爱”：

(1)丰田 Camry 汽车成为美国偷车贼的“最爱”。(中国新闻网)

(2)精湛别致的首饰，是每一个女孩的最爱……(水晶之恋网)

(3)“大眼睛”手机：“短信族”的最爱(《精品购物指南》)

毋庸置疑，这里“名词性词语＋的＋最爱”(下文记作“N＋的＋最爱”)是定中偏正结构，“最爱”是中心语。问题是这里“最爱”的性质是什么？还是一个状中结构的谓词性短语吗？意义有没有发生改变？

于思湘(2003)认为：上面例子中的“最爱”仍然是“状中结构的谓词性短语”；至于“N＋的＋最爱”，“从这一结构形式所体现出来的语义组合与搭配习惯的角度来审视，无疑，它不是一种常规的习惯组合”，而是“一种超越词语语义常规组合的新兴语法现象”。

我们认为这种看法值得商榷，这里的“最爱”已经跟“我最爱北京”中的“最爱”有了很大的不同；从其意义和语法功能看，它更像是一个名词，而不是状中结构的谓词性短语。下面我们将从意义和语法功能两个方面作进一步的分析论证。为了讨论的方便，我们把状中结构的“最爱”记作“最爱$_1$”，把上面例子中的“最爱”记作“最爱$_2$”。

一、从意义上看两者的不同

“爱”是个心理动词，意思是“喜欢、喜爱”；“最爱$_1$”的意思可以从组成成分中综合出来，即表示“最喜爱、最喜欢”，还是指某种心理活动。而“最爱$_2$”已经不是指某种心理活动，而是转指“最爱$_1$”的对象，指最喜爱的人或物。如“最爱$_2$”在例(1)中指美国偷车贼最喜欢偷的车；在例(2)中指女孩最喜爱的东西；在例(3)里指“短信族”最喜欢的手机。“最喜爱的人或物”这个意思不能从“最爱”的组成成分综合出来，可见“最爱$_2$”的意义已经专门化了。

而且，动词“爱”在汉语中本来就可以转指心理行为的对象，例如“忍痛割爱、横刀夺爱、令爱、旧爱、真爱”等，这些词中包含的语素“爱”都是转指动词“爱”的对象，表示“爱的人或物”。

二、从语法功能上看两者的不同

“最爱$_1$”和“最爱$_2$”的语法功能是很不相同的。

(一)“最爱$_1$”的语法功能

1.“最爱$_1$”是副词修饰动词的状中式偏正结构，“最爱$_1$”后边还可以出现名词性成分或谓词性成分，形成“最爱1＋NP/VP”的形式，其中“NP/VP”是动词“爱”的宾语。例如：

(4)我最爱父母。

(5)季陶民最爱画荷花。(汪曾祺《鉴赏家》)

2.“(N＋)最爱$_1$”加“的”后可以修饰名词性成分，这个名词性成分一般是动词“爱”的对象。例如：

(6)我对杜梅说：“我们总是把最新的这一个当作最爱的这一个。”(王朔《过把瘾就死》)

(7)我不久就离开这里，得登高一望，看看我最爱的北京！(老舍《女店员》)

3.“(N＋)最爱$_1$”加上“的”之后可以转指“某人最喜爱的某种事物”，一般充当主语。例如：

(8)张文啊，最爱的就是钱。

(9)对于儿女，他最爱的是大小姐，最不放心的也是大小姐。(老舍《且说屋里》)

(二)“最爱$_2$”的语法功能

1.“最爱$_2$”往往出现在“N＋的”之后，这里的“N”和“最爱$_2$”是领属关系；

整体充当主语、宾语、同位语。例如：

(10)《吴小莉——我的最爱是新闻》(中国新闻网)

(11)《连续夺取四大满贯桂冠后 小威的“最爱”是奥运会》(桂龙新闻网)

(12)即使很粗暴的人都会说他(她)的“最爱”是孩子。(中国青年报)

(13)一时一样的张国荣，哪一个是你的最爱呢?(搜狐网)

(14)由于纸在发明初期的“珍贵”，剪纸艺术最早开始流传于宫廷及士大夫宅邸，成为仕女们的“最爱”。(陕北在线)

(15)198元买“特工”的最爱——微型数码相机。(深圳新闻网)

(16)湖南花鼓——湖南人的最爱。(转引自于思湘(2003))

(17)我的最爱——玫瑰保湿霜。(同上)

“N＋的＋最爱$_2$”在例(10)～(12)中充当主语，在例(13)～(15)中充当宾语，在例(16)、(17)中充当同位语。于思湘(2003)认为例(16)中的“N＋的＋最爱$_2$”是充当谓语。我们认为这种分析不够妥当，因为它们相当于“我最喜欢的运动——足球”、“著名语言学家——马建忠”等结构，分析为同位语结构更加合适。

我们还找到了两个很有意思的例子：

(18)乒乓球，一直被视为中国的国球。每逢国际上重大的比赛，小小的国球便承载了国人无数的浓情与厚意。也正因为这一份感情的寄托，乒乓球也成了在校大学生的“最爱”之一。(湖南大学学生社团联合会网站，《乒乓球俱乐部》)

(19)女人问男人：“假如有两个女人，一个是你的最爱，一个是你的次爱。最爱那个不能十分确定是不是接受你，你会不会选择了次爱那个?”(李碧华《橘子不要哭》)

例(18)中“之一”出现在“最爱$_2$”的后面，例(19)中“那个”复指“最爱$_2$”，这有力地证明了“最爱$_2$”是名词。

值得注意的是，当“N＋的＋最爱$_2$”充当主语、宾语时，动词以“成为、变成、是、为、成”等系动词为多，但也不限于系动词，如例(15)中的“买”，再如：

(20)《不要老公，只要最爱》(网人武汉站)

2.“最爱$_2$”也可以单用，例如：

(21)最爱是谁，现在你问我我还不知道问谁呢?(网人武汉站，《其实最爱只有谁?》)

(22)到目前为止，我爱过4个男人，每一次都是最爱，虽然他们都不是

我的老公。(网人武汉站《不要老公，只要最爱》)

(23)2月22日，江西电视台三套《最爱是车》栏目将在南昌市新建汽车广场举办“爱车部落面对面”活动。(江南都市报)

总的来说，“最爱$_2$”一般很少单用，这可能跟它出现时间较短、还是一个新词有关。

3.“最爱$_2$”也可以直接作其他名词的定语，但是很少见。因为这样形成的结构(“最爱＋NP”)是有歧义的：既可能是述宾结构(即“最爱$_1$＋NP”)，也可能是定中偏正结构(即“最爱$_2$＋NP”)。而遇到这样的结构时，人们往往优先理解成述宾结构。例如：“最爱CD、最爱首页、最爱网站、最爱论坛、最爱社区”，我们刚看到时都以为这些是述宾结构；后来发现它们是一些网页的名称，而且网页的内容跟“最喜爱的东西”是有关联的，我们这才明白取名者命名时，取的是“最爱$_2$”，而不是“最爱$_1$”；“最爱首页”等是定中偏正结构，而不是述宾结构。

(三)从类推性上看两者的不同

“最爱$_1$”有很强的句法类推性，与“爱”同类的心理活动动词都能跟“最”组合，比如“最恨、最想、最讨厌、最喜欢、最思念”等等。而且“最＋心理活动动词”形成的短语都有跟“最爱$_1$”一样的语法分布。

“最爱$_2$”没有类推性，“最恨、最想、最讨厌、最喜欢、最思念”等都没有“最爱$_2$”的用法。

三、“最爱$_2$”宜看做名词

上面已经指出，“最爱$_2$”已经形成了新的意思——“喜爱的人或物”。而且“最爱$_2$”的意义跟“最爱$_1$(＋动词)＋的”大致相当，下面的例子就很能说明问题：

(24)假如我们从很小很小的时候起，就将自己的最爱：最爱吃的、最爱看的、最爱穿的，都一一记下。你会发现，现在的自己和以前竟然有着那么多截然相反的最爱。(网人武汉站，《谁是我一生中最爱》)

“最爱$_1$吃的(食物)”、“最爱$_1$看的(东西)”、“最爱$_1$穿的(衣物)”，都是一个人的“最爱$_2$”。现代汉语中，动词或动词性词语加上助词“的”构成名词性“的”字短语，可以转指动词的施事、受事等，如：“吃的(有两个意思：指‘吃的人’或‘吃的东西’)、我卖的(指‘卖的东西’)、拿书的”(指“拿书的人”)等。

在语法功能上，“最爱$_2$”跟“最爱$_1$”也有很大的不同。郭锐(2002)把词的表述功能分为指称、陈述、修饰和辅助四种；陈述一般是动词及动词性短语的表述功能，而指称一般是名词或名词性短语的表述功能。显然，“最爱$_1$”主要作述宾结构的述语，其表述功能是陈述；而“最爱$_2$”主要作受定语修饰的中心语、主语、宾语，其表述功能则是指称。

因此，我们认为“最爱$_2$”应该看做一个词；从其意义和功能来看，可以归入名词。而“N＋的＋最爱”只是一个普通的定中偏正结构，而不是像于思湘(2003)说的“超越词语语义常规组合的新兴语法现象”。

四、“最爱$_2$”的产生是语言简约性要求的产物

语言是人类最重要的交际工具。人类交际的需求，一方面要求语言要精密准确，能够表达丰富的思想感情；另一方面，又要求语言要经济简约，不累赘。在当今社会生活中，“最喜爱的事物”这个意念的表达日益增多，人们已经不再满足于原有的表达形式——“最爱$_1$(＋动词)＋的”这个“的”字结构，而要求用一个更加简洁明了的词来代替。因此，人们对谓词性短语“最爱$_1$”进行了重新分析，赋予其新的意义和语法功能，创造了一个新词——“最爱$_2$”。

“最爱$_2$”产生之后，人们还造出了与之相对的“次爱$_2$”(意思是“第二喜爱的人或物”)，例如：

(25)女人问男人：“假如有两个女人，一个是你的最爱，一个是你的次爱。最爱那个不能十分确定是不是接受你，你会不会选择了次爱那个?”(李碧华《橘子不要哭》)

(26)女人说：“最爱跑了，你不要次爱吗?”男人慢条斯理：“我会把次爱变成最爱。”(同上)

(27)明基蓝色魅力扫描仪，我的“次爱”！(小熊在线)

(28)篮球运动——俺的最爱！音乐——俺的次爱！(牡丹园新站)

人们在语言使用过程中对“最爱$_1$、次爱$_1$(意思是‘其次爱’)”这些原有的短语进行了重新解释，赋予新的意义，用已有的形式创造出一个新的同形词汇。这样，既能准确表达人们的思想感情，也使人们的表达更加简明扼要，不会增加记忆负担。

现在，“最爱$_2$”在报刊、网络、电视等传媒中出现的频率相当高，但在人们日常生活中还很少使用。有时使用者还常给它加上双引号，如例(1)、(11)、(12)等，可见“最爱”作为词使用的时间还比较短。香港城市大学中文翻译及语言学系的王培光教授告诉笔者，名词“最爱”在香港使用频率很高，人们口语中也常常使用，香港还有一部电影就叫《最爱》。因此名词“最爱”在

普通话中的出现和使用很可能是受到港台词汇的影响。

参考文献

[1] 郭　锐．现代汉语词类研究[M]．北京：商务印书馆，2002：84.
[2] 于思湘．“N＋的＋最爱”及其表达效果[J]．修辞学习，2003(4)：44－45.

四字骈语浅析

刘 进

提 要 本文主要研究了四字骈语的范围、来源、结构特点、使用方式及发展趋势。着重探讨了四字骈语中四个并列关系的语素的选择条件及语素之间的相互关系，尝试用重要性原则和语义对举原则来分析语序的成因。四字骈语总的发展趋势是词汇化、成语化。

关键词 四字骈语 并列 语序 语法化 词汇化 制约因素

四字骈语指由四个单音节词并列构成的四字格词语。尽管四字骈语由于受自身组合字数的限制，不能像其他语言环境中的排比那样做到“壮气势、广文意”，但在使用上同样能收到表意鲜明、节奏和谐、辞约意丰的表达效果。“辞约”是从构造的形式来说的，它省掉了一些结构成分；“意丰”是从表达的内容来说的，它达到了语义的最大限度的增值。

本文对“四字骈语”的研究范围从宽考虑，包括大部分字典上还找不到的新词，如：高新精尖、加减乘除、听说读写、吃拿卡要等，本来是松散、自由的结合，即“松联”，但在使用过程中日益紧密、趋于固定，成为约定俗成的新的四字骈语。一般的固定词汇，如：欧柳颜赵、士农工商、摸爬滚打、筋骨皮毛；甚至延伸到成语中去，如：亭台楼阁、经史子集、诗词歌赋、抑扬顿挫。

一、四字骈语的来源

四字骈语的来源多样，主要包括典故、诗词、俗语等等。来源于经史典籍的：温良恭俭让；来源于典故的：王侯将相，宁有种乎？来源于古诗词等文学作品的，如：是非功过转头空；人有悲欢离合，月有阴晴圆缺；来源于俗语的，常常是较长的俗语的概括、浓缩版，如：柴米油盐(柴米油盐酱醋茶)；煎炒烹炸(煎炒烹炸蒸煮炖)；酸甜苦辣(酸甜苦辣咸)；吃喝拉撒(吃喝拉撒睡）等。

以上的几个来源于俗语的例子均为截取前四个项目，听者马上会联想到其他的同类项。这些四字骈语各自有更加丰富、完整的形式。相对来讲，人们在使用时倾向于更多地使用“浓缩版”的四字骈语，当然与四字格接受程度更高有直接的关系。四字骈语具有高度的概括性，语义有“在某一范围中所有的项目”的概念。如：衣食住行，几乎可以涵盖生活的所有方面。这样用尽量简略的形式，表达事物的复杂、多样性，是四字骈语的表达优势。

二、四字骈语的结构特点

四字骈语，顾名思义，是四个字联合而成的词语。四个语素之间是并列关系。

并列是最简单原始的组合方式之一。构成并列短语的条件有三：1）构成成分的功能相同，甚至与整个并列短语的功能相同；2）构成成分的内部结构相同；3）构成成分的音节数目相同。

四字骈语的四个并列成分词性相同，而且联合而成的整个四字骈语的语法功能也多保持不变。主要有以下几种情况：

1. 同为动词：切磋琢磨、浆洗缝补、起承转合、渔樵耕读，整词用法相当于动词，可作谓语。

2. 同为名词：兄弟姐妹、天地人神、诗文词曲、锅碗瓢盆，整词用法相当于名词，可做主语、宾语、定语。

3. 同为形容词：博大精深、松焦酥脆、多快好省、高矮胖瘦，整词相当于形容词，可做谓语、定语、状语、补语。

4. 同为其他词性：“之乎者也”中的四个成分在文言文中本来是虚词，联合成为四字骈语后可以用如动词。也有同为区别词的，如：青红皂白，并列联合后语法性质也发生了改变。

另外，四个并列成分词性不完全相同的例外为数极少，而且至少一二、三四位置上的两个相临成分为同一词性。如：男女老少，男女同为区别词、老少同为形容词；恩威赏罚，恩威同为名词，赏罚同为动词。

三、四字骈语中四个并列关系的语素的语义选择条件

1. 四个并列关系的语素应该属于相同、相近或相对、相反的语义类别。如：语义类别相同：赤丹朱彤、行走坐卧

语义类别相近：衣食住行、忠孝节义

语义类别相对：点线面体、前后左右

语义类别相反：古今中外、抑扬顿挫

语义类别互参：功过是非、手足兄弟

语义类别顺承：融会贯通、矫揉造作

以上这些词义关系类型的共同意义特点是：两词意义相近、相反或平行，在某一可比意义上，权重相同，范围相当，语义均衡，在语义谱系或分类层次结构中，处于同一层次，并为同一上位概念或常规上位概念（有时可能是缺空）所直接统辖。这些特点是原始意合并列的联项意义条件。（马清华，2005）

所谓语义类别互参，也是语义上存在互补性的，在四字骈语中比较特殊，因为在语义上主要表现为两种关系的共存，一是异义平列关系，一是反义对举关系。如："是非功过"一二、三四位置的两个成分分别是反义对举关系；一三、二四位置则是至少是同类的，比如同为褒义词，或同为贬义词。这一类的还有"胜败输赢"等。

2. 四个并列关系的语素应该有相同的语体色彩，即同为口语词，同为书面语，或者文学用语。如：

同为口语词：吃喝玩乐、衣帽鞋袜

同为书面语：言谈举止、之乎者也

同为文学用语：悲愁怨忿、妩媚婀娜

在吃喝玩乐中，选择"喝"而不是"饮"，是因为喝和饮，理性意义距离相等而语体色彩关系有别，吃、喝的语体色彩相似度大于吃、饮，所以前一组词可紧联，而后一组则是拒紧联的。

3. 可选范围对决定选项的制约和影响

在可选的同类语义选项的数量、范围对确定选项有着制约和影响。从这个角度讲，主要有两类：穷尽式列举与非穷尽式列举。

穷尽式列举：同类别中的可选择项少于四种，其中可能有一两个语义项目由一对同义词同时出现来表现。位置不定。如：喜怒哀乐，喜与乐在这里并没有本质差别；怒和哀则属于同类、负面的情绪。"山川河岳"同样是一、四位置，二、三位置分别为同义词。类似这样的四字骈语还有"日月星辰"、"花草树木"，其中星辰、树木实际上只代表一个概念。

同类别中的可选择项恰好只有四种，全都出现在四字骈语中，如，四季：春夏秋冬；四方：东西南北；文房四宝：笔墨纸砚。同类的还有"兄弟姐妹"。

非穷尽式列举：同类别中的可选择项多于四个，而来源中已经有一个固定顺序的，固有顺序的前四位一般是优先选项。十八般兵器，我们一般只熟悉“刀枪剑戟”，最多还有“斧钺钩叉”。而“赵钱孙李”作为百家姓或中国汉族人的姓氏的代名词，也早已深入人心。

如果没有列举的固有顺序，则在同一类中选择比较重要、常见，老百姓耳熟能详的四项列举。

四、四字骈语四个语素之间的语义关系

1. 有些四字骈语中的四个语素偏旁完全相同，都属于同一语义类别。如：汹涌澎湃、杨柳松柏、呕哑嘲哳、琴瑟琵琶、魑魅魍魉、悲愁怨忿、妩媚婀娜、漂泊流浪、绫罗(羅)绸缎

2. 四个语素偏旁部分相同，都属于同一语义类别。如：煎炒烹炸，煎、烹的四点底和炒、炸的火字旁是代表同类义素的；

“雨雪霜露”中的第一个语素“雨”本身就是后面三个语素的偏旁；

“福禄寿喜”(禧)中，寿虽然是不同偏旁，但意义明显属于同类。

3. 还有一种是各语素表达的是同一种事物，按不同分类标准，并列构成四字格，如“男女老少”，表示人，各种各样的人。

这里所说的同一语义类别，并不包括词的褒贬意义。四个语素同为褒义或同为贬义的近义平列型四字骈语虽然占多数，但同样存在反义对举的情况。如：生杀予夺、爱恨情仇。另外也有“酒色财气”这种语素有褒有贬，整词褒贬意义不明显的例子。

决定并列可联性的，既有内部条件(即联项关系因素），又有外部条件(即联项之间的联系方式）。在内部条件上，既有句法或节律条件，又有语义条件。(马清华，2005)四字骈语的四个成分之间基本不涉及并列以外的句法关系，所以主要受到节律条件及语义条件的制约。

五、四字骈语中语素排列顺序的决定因素

1. 有些四字骈语保留来源的固有顺序：如来源于天干地支的四字骈语，子丑寅卯，甲乙丙丁，顺序是固定不可逆的。

2. 有些四字骈语的语素排列不仅有一定之规，而且主次分明，如“金银铜铁”，是按金属的贵重程度排列的。还有的顺序体现了更深层次的历史文化背景。比如“士农工商”。士、农、工、商四个语素的排列直接体现了一定历史时期之中这几种职业对应的身份、地位。读书人为尊，因为在儒家思想

占主导地位的封建社会中，“万般皆下品，唯有读书高”，他们随时可以通过科举考试、推荐等方式一跃龙门——当官，成为统治阶级的一员。农民在农业社会也起着不可或缺的作用，所以排在第二。读书人并不以种地为耻。不仅如此，慨叹“田园将芜胡不归”的陶渊明和曾躬耕于南阳的诸葛亮，都是读书人的典范。耕读传家更是很多世家的家训。后面依次是工匠、商人。工匠虽然不生产食物，但制作器物，地位排在不直接从事生产劳动的商人之前。这个词语代表的社会情况已经随着经济社会的发展有了巨大的改变，但是依然存在于人们的潜意识中，体现在语言词汇上，士农工商的排序虽然已经发生改变甚至颠倒，但是作为各种职业、身份的代名词，这个词仍然有着强大的生命力。

3. 四字骈语的语素排列顺序也能反映一定历史时期的尊卑观念。语言作为文化的载体，是反映民族文化的一面镜子，综观中国古代社会，等级观念和礼制联系紧密，男女老少，父母兄弟，兄弟姐妹等词语中语素不可逆的排列顺序表现了性别、辈分长幼的有序性：先男后女，长尊幼卑。

4. 语素之间的上下位关系。我们尝试用重要性原则和语义对举原则来分析语序的成因。由于语义逻辑上的限制，一般来讲，上下位关系词、交叉关系词不能构成并列关系。但是在目前使用的四字骈语中，这种例子并不少见。农牧渔林这个组合之中，农是第一位的，因为从广义来讲，牧、渔、林都可以是从于农业的第二梯次的产业部门。

除了上述的因素，上下文平仄需要，一定时间、地域的语言习惯等也制约着各语素的排列顺序。为维持语素之间的并列可联性，即各项目之间联系、结合成并列结构的能力，各种条件按一定机制互相作用和牵制。

5. 四字骈语的语音特点。

周祖谟曾指出，“在汉语里两个词并举合称的时候，两个词的先后顺序，除了同是一个声调以外，一般是按照平仄四声为序，平声字在前，仄声字在后。如果同是仄声，则以上去入为序。先上，后去、入，或先去，后入”。从语音来看，四字骈语富于音乐美。内部的平仄组配，以节奏点（二四两字）上平仄相对的居多，其中“平起仄收”式更呈现分布强势。许多四字骈语就是按“平平仄仄”格式安排其平仄搭配次序的，如“风花雪月”、“酸甜苦辣”等，音调抑扬顿挫，念起来上口，听起来悦耳。再如“江河湖海”的排列顺序不是常规的从大到小（水的面积），而是按照“声调依次”的原则，即先是阴平，再是阳平，符合汉语的发音习惯，也是更富于音乐美的方式，增强了表现力。

有的四字骈语恰当地运用了双声和叠韵，形成了一种声音的回环美。如表示生活必需品的“布帛菽粟”，前一音步（前两字）为双声；后一音步是叠韵。

语素之间虽然大多有一定的顺序，然而主次之分并非必要。

很多词的四个语素重要性是“排名不分先后”的，顺序主要由语音、习惯决定，其中不乏意义相同的同素异序词。比如东西南北——东南西北，在表达上并没有什么不同。类似的还有：荣华富贵——富贵荣华；功过是非——是非功过。

由上面的分析可以得出结论：语义选项的选择及排列顺序都不一定与重要性相关，所以表现同一类事物的四字骈语可能有不同的“版本”。如：绫罗绸缎，锦罗绸缎；鸟兽鱼虫，花鸟鱼虫等。语义选项略有差异，同一个语义选项的位置也不尽相同。

六、四字骈语的使用

由于这种结构形式对语素的特殊要求，四字骈语往往使用范围较窄，常常属于特殊的行业或活动专用的，如：“吃碰杠胡”是打麻将的“术语”；“说学逗唱”则是相声演员的四项基本功；“吹拉弹唱”是四种最为常见的音乐表演形式；“锛刨斧凿”是木匠的工具。

不少四字骈语的意义并不是像上述那些一样，是构成语素意义的简单相加，而是利用这种方式产生新的意义和用法。如：尧舜禹汤，是上古四位明君。象征意义重于实际意义，更多地用于比喻而不是实指。青红皂白，并不是像“赤丹朱彤”一样单纯意合，指各种颜色，而是衍生出新义，更接近“是非曲直”，指谁是谁非。

吃喝玩乐中的四个并列成分都是中性的实义动词，并举成为四字骈语之后衍生出抽象的语义色彩，形容人贪图享受，不思进取，是一个贬义词。

七、四字骈语的发展趋势

根据需要，人们在不断地创造新的四字骈语词汇，如一位演员可以被称为“影视歌舞”四栖明星。关于四字骈语的发展趋势，一般的预测是向成语转化，但目前受其他因素的制约，有的还将停留在口语当中相当长的时间，如上文提到的新词；也有少数带有明显时代特色的四字骈语，如“王张江姚”，指“四人帮”，只使用一段时间，已经几乎退出了历史舞台。

出现明显的转义是四字骈语词汇化的根本动因。另外，四字语音模式、成分的非独立性、高使用度，以及与成语的类比认同等多种语言内外部因素，共同促成了四字骈语的词汇化。

八、结语

通过对四字骈语的语法功能、修辞效果、词义的发展演变、造词理据等问题的探讨，可以使我们对这类汉语中独特的词汇现象有一个全面深入的认识，也可以通过历时和共时的比较研究，对这类词语未来的发展趋势作出合理预测。

参考文献

[1] 张文轩．并列式成语的四声序列[J]．兰州大学学报(社会科学版)，1991(1).
[2] 马清华．并列可联范围的扩张及其控制因素[J]．语言科学，2005(5).
[3] 安华林．"四字骈语"初探[J]．信阳师范学院学报(哲学社会科学版)，2001(1).
[4] 鲁川．汉语的根字和字族——面向知识处理的汉语基因工程[J]．汉语学习，2003(3).
[5] 刘红梅．汉语并列聚合词语研究述评[J]．济南大学学报(社会科学版)，2009(6).

体范畴和汉语进行体范畴研究述评*

梁德惠

提　要　对汉语和英语语言学关于体范畴的研究以及汉语关于进行体范畴的研究进行综合述评。体范畴的特点，第一，与事件的时间进程有关，第二，与说话人对事件的观察方式有关。汉语的体范畴研究突破了传统语言学关于体范畴的概念，将体范畴从词层面扩展到句子层面，从以动词的形态变化为标准扩大到以语义、语法、语用为标准。从历时角度看，汉语的进行体从古代至近代再到现代，存在一个从无到有的系统变化过程，从共时角度看，普通话存在词汇性和语法性的体标记，而方言中的表现形式更为丰富，用法更加多样。

关键词　综述　体范畴　汉语进行体　标记

一、关于体范畴

(一)体范畴的定义

Comrie(1976)关于体的定义是“体是观察情状的内部时间构成的不同方式”。《朗文语言教学与应用语言学词典》(2005)将体范畴“分为词汇体[①]和语法体[②]”并认为“英语有两种体，进行体和完成体”。戴耀晶(1997)认为“体是观察时间进程中的事件构成的方式”。戴耀晶之前关于体的看法是，将体看成是动词的语法范畴，如叶蜚声、徐通锵(1981)认为“体表示行为动作进行的方式，是动词特有的语法范畴”。

叶蜚声、徐通锵将体范畴落实到其语法形式上，归结为动词特有的语法范畴，此定义直接引进了西方语言学的概念，符合形态变化丰富的印欧语特

* 本文是本文作者博士论文的一部分，在论文的写作过程中，得到了导师许嘉璐先生、北京师范大学的朱小健教授、陈绂教授、张和生教授、朱瑞平教授的指导，提出了许多修改意见，在此谨致谢意。

点，但与汉语事实有出入。《朗文语言教学与应用语言学词典》(2005)从说话者的观察角度定义了体范畴，但对于体范畴的语法表现是基于印欧语特点进行的描述。Comrie 和戴耀晶从事件、时间以及观察的方式定义体范畴，是从语义和认知的角度理解体范畴。

汉语研究中，有人将一些跟时间毫无关系的语义表达也称为“体”，如“短时体[3]、尝试体、藐视体、随意体、渴望体”等，近些年一些学者[4]倾向于将其称为“貌”，译为 manner，以区别于 aspect 体，其中一些如“渴望体、藐视体”或应归为语气。“‘貌’与说话者的主观意愿有关，‘体’与事件的时间有关”。

综上，我们认为体范畴的特点如下：第一，与事件的时间进程关系密切，包括事件的开始、进行、结果以及结果的持续等；第二，与说话人对事件的观察方式有关，观察着眼于事件的内部还是外部，将事件看做一个整体还是不看做一个整体。

(二)英语和汉语的体范畴研究

1. 英语的体范畴研究

英语语言学中对于体范畴的研究，主要集中在这些方面：有在时间系统中研究视点体系统和情状体关系或和时制系统关系的研究，有对视点体系统本身的探讨，也有从试点体标记所隐含的时制意义以及语法化的历时角度出发进行探究的等等。对这些问题探究所采用的语言学理论也各不相同。所应用的理论大致有这几类：语言类型学、功能语法、认知语法、形式语义学。具代表性的有 Comrie，Smith，Olsen，下表总汇三人的系统[5]：

表 1　英语的体范畴系统

<table>
<tr><td rowspan="3">Comrie（1976）的英语体</td><td colspan="2">习惯体</td></tr>
<tr><td colspan="2">进行体/非进行体</td></tr>
<tr><td colspan="2">完成体/非完成体</td></tr>
<tr><td rowspan="3">Smith（1997）的英语视点体</td><td rowspan="2">未完整体</td><td>进行体</td></tr>
<tr><td>结果未完整体</td></tr>
<tr><td colspan="2">完整体</td></tr>
</table>

续表

<table>
<tr><td rowspan="10">Olsen(1997)的英语语法体</td><td rowspan="2">未完整体</td><td colspan="2">一般未完整体</td></tr>
<tr><td colspan="2">进行体</td></tr>
<tr><td>完整体</td><td colspan="2">完成体</td></tr>
<tr><td rowspan="6">无体标记的一般时</td><td rowspan="2">一般现在时</td><td>未完整体意义</td></tr>
<tr><td>完整体意义</td></tr>
<tr><td rowspan="2">一般过去时</td><td>未完整体意义</td></tr>
<tr><td>完整体意义</td></tr>
<tr><td rowspan="2">一般将来时</td><td>未完整体意义</td></tr>
<tr><td>完整体意义</td></tr>
<tr><td colspan="3">未完整完整体(完整进行体)</td></tr>
</table>

上表中，90 年代以后，Smith 和 Olsen 的系统虽不相同，但其分类的角度有相通之处。按照观察者是否将事件看做一个整体，分为完整体和未完整体，按照与说话时的参照时间细分小类，按照是否有形式标记分为有标记和无标记两类，这基本上代表了 90 年代之后的学术思路，即从语言类型学、功能语法、认知语法、形式语义学等方面综合研究语法问题。

2. 汉语的体范畴研究

(1)汉语是否存在体范畴

尽管对于汉语是否存在体范畴曾有争议，但目前学术界观点趋向于统一，认为汉语存在体范畴。理由是，第一，过去人们认为，体范畴是在词的层面，对词形变化所表达的语法意义进行概括而得出的，这种标准是基于形态变化丰富的印欧语系订立的，而汉语没有严格意义的形态变化，吕叔湘在论述汉语语法要点时说：“我国某些兄弟民族语言和西方语言里边用形态成分来表示的概念，汉语里边或者不作表示，或者用半独立的词来表示。”如果在词的层面上以形态变化为标准讨论体范畴问题，汉语有无体范畴的争议是可以理解的，问题是，这一判断标准和讨论的层面是否符合汉语的特点，有没有必要削足适履？如今大多数语法学家认为，对体范畴的讨论，不应该局限于词的层面，也不应该单纯以动词的形态变化来判断体范畴的有无。这也是汉语语法研究的时代发展，是从引进西方语言学、以外来的标准判断汉语语法，发展到从汉语出发、逐步建立符合汉语事实的语法系统的过程。

第二，现在人们认为，体是一个语义概念，也是一个语法概念，有时也是语用的概念[6]。将体从词层面的问题扩展到句子层面，从以动词的形态变化为标准扩大到以语义、语法、语用为标准。“体”概念的扩充和判断标准的变化，对于汉语“体”研究起到了打破镣铐的作用，解放了思想，拓展了研究思路，有助于我们认识汉语的事实。

但是，我们认为，过分拓展概念的内涵和外延，也会造成混乱，以至于将一些语义概念等同于“体”，比如，（大人告诉孩子）“你去摸摸看。”“摸摸”表示尝试义，若认为存在一个“尝试体”，则未免造成“体”概念的模糊不清，到底什么是“体”？语义的归类就是“体”的类别吗？依照本节开头“体范畴的定义”，我们认为这一类与事件时间无关的语义表达，不应算做是体。

除了上述理由之外，如果着眼于对外汉语教学和汉语二语习得，我们认为汉语有无“体”的争议是没有意义的，因为不管汉语在语法上是否存在“体范畴”，汉语总要表示“进行、完成”等语义，如何将这些体意义的表达方法变成行之有效的教学内容，便成为对外汉语教学语法研究的一个课题。

(2)汉语体范畴研究的历程

汉语的体范畴研究始于上世纪40年代。20世纪40年代至80年代，王力[7]、吕叔湘[8]、高名凯[9]、赵元任[10]、张志公[11]等学者对汉语的体范畴有所论述。这一时期，各家对“体范畴”的称谓不同，有“相、貌、体、态、式”等，但相通的是，这些论述都关注语义，从语义出发研究语义的语法表现。虽然各家对体范畴的分类标准不统一，但对于汉语体范畴的研究具有开拓意义。

80年代至今，汉语的体范畴研究走向深入。表现在：

第一，从系统的高度，研究汉语的体范畴和时范畴，建立汉语的时体系统，如陈平、龚千炎、戴耀晶、陈前瑞等。陈平(1988)构建了“时相、时制、时态”的三元结构，第一次着眼于汉语的整个时间系统，龚千炎(1995)充实了陈平的时间系统框架，细致分析了时间系统的结构，详细分析了汉语的时态结构，考察三个子系统之间的相互关联，如时制对时相的选择、对时态的限制以及时态同时相、时制的对应关系等，同时研究了子系统内部成分之间的配合情况，试图揭示汉语时间结构的全貌。戴耀晶(1997)研究了时间系统的子系统——体系统，详细论述了汉语的完整体、非完整体及其小类，以及瞬间动词、了、着等；陈前瑞(2008)则从宏观上尝试建立汉语的体系统，将其分为未完整体、完整体、阶段体和情状体四大类。尽管各家的分类有待商榷，但这些对于整个汉语时体系统的建立和把握，对语法学界深入了解汉语的时体问题具有深刻意义。

第二，深入描写语言现象，对单个的时体标记细致描述，同时，也对体标记进行横向比较，运用对比分析法、标记理论、核心意义分析法等，详细探讨了体标记的意义、与时的关系等问题。

第三，理论探讨，80年代后期至今，除了上面提到的论著外，一些论文也侧重理论探讨，如马庆株的《略谈汉语动词时体研究的思路——兼论语法分类研究中的对立原则》(1996)、张济卿的《汉语并非没有时制语法范畴——谈时、体研究中的几个问题》(1996)、左思民的《现代汉语的"体"概念》(1997)、《现代汉语体的再认识》(1997)等。这些理论探讨涉及时体研究的思路、方法等，对于全面、准确、深入地认识时体具有重要的参考价值。

汉语的体范畴系统，大致可以列为下表：

表2　汉语的体范畴系统[12]

<table>
<tr><td rowspan="14">体</td><td rowspan="4">视点体</td><td colspan="2" rowspan="2">未完整体(内部视点体)</td><td>进行体[13](内部视点体)</td><td>体标记：正，正在，在，呢等。</td></tr>
<tr><td>一般未完整体</td><td></td></tr>
<tr><td colspan="2" rowspan="2">完整体(外部视点体)</td><td>完成体[14](外部视点体)</td><td>体标记：句尾"了"，词尾"过"、来着、句尾"来""来了、去了"。</td></tr>
<tr><td>一般完整体</td><td></td></tr>
<tr><td rowspan="10">非视点体</td><td rowspan="6">阶段体</td><td rowspan="4">基本阶段体</td><td>起始体</td><td>起来</td></tr>
<tr><td>延续体</td><td>下来，下去</td></tr>
<tr><td>完结体</td><td>补语性的"完，好，过"</td></tr>
<tr><td>结果体</td><td>补语性的"到，得，着"</td></tr>
<tr><td rowspan="2">涉量阶段体[15]</td><td>短时体</td><td>动词重叠(说说)</td></tr>
<tr><td>反复体</td><td>复叠(说说笑笑)</td></tr>
<tr><td rowspan="4">情状体</td><td rowspan="2">非终结性情状体</td><td>状态情状(无动态)</td><td>知道，是，有</td></tr>
<tr><td>活动情状(有动态)</td><td>跑，玩，唱歌</td></tr>
<tr><td rowspan="2">终结性情状体</td><td>结束情状(有持续)</td><td>创造，建造，摧毁</td></tr>
<tr><td>达成情状(无持续)</td><td>死，赢</td></tr>
</table>

这一系统考虑到视点/非视点、完整/未完整、内部/外部、持续/非持续、结果/非结果、动态/非动态等几个对立的标准，相对而言，较为完备。但是，这里"体"的概念未免过于宽泛，一些与事件的时间进程无关的因素也

被纳入“体”系统内，实则应归入“貌”，如“短时体、反复体”等，否则便无法在“事件”的层面认识体范畴，停留在词语的层面上认识体范畴，便掩盖了体范畴的根本特征，使“体”变得复杂化，并等同于动词的语义分类。

二、关于进行体范畴

(一)进行体的特征

不论是英语还是汉语的体系统，不论是哪家哪派的观点，对于进行体的看法是一致的，即进行体属于未完整体。

所谓未完整体(Imperfective)，按照 Comire(1976)的定义，指的是从内部观察情状，是对情状的内在时间构成的显性表示。

进行体(Progressive)描述进行中的情状。Progressive 由 progress 派生而来，progress 意思是“the act of moving forward toward a goal”即“向着一个目标前进”，progressive 表示完成一个目标的进程中，即事件处在过程中，尚未完成，同时也意味着并未将事件看做一个整体，而是从事件的内部观察其进行的过程。

任何语言都有办法表示事件正在进行。如：她进我办公室的时候我正在看书。此句可译为：I was reading when she came in my office.(英语)

Je lisais quand elle est entrée dans mon bureau.(法语)

英语用“be+动词的现在分词”表示进行，并用“be”的时态变化表示事件的时间。法语用动词的直陈式未完成过去式[16]表示过去进行意义，用其他的语法手段表示事件的时间。汉语不是屈折语，不用动词本身的变化来表示过程，而用其他的外在手段表示，如“在，正在，呢，着”等，或者不用外在手段而用动词本身的语义来表示进行意义，同时用表示时间的词语或小句给事件的时间定位，如用“她进办公室的时候”来定位“我看书”的时间，表明二者的同时性。

我们认为，进行体的特征是：第一，从认知的角度看，说话者并未将事件看做一个整体，是未完整体；第二，从语义角度看，进行体表示事件的发展进程；第三，从语言形式上看，英、法、汉语都有一定的语言形式来表示，其他语言也未见有无法表示进行体意义的报告，我们大致可以说任何语言都有表达进行体意义的语言形式。

(二)汉语的进行体研究

1. 方言中的进行体

汉语很多方言里用“在那里、在这里”等表示进行体，并且有现在、过去之分，如左玉璐(2008)报告河南鹤壁方言中，用“在这儿”表示现代进行体，用“在那儿”表示过去进行体，据本文作者语感，吉林通化方言也是如此，同时有“搁那儿，搁这儿”的变体。

“这”和“那”在方言中的发音不同，也可以用其他汉字来记音，如：伍巍、李立林(2009)报告湖南六亩塘方言中“害嗯哩”(在那里)、“到嗯哩”(在那里)置于动作行为动词前，表示动作行为在进行过程中；蔡国妹(2006)报告福建莆仙方言的进行体标记是在动作动词之前加上“即(这)”[tse3]或“许(那)”[he3]。丁雪欢报告在湖南沅江话中，用“在咯里(这里)/哦里(那里)”表达进行体意义。为了强调进行的意义，艾红娟(2008)报告山东方言用“大样”、“喷”、“大喷”等词语加在“在那里”前强化“正在”义。

“在这儿、在那儿”及其语音变体表示进行意义时，其共同特征是其处所意义并未完全虚化，既有“这儿、那儿”的处所意义，又有进行体意义。

梁忠东(2009)报告广西玉林方言表示进行体的方法主要有三种：使用动态助词“住”和“紧”、使用句尾助词“在”、时间副词“在”。杨冬梅(2009)报告江西安义方言中，没有“着”这个体标志，只用“勒、正勒”表示。昌梅香(2008)报告江西吉安云楼方言中，用“紧得”表示进行体、持续体。

肖堃(2010)报告河南商城方言中，主要运用“搁”、“倒”和“喋(die)”这三个标记来体现进行体意义；杨凯(2008)湖北蕲春方言，用“在、倒”表示进行体，并且有“我晒倒衣服在”这样的句子，表示动作正在进行。孙杰(1999)报告安徽霍邱叶集话中“在”不但可以放在句尾，甚至还可以和不带宾语的动词“在”连用，“那张照片可在$_1$在$_4$?”[17]

蔡英杰(2006)报告河南永城方言“在问答句中表示现在正在进行的动作，一般不用‘在’、‘正在’等时间副词，而是用进行体助词‘来’，‘来’放在句末的位置”。余凯林亦(2008)报告在粤方言中，“紧”为广州话的进行体标记，如：佢做紧嘢(他做着事儿)，梧州话则用“住”表示进行体。张维耿(1988)报告梅县客家话用“等”或“唐逮”表示进行，如：阿爸食唐逮饭(爸爸吃着饭)

杨蓓(1999)报告上海话中用“辣海，辣辣，辣该”等表示进行，如“我辣海吃饭”(我正在吃饭)，过去进行“昨天夜到，伊敲门个辰光，我辣辣看书。(过去进行)”，现在进行“侬辣海做啥？—我辣该做作业。”

路伟等(2005)报告滇南方言中可以用“了”表示进行体，但是“了”读成[la^{55}]，并且还有两种不同的语音变体，一种是[la^{55}]弱化后脱落声母，一种是保留阴平调值55，但韵母和前面的谓词相同，“了$_{1C}$[la^{33}]”表示完成进行体，普通话没有专门的对应形式。此外，在滇南方言中，“了$_{1b}$[la^{211}]”及其三种变体表示完成体，语法功能相当于普通话的“了$_{1}$”；“了$_{1B}$[la^{55}]”及其三种变体表示进行体，语法功能相当于普通话的“着”；“着[tso^{42}]”表示经历体，语法功能相当于普通话的“过”；“了$_{2}$”与普通的“了$_{2}$”的语法功能基本一致。

高永奇(2001)报告浚县方言中用“正＋V/A＋(着)＋咧”表示进行体，但与普通话不同的是普通话可以不用“正”，但浚县话必须用“正”，如“妈妈正洗着衣服咧”，不能说成“妈妈洗着衣服”。

潘禹妨(2008)报告浙江缙云方言在表示进行体时，不像普通话用“在”“正在”等时间副词，也不用“着”，而是用介词“来(相当于普通话的‘在’)”加上处所词“许即(相当于普通话‘那里’)”或“即(相当于普通话‘这里’)”来表示。如：妈来许即缝衣服，姐姐来许即烧饭。(妈妈在缝衣服，姐姐在煮饭。)有意思的是，在缙云方言中，表示进行体、连续体、存在体和持续体时，都用“许即”和“即”充当体助词，表示持续体和存在体时，可以用“已”和“许即、即”互换，语义上基本没有区别。

总之，见诸报道的方言进行体标记中，有“在这、在那”及其语音变体，时间副词“在”及“搁”等，此外，还有“紧、住、句尾助词‘在、来’、勒、正勒、喋”等。可见，汉语方言中的进行体标记是很丰富的，语音变体很多，用法也很有趣，比如有的方言不用“着”，有的方言“在”可以放在句尾。了解方言中的进行体，有助于我们深入认识普通话的进行体。

2. 古代和近代汉语中的进行体

关于汉语时体标记的历时研究，既有对单个标记的语法化历程的探寻，如蒋绍愚(2005)也有从整体上对古今时体系统变化的研究，如左思民(2007)。

从时体系统看，左思民(2007)认为古今时体标记系统存在重要差别，可以概括为，第一，由词汇性标记为主向语法性标记为主变化；第二，由前修饰性词语为主向后置词为主变化，第三，由基本上标记绝对时向既标记绝对时又可标记相对时变化。在这个系统的变化中，上古汉语中没有真正意义上表示“持续”意义的体标记，现在汉语中既有表示“持续”意义的语法性的体标记“着”，又有表示“动态持续”意义的词汇性的体标记“在”。

对于单个标记的语法化历程，蒋绍愚(2005)详细考察了“着”，认为“着”原来是动词，是“附着”的意思，最早写作“著”，后来写作“着”，“著(着)”在南北朝时开始虚化，到宋代已经存在了表示行为在进行中的形尾“著”，如：如战阵厮杀，擂著鼓，只是向前去，有死无二。(《朱子语类辑略，卷七》)石锓(1995)注意到元曲中出现了“只”，其功能部分与“着”类似，如“他前面引只，我背后把他跟随”，“只”表示状态持续、祈使语气，表示动作进行的“着”还不能写成“只”。

郭杰(2008)考察了唐五代时期的《祖堂集》，发现唐五代时期出现了表示动作行为正在进行或某种状态保持持续的“正”，《祖堂集》出现了 6 次“正”，如：正说知见时，知见俱是心。《祖堂集》也出现了两例“正在”，但此时的“正在”还不是一个时间副词，而是副词“正”和介词“在”的临时组合，如“正在澄波看似有，及乎动著又如无”。类似的还有“正当”，如：“问：日轮正当午时如何？云：似半夜”。此时的“正当”也不是一个副词，而是副词“正”和介词“当”的临时组合。

古代和近代汉语的研究，为汉语进行体标记找到了出现的起点，也为古今时体找到了系统性的差别。

总的来说，汉语进行体范畴，从历时角度看，进行体从上古至中古再到现代，存在一个从无到有逐渐发展的过程，从共时角度看，普通话存在词汇性和语法性的体标记，方言中的表现形式更为丰富，用法也更加多样。

附注：

①词汇体(lexical aspect)指动词的内部语义(internal semantics of verbs)，可以分为状态(states)、动作(activities)、完成(accomplishments)、成就(achievements)。

②语法体(grammatical aspect)指语言(通过助动词、前缀、后缀)提供的手段，表示说话者对动词所表示的动作、事件和状态的不同的视角。(grammatical aspect refers to the resources provided by a language, such as verbal auxiliaries, prefixes and suffixes, to encode different perspectives taken by a speaker towards activitees, events, and states.)

③短时体中的“时”是时量，跟体范畴所关涉的事件的时间进程不同。

④如陈丹青(2008)。

⑤转引自瞿云华(2008)。

⑥此种提法最早见于左思民(1997)。

⑦王力(1943)论述了“情貌”，将“情貌”分为普通貌、进行貌、完成貌、近过去貌、开始貌、继续貌、短时貌。

⑧吕叔湘(1942)论述了“动相”，并将“动相”分为“动作之将有，动作正在进行，动作已经完成、方事相、既事相、起事相、继事相、先事相、后事相、一事相、短时相、屡发相、反复相”。

⑨高名凯(1948)称为“态”，分为“进行态、绵延态、完成态、完全态、结果态、起动态、叠动态、加强态”，明确提出“汉语没有表时间的语法形式”。

⑩赵元任(1968)称为“动态”，并分为“完成态、进行态、开始态、不定过去态、尝试态、

继续态、法(子)”。

⑪张志公(1982)也称为“动态”，并分为“尚未完成(包括尚未开始和已经开始、正在开始)、已经完成”。

⑫此系统综合了陈前瑞(2008)和瞿云华(2008)关于汉语体系统的观点。

⑬表现的是相对于参照时间动作在持续。

⑭表现的是发生在参照时间以前并对参照时间具有相关性的事件。

⑮本文作者认为“涉量阶段体”应归为“貌 manner”，而不是“体 aspect”。

⑯直陈式未完成过去式(imparfait)是法语特有的时态，表示过去时间里动作的进行或状态的持续。

⑰“在$_1$”指的是动词“在”，“在 4_4”指的是助词“在”。

参考文献

[1] 戴耀晶．现代汉语时体系统研究[M]．浙江：浙江教育出版社，1997：5.

[2] 叶蜚声，徐通锵．语言学纲要[M]．北京：北京大学出版社，1981：110.

[3] 朗文语言教学与应用语言学词典[Z]．北京：外语教学与研究出版社，2005：43.

[4] 陈丹青．语法调查研究手册[M]．上海：上海教育出版社，2008：456.

[5] 瞿云华．基于双语语料库的汉英视点体对比研究[M]．北京：科学出版社，2008：16，49.

[6] 吕叔湘．现代汉语八百词[Z]．北京：商务印书馆，1996.

[7] 左思民．现代汉语的“体”概念[J]．上海师范大学学报，1997(2).

[8] 王　力．中国现代语法[M]．北京：商务印书馆，1943. 1981 年重印.

[9] 吕叔湘．中国文法要略[M]．北京：商务印书馆，1942. 1982 年重印.

[10] 高名凯．汉语语法论[M]．北京：商务印书馆，1948. 1986 年重印.

[11] 赵元任．A Grammar of Spoken Chinese 汉语口语[M]．吕叔湘译．北京：商务印书馆，1979.

[12] 张志公．现代汉语[M]．北京：人民教育出版社，1982.

[13] 陈前瑞．汉语体貌研究的类型学视野[M]．北京：商务印书馆，2008.

[14] 左玉瑢．河南鹤壁方言的现在和过去进行体[J]．方言，2008(3).

[15] 伍巍，李立林．涟源六亩塘方言进行体和持续体的生成发展[J]．语言研究，2009(1).

[16] 蔡国妹．吴闽语进行体和持续体的语法化序列分析[J]．福建师范大学学报，2006(3).

[17] 丁雪欢．湖南沅江话“持续/进行体”的表达形式[J]．汕头大学学报(人文社会科学版)，2007(4).

[18] 艾红娟．山东方言表进行体词语的强化与更新[J]．中国语文，2008(3).

[19] 梁忠东．玉林方言的进行体和持续体[J]．百色学院学报，2009(4).

[20] 杨冬梅．赣语安义方言的进行体[J]. 阜阳师范学院学报(社会科学版)，2009(5).
[21] 昌梅香．体标记"紧得"在云楼方言中的语法化[J]. 广西社会科学，2008(8).
[22] 肖　堃．商城方言中的进行体[J]. 安徽文学，2010(1).
[23] 杨　凯．湖北蕲春方言的进行体[J]. 方言，2008(4).
[24] 孙　杰．安徽霍邱叶集话中的在字[J]. 湖北师范学院学报(哲学社会和科学版)，1999(1).
[25] 蔡英杰．河南永城方言的进行体助词"来"[J]. 商丘职业技术学院学报，2006(3).
[26] 余凯，林亦．梧州白话的进行体标记与持续体标记[J]. 桂林师范高等专科学校学报，2008(3).
[27] 张维耿．汉语普通话与广州话、梅县话动词"体"的比较[J]. 世界汉语教学，1988(3).
[28] 杨　蓓．上海话"辣一"的语法功能、来源及其演变[J]. 方言，1999(2).
[29] 路伟，唐娟，郭建军，杨芳．滇南方言谓词体范畴初探[J]. 红河学院学报，2005(4).
[30] 高永奇．浚县方言中的体貌体系初探[J]. 殷都学刊，2001(2).
[31] 潘禹妨．浙江缙云方言体标记"许即""即"[J]. 今日南国，2008(10).
[32] 蒋绍愚．近代汉语研究概要[M]. 北京：北京大学出版社，2005.
[33] 左思民．汉语时体标记系统的古今类型变化[J]. 汉语学报，2007(2).
[34] 石　锓．近代汉语中几个特殊的时体助词[J]. 丝路学刊．1995(3).
[35] 郭　杰．《祖堂集》时间词语研究[DB/OL]. 上海师范大学硕士学位论文，2008.
[36] Comrie，B. *Aspect：an Introduction to the study of Verbal Aspect and Related Problems*. Cambridge University Press，1976.

第三部分
语言理论与语用研究

"再说"的话语功能*

李秉震

提　要　现代汉语中的"再说"存在两种不同的转换话题的方式，一种是通过直接引导一个与前文不同的话题来实现话题的转换，一种是通过转换不同的叙事线索或叙事场景来实现话题的转换。换言之，前一个"再说"是一个转换话题标记，而后一种"再说"则是话语标记。作为话题标记的"再说"和作为话语标记的"再说"在话题的延续性等方面都存在差异。

关键词　"再说"　转换话题标记　话语标记

一、引言

迄今为止，研究话题标记的文献中都没有提及"再说"，但是从实际用例来看，"再说"后的体词性成分经常是话题，例如：

(1) 再说 人吧，柜台里站着好几个，都那么光梳头，净洗脸的，脸上还笑着；这多下贱！（老舍《取钱》）

(2) 再说 第二胎吧，儿媳妇连眨巴眼都拿着尺寸；打哈欠的时候有两个丫环在左右扶着。（老舍《抱孙》）

从话语功能的角度看，"再说"的作用在于转换话题。但是转换也分为两种情况。一种是"再说"后接一个体词性的成分，后面的语句对其加以陈说，如：

(3)余：先说 那俩女的，一老一少。老的就坐你对面儿。虽说都是群众，但是她老想让你听她的。年轻的时候，你有短儿在她手里攥着呢。所以

---

* 本文是笔者博士学位论文的一部分，论文写作过程中曾得到导师王红旗教授的指导，成稿后又蒙马庆株先生、李广瑜学弟等指正多处，谨此致谢，文中不妥之处概由笔者负责。

你们俩那关系，既勾结又争夺。

牛大姐：……

余：再说那少的，三十大几了，还没结婚，模样儿长得一般啊，谈不上出类拔萃，但是在你们单位那唯一一个没结婚的男青年眼里，那跟一朵花儿似的。

这样的话题转换是由“再说”中“再”的序数义直接诱发的，因此可以称为直接的话题转换。

另一种转换是，“再说”后接一个小句，而该小句的话题与前文的话题存在差别，例如：

(4)傍人晓得这事，也有夸兴哥做人忠厚的，也有笑他痴的，还有骂他没志气的。正是人心不同。

闲话休提，再说陈大郎在苏州脱货完了，回到新安。(《蒋兴哥重会珍珠衫》)

这种例句中的“再说”首先不是用来转换话题的，其基本功能在于转变说话人的叙事线索或者叙事场景，因此它多在一些话本小说或者评书中使用。

严格意义上说，前一种情况下的“再说”是一个话题标记，而后一种“再说”则是一个组织语篇的话语标记。为了方便称说，我们把前一种“再说”记为“再说1”，与它相关的话题转换称为直接转换，而后一种“再说”记为“再说2”，与它相关的话题转换称为派生转换。

就我们所见到的文献来说，将转换话题作为话语标记功能的情况并不罕见。将话题转换作为某些话语标记的功能。Schiffrin(1987)指出，英语中的but可以用在说话人离开主题(topic)又回到主题时。Schiffrin的观点实际上是说but具有重新引入话题的功能。根据本文前面的研究，重新引入话题通常意味着话题发生了转换。王伟(2005)指出，“然后”在现代汉语口语中发展出了转换话题的用法。例如：

(5)记者：你们的高尔夫球场建成之后是亚洲最大的么？

工作人员：对，现在有90洞，建成后就是亚洲最大了。然后现在不是实行会员制吗？只有会员才能用。(转引自 王伟2005)

实际上，But、“然后”转换话题的功能都是派生的，从形式上看，它们都不是直接黏附在充当话题的成分之上，而是作用于一个小句甚至复句、句群。从这个角度来说，but、“然后”的根本功能还是组织话语，话题转换是由前后话题的对照关系实现的。

要想深刻理解"再说"转换话题的功能，需要对话题的直接转换和派生转换作深入分析并对其做出比较。

二、直接转换和派生转换及其篇章差异

(一)"再说1"和"再说2"

"再说"能够直接诱发话题转换的原因在于，其中的"再"具有表承接的意义，即"再"连接的成分总表示时间或者事理逻辑上的先后顺序。因此，"再说"直接诱发话题转换时，被转换的话题通常可以由"先说"等含有次序义的词语引出，如例(3)，再如：

(6)老北京最讲究过年……以致形成了独具特色的北京"年文化"。什么庙会、花会、灯会，年年有，年年逛……图的是个吉祥。

先说庙会，老北京自古以来就有骑毛驴逛白云观庙会的传统，这可是几千年老祖宗传下来的……

再说花会，往年可以单说，今年不行，因为它们已被汇聚各种娱乐活动之中……

有时说话人可能不明确给定一个范围，但是根据语境和常识，我们能够推知该范围的存在，例如：

(7)一进银行的门，就是柜台，柜台上没有亮亮的黄铜栏杆，也没有大小的铜牌……不够派儿。再说人吧，柜台里站着好几个，都那么光梳头，净洗脸的……(老舍《取钱》)

银行都是由基本设施和工作人员组成的，而柜台又是基本设施中最为凸显的部分，因此，在说话人看来，只说柜台和工作人员基本就能把银行的大致面貌描绘清楚。

从"再说"话题出现的位置来看，它总是说话人指定言谈范围内的最后一项。

需要说明的是，"再说"并不是一个完全凝固的词汇单位，其中的"说"有时可以重叠，例如：

(8)假设有x，y，z，各代表一个未知数，另有一个已知的实数N，设z的N次方等于x、y之N次方之和，当N大于2时，x，y，z不得均为整数。……以两个下棋者加一个观棋者代表x，y，z。稍复杂的说法就要……再说说那个N，古人绝不会老老实实说它大于2，3，4……(王小波《红拂夜奔》)

“再”表示次序，指的是言说时间上的先后，而非重要性程度上的，因此“再说”有时可以与“其次”等连用，连用的顺序是“其次再说”，例如：

(9)先回答你那小问题：我要是你，我就留在欧洲。国内物价太高，生活变数太大，不合适活人。

其次再说你那未婚夫的问题：显然在你没去的时候，他有同居女友，至少是一个时不时要留宿在他那儿的女人。

作为话语标记的“再说2”，它用法较为简单。

(10)谁知沈链真尸已被贾石买去了，官府也那里辨验得出，不在话下。

再说杨顺看见止于荫子，心中不满，便向路楷说道：“当初严东楼许我事成之日，以侯伯爵相酬。”(《沈小霞相会出师表》)

例句中，“再说”前后的话题确实发生了转换，但是“再说2”直接作用的单位是“杨顺”之后的所有句子，它不直接作用于话题“杨顺”。因此，它的功能主要是用来组织话语的。

需要说明的是，“再说2”与通常所说的话语标记不同，它后面没有停顿，不单独成句。原因在于，“再说2”的实义还非常明显，它仍然是一个谓词性的结构，而没有凝固化为一个意义较虚的固定的词汇单位。为了称说方便，以下暂时称之为话语标记。

(二)两种话题转换方式的篇章差异

1. 叙事性和非叙事性

根据米克·巴尔(2003)，所谓叙事是指，说话人将按照逻辑和时间先后顺序发生的事件以故事的形式向听话人展示的过程。所谓评述是指，说话人在叙事或者描写场景时所展示出来的对事件或者场景本身的主观认识和评价。

“再说2”对语体有较严格的选择限制，从所能考察到的语料来看，它只出现于话本小说和世情小说中。“再说”通过引入事件来转换话题的用法在现代汉语中已经基本不存在了。话本和世情小说的功能在于向听话人讲述故事，而故事的情节经常是多条线索共同发展，为了能把故事讲述清楚，说话人必须“花开两朵，各表一枝”。当故事情节从一条线索转到另一条线索时，为了使得转换过程更加明确且不至于太突兀，说话人采用“再说”或者“咱们回过头来再说……”等结构形式来标示转换过程的完成。再如：

(11)再说李公子同杜十娘行至潞河，舍陆从舟，却好有瓜州差使船转回之便。(《杜十娘怒沉百宝箱》)

"再说2"有时也可以是非叙事性的。如：

(12)再说这鲁智深自从吃酒醉闹了这一场，一连三四个月不敢出寺门去。忽一日，天色暴热……(《水浒传》)

根据我们的考察，"再说1"一般不出现在故事性较强的语篇中，它引入一个不同于前文的话题目的是对该话题作介绍或者评述，而不是把话题作为事件参与者来讲述故事。以(7)为例，"再说"引入话题"人"，后面的述题部分都是在描述银行内工作人员本身特征。元明时期的"再说"有时也直接引入一个体词性的话题，但这样的例句不多见。如：

(13)再说杜妈妈，女儿被李公子占住，别的富家巨室，闻名上门，求一见而不可得。(《杜十娘怒沉百宝箱》)

2. 话题的延续性

话题标记"再说1"转换话题是直接的，而话语标记"再说 2"转换话题则是间接的。这种差别决定了二者所引入的话题在延续性上的差异。

延续性是话题的篇章属性，"再说1"和"再说2"本身的篇章功能不同，前者直接引入话题的目的就是让它成为言谈的起点和中心，因此，"再说1"后的小句都是围绕它所引入的话题展开的。而"再说2"引入的是一个不同于前文故事线索的事件，该事件句的话题可能作为话题得到延续，但是也可能随着事件的发展而不再出现。为了便于说明，以下举例并作解。

(14)再说刘桂英，回娘家后仍是疯疯癫癫的，偶尔清醒一下，她便会想到丈夫和女儿，哭着要去找他们。那天，郑涨钱忽然来了……郑涨钱摇摇头，说："爹、娘身体好么？桂英呢？"老丈人把郑涨钱领进房里，刘桂英木然地坐在那里。(蔡康《花烛泪诉人间情(连载之二)》)

(15)再说李忠、周通下到山边，正迎着那数十个人，各有器械。李忠、周通挺着枪，小喽罗呐着喊，抢向前来，喝道："兀那客人，会事的留下买路钱！"……(《水浒传》)

例(14)中话题"刘桂英"在下文中以零形式和代词的形式与话题形成同指关系，使话题得到了延续。例(15)的语段中共出现了三个话题，其中"李忠、周通"只被重新提及一次。

3."再说2"的重复使用

"再说1"转换话题时，由于话题是说话人所明示或者隐含的某个言谈范围内的一项，而且通常是说话人按特定顺序谈及的最后一项，因此"再说 1"一般不会重复使用。

“再说2”则是通过转换叙事线索或者改变叙事场景来转换话题，而在一个话本小说甚至话本小说的某一节次中，叙事线索都有可能发生多次转换，因此，“再说2”在同一文本中可能会反复出现多次，通常每次都用在段落的起始位置。例如：

(16)再说张澄江和顾跃仙两人陡觉精神恍惚，梦寐不安，两人猜疑，不知主何吉凶。正要同去烦李半仙看气色，只见他两家的家人，都从杭州到了，蒋家也有人同来……华刺史即忙分付两个院子，蒋青岩坐了两人小轿，竟往刘家庄院上去，暂且按下。

再说张澄江和顾跃仙二人闻得母亲有恙，急急要回。又想：“人家生儿娶妇，理当侍奉公婆的汤药，且自招亲以来……于今已有三年了。”(《蝴蝶媒》第十六回)

在话本小说中，与“再说2”功能相近的还有“却说”“且说”“话说”等。“话说”一般出现在某一章回的开篇位置，其作用在于开启新的叙事或者接续上一回次，因此“话说”后面所带的小句一般都是对前一章回整个故事情节或者部分情节的概述。例如：

(17)且言纣王贪恋妲己，终日荒淫，不理朝政。话说终南山有一气士，名曰云中子，乃是千年得道之仙。那日闲居无事，手携水火花篮，意欲往虎儿崖前采药。(《封神演义》)

例(17)中，话说后是一个存现句，存现句引入了一个新的话语参加者，本例中“话说”的功能是开始一个新的叙事。

“却说”和“且说”经常分别与“不说”“不表”和“话分两头”等相匹配。“再说2”的功能在于转换叙事线索或者叙事场景，但是“再”本身有表示第二次的意思，因此“再说2”的功能其实应该概括为：**通过转换叙事线索或者叙事场景来实现叙事线索的交替**。以(16)为例，在第一段中，说话人先讲述与张澄江和顾跃仙有关的事件，然后通过这一系列事件引入了蒋青岩和华刺史，之后便开始叙述与蒋、华相关的事件，即叙事线索发生了变化。到了第二段，说话人又要重回张澄江和顾跃仙的叙事线索，于是使用了“再说”来实现交替。

附注：

需要说明的是，话题的引入、重新引入和转换等概念并不处于相同的层面。话题的重新引入是在特殊话语动因的促动下产生的语篇现象，而话题转换则是就篇章中话题与话题之间的关系而言的。

参考文献

[1] 曹逢甫著，谢天蔚译．主题在汉语中的功能研究[M]．北京：语文出版社，1995：4－74.

[2] 方　梅．北京话里"说"的语法化[J]．中国方言学报．2006(1)：107－121.

[3] 方　梅．篇章语法与汉语篇章语法研究[J]．中国社会科学．2005(6)：165－172.

[4] 李宗江．话题标引成分"要说"的由来和去向[A]．见：沈家煊等主编，语法化与语法研究(三)[C]，北京：商务印书馆，2007：86－105.

[5] 王　伟．"然后"一词在现代汉语口语中使用范围的扩大及其机制[J]．汉语学习．2005(4)：31－39.

[6] 徐赳赳．叙述文中"他"的话语分析[J]．中国语文．1990(5)：325－336.

[7] 徐烈炯，刘丹青．话题的结构与功能[M]．上海：上海外语教育出版社，1998：7－42，82－119.

[8] 许余龙．篇章回指的功能语用探索[M]．上海：上海外语教育出版社，2005：110－248.

[9] Givón，Talmy. Topic，pronoun and grammatical agreemnet [A]，in Charles N. Li (ed.)，Subject and topic[C]，NewYork：Academic Press，1976：151－188.

[10] Keenan，Elinor Ochs & Bambi B. Schieffelin. Topic and discourse notion：a study of topic in the conversations of children and adults[A]. In Li，Charles N，ed. Subject and Topic[C] . New York：Academic Press，1976：337－384.

[11] Kellermann，K & Palomares. Topical Profiling：Emergent，Co-Occurring，and Relationally Defining Topics in Talk [J] . Journal of Language and Social Psychology. 2004. Vol. 23，No. 3：308－337.

"陌生"话语 "民间"叙述 "狂欢"表达

——谈阎连科小说的语言特色

竺 燕

提 要 阎连科是一位对小说语言有着自觉追求的当代作家，他努力为每一个故事寻找一种最适合的叙述语言。自90年代中期以来，他的小说语言呈现出"陌生化"、"方言化"、"狂欢化"的特点，充满张力，富有冲击力，丰富并深化了小说的意义表达，形成了独特的审美意蕴，也增强了读者的阅读乐趣。

关键词 阎连科 语言 陌生化 方言化 狂欢化

语言作为思想的载体，历来为作家所重视，而阎连科更是一位对小说语言有着自觉追求的作家。他非常重视小说语言的作用，他说："语言本身是一种结构，是一种文体，不再仅仅是表达故事、情节的文字……语言本身就是内容。"①"在叙述中你使用的语言—包括字、词、句子、语气和段落的形式与风格，本身就是结构方式。"②在他看来，语言不再仅属于形式，而已成为小说结构的一部分。他认为一个好的故事，必须有最为完美的其他的小说元素与之相匹配，才能成就一部比较理想的、甚至是伟大的小说。因此他试图为每一个故事寻找到一种最适合的叙述语言，以丰富并深化小说的意义表达。读阎连科的小说，除了会为其寓言化、魔幻化的叙事技法所吸引，更会为其个性化的、充满张力的、富有冲击力的小说语言所震撼。

一、"陌生化"的话语

经历了最初非职业作家阶段语言的朴实直白之后，阎连科的小说叙述语

---

① 阎连科，《寻找支持——我所想到的文体》，《当代作家评论》，2001年第6期，第6—9页。

② 阎连科，张学昕，《文学谈话录：追寻结构和语言的力量》，《西部华语文学》，2007年第4期，第5—18页。

言日益呈现出“陌生化”的特点。所谓“陌生化”的概念，源起自俄国形式主义学派。20世纪初，俄国形式主义学者什克洛夫斯基在《作为艺术的手法》中谈到，对于熟悉的事物，我们的感觉趋于麻木，仅仅是机械地应付它们。他认为，艺术就是要克服这种知觉的机械性。他说：“艺术的手法是事物的‘陌生化’手法，是复杂化形式的手法，它增加了感受的难度和时延……”[①]而“陌生化”的话语方式就是要打破人们惯常遵守的语法规则，采用超常、新奇的搭配方式和表达形式，从而赋予日常为人们所熟悉的事物一种陌生的感觉，以增加人们的审美快感。语言陌生化的实现途径主要体现为赋予语言意象以可感性、打破语言规则的词语搭配组合以及词语运用的变形。

在《小村和乌鸦》中有这样一段文字：“犯人刘丙轰轰隆隆回村了……有人抬起了头……他的目光砰地一下就直了……饭场上的村人都把目光哗哗啦啦投过去，他们的目光相互碰撞着，有尘埃从那目光上颤巍巍地落下来。”[②]小偷刘丙被释放回村了，这一事件的轰动性被“轰轰隆隆”这个声音词清晰地凸现出来；而人们的意外和惊悸则被“砰”和“哗哗啦啦”两个象声词表述出来，而“颤巍巍”这个本来描绘人的动作的形容词却用来表现人们看到刘丙后产生的一丝惧怕。作家给目光赋予声音，将犯人回村给人们心理上带来的震动传神地表现了出来。

在《年月日》中，“先爷站在自家的田头上，等目光望空了，落落寞寞的沉寂便咣咚一声砸在了他的心上。”[③]小说用“咣咚”这个声音词来形容先爷的心理活动，给读者描绘出一位独立山头的老人呆望着人们远去的背影，孤单之感猛然袭上心头的场景，那寂寞砸在先爷的心上，也砸在读者的心里。这为小说表现先爷与一系列的灾难独立抗争做了很好的心理铺垫。

“先爷跟在它(狗)身后，热乎乎的脚步声，像枯焦的几枚树叶打着旋儿飘落在烈日中。”[④]在连续干旱了很多天之后，连狗的脚步声都是“热乎乎”的，这里给声音赋予温度的话语方式，能让读者透过文字感受到干旱已久的夏天空气的灼热，使读者更为先爷的处境揪心，也使先爷与灾难抗争的行为更具有悲壮的意味。

先爷回家找粮，当他把手从空面罐里拿出来时，“他把指头放在嘴里嘬

---

① (俄)什克洛夫斯基：《作为手法的艺术》，《俄国形式主义文论选》，方珊等译，北京：生活·读书·新知三联书店，1989年3月第1版，第6页。

② 阎连科：《阎连科》，北京：人民文学出版社，2004年2月第1版，第45页。

③ 同上书，第471页。

④ 同上书，第473页。

了噻，面香的纯白气味即刻在他嘴里化开来，哩哩啦啦流遍全身。”[①]作家给气味赋予了色彩，面罐已经空了，但先爷在面的气味中仿佛看到了面的白色，而且这气味竟能像水一样以“哩哩啦啦”的状态流动，这段文字将一个饥饿已久的人对粮食的渴望活脱脱地刻画出来。

这种赋予意象以可感性的话语方式除了用于表现小说中的人物，还用来描绘阎连科所钟爱的耙耧山。他擅长给耙耧山的声音、气味上色，“它听到了铜钱下落时红黄的风声”、“草盛得和种的一样……散发着纯蓝的青稞味和淡黄浅白的腥鲜味”。此外，阎连科还用“陌生化”的话语方式来描写日光，赋予太阳光以声音和形象：“从东山脉斜刺过来的光芒，一竿竿竹子样打戳在他的脸上、手上、身上、脚尖上。”“斜照的日光，一层均匀的金液样在村落中流动，死静中间，能听到房檐上滴落下来的日光的声响。”[②]阎连科调动了听觉、视觉、触觉等感官，从声、光、气味等各个角度传达出描写对象的神韵，使读者感知事物的角度从单维变成多维，使原本平面的事物变得立体、丰富、可感，营造出独特的审美情境，有助于保持读者的阅读兴趣，增加读者的阅读乐趣。

赋予意象以可感性渗透着人类的审美体验和审美情感，在艺术对象的陌生化方面有着自己独特的美学价值和功能。此外，打破语言规则的词语搭配组合以及词语的变形运用，也是阎连科小说语言“陌生化”的主要手法。

在现代汉语中，从词语重叠的可能性上看，一个词基本上有四种重叠方式，分别是 AABB、ABAB、ABB、AAB 四种形式。AABB 式主要是形容词重叠，如漂漂亮亮；ABAB 式主要是动词重叠，如“研究研究”；ABB 和 AAB 式词语重叠相对固定，如“绿油油”、“邦邦硬”。在阎连科的小说中，大量使用了词语重叠的方法，并且是打破词类重叠规则进行的词语变形运用，如：“在他们的身后，乌鸦那将死时才有的叫声，青青紫紫地血疼着从人们的脸上漫到了心里去。”[③]从汉语语法角度来分析，“漫”是谓语动词，“青青紫紫”和“血疼”应该是修饰谓语动词的状语，而这两个“词”都是作家自己创造的，是打破人们约定俗成的规则的，然而“青紫”和“血疼”这种颜色和触感因为和“乌鸦将死的叫声”联系起来读，却也并不让人觉得突兀，反而觉得很生动。

除了有大量的词语变形运用，阎连科小说在词语的超常搭配上也颇具特

---

① 阎连科：《阎连科》，北京：人民文学出版社，2004 年 2 月第 1 版，第 478 页。

② 同上书，第 526、527 页；469 页；478、286 页。

③ 同上书，第 48 页。

色。如："不消说，缸罐都清清白白的空。"[①]"清白"本意是纯洁，通常的用法如："要清清白白地做人"，意思是光明磊落。这里用"清清白白"作定语修饰谓语"空"，突出缸罐里一点儿面也没有了。用法很新鲜，而且在读者可接受可理解的范围之内。

赋予意象以可感性、打破日常生活语言按照约定俗成生成语句的规则的手法，具有强烈的陌生化效果，更有效地突显了意义、表达了感情、渲染了场景、烘托了氛围，鲜明地体现了阎连科小说独特的语言特色。

二、"民间化"的叙述

作为出身农民的河南作家，阎连科作品的"民间化"叙述方式，表现为对河南方言的运用和地方戏曲用语的使用。方言是某个地区的人们使用的、区别于民族共同语的特色语言。方言中沉淀着生活在这个地区的人群的历史记忆和文化心理。而普通话这种虚拟的共同语是与民族国家的想象联系在一起的，这种虚拟的力量侵入人们的生活，作为强势文化修改了人们的说话方式，同时也修改了人们的感知方式和体验方式，使人们日益远离与故乡息息相关的语音和词汇。方言在重构当代小说语言审美特性这一点上具有三方面的作用："其一，方言土语本身就包含着历史文化和区域文化的内涵，浸润着丰富的人性、人情内容，它本身就是文学所要表现的对象。其二，……方言土语作为文化遗传基因成为作家生命体不可分割的一部分，是作家用于叙事与写人最熟练最有力的工具。其三，方言土语又是作品反映人物性格、个性最真实生动的编码符号……由于作者借鉴方言土语，……使抽象的变具体，使烂熟的变陌生，使平面的变丰满，从而在有力地消解小说概念化、口号化语言风格的同时，使小说语言逃离规范用语的死亡之路，重构小说语言的审美个性和修辞功能。"[②]

巴赫金说："一种特别的小说语言，总意味着一种特别的观察世界的视角，希冀获得社会意义的视角。"[③]阎连科正是认识到语言不仅仅是表达的工具，还是小说的内容和小说中所蕴含的文化的体现，于是他以方言写作的姿态来表现他对农村生活的观察、表达他对土地和农民的深厚感情，表达对本

① 阎连科：《阎连科》，北京：人民文学出版社，2004年2月第1版，第483页。

② 彭国庆，周兰桂：《论区域文化对当代小说意义的消解与重构》，《学术论坛》，2000年第5期，第101—102页。

③ 巴赫金：《巴赫金全集·第3卷》，石家庄：河北教育出版社，1998年6月第1版，第119页。

土文化的回归。他说："语言统治着小说的一切。尤其你想让小说回到某种传统里边，你就不可能用一种老百姓听不懂的语言去讲一个老百姓爱听的故事。我希望通过语言这个渠道，更深刻地回到传统里去。……完成了'语言的传统'，才能去谈别的回归。"[①] 阎连科仰仗自己 20 多年的乡村生活，对民间方言词语进行了发掘，运用明显带有强烈地域色彩的语音、语汇、句式、语气、语言资料，使得"受活"、"圆全"、"处地儿"、"儒妮子"、"死冷"、"脚地"、"强长"、"社校"、"铁灾"、"大孪胎"这些民间方言词汇出现在小说文本中。

阎连科还吸纳河南地方戏豫剧的唱腔特点，在叙述语言中运用了大量的语气词"哩"、"哦"、"呢"，给小说增加了一种特殊的调子和韵味，一种与河南的地域、风俗和人情紧密联系的音乐感。虽然阎连科的方言写作没有达到韩少功《马桥词典》里词类齐全的完整方言叙事话语体系，但阎连科也不是把方言当作调味品以增加一些地域味道，而是努力把方言作为一种言说方式，使作家对生活的感知方式与他所书写的耙耧人的生活方式保持一致，使小说从形式到内容都更加具有表现力和亲和力，使作家的民间情怀得以彻底地倾吐和释放。此外，方言独有的韵律感和节奏感，也唤醒了部分读者对家乡方言久违了的亲切感，唤醒了读者的某种"家园"意识，以及那种现代人回归本原的渴望。

阎连科的方言化写作，使用了鲜活的民间口语和方言，借鉴了生动的民间修辞，丰富了现代汉语普通话写作的表达方式，为中国作家本土化写作做出了自己的贡献。但是，方言化写作也带来了负面影响，过多的方言词汇也造成了非方言区读者的阅读障碍，在一定程度上影响了阎连科小说在读者中的接受与传播。

三、"狂欢化"的表达

"狂欢化"的表达方式是阎连科小说语言的另一大特色。按照巴赫金的"狂欢化诗学理论"，狂欢节的本质像一场游戏，通过对等级的颠覆、对严肃的解构，最充分地体现平等、自在生命的乐趣。狂欢节的世界观渗透在狂欢节的所有形式上，形成了狂欢式。"狂欢式转为文学语言，这就是我们所谓的狂欢化。"[②]狂欢化的语言解构了《为人民服务》中主人公的形象，其道貌岸

① 阎连科，梁鸿：《巫婆的红筷子》，沈阳：春风文艺出版社，2002 年 11 月第 1 版，第 64 页。

② 巴赫金著，《陀思妥耶夫斯基诗学问题》，白春仁，顾亚铃译，北京：三联书店，1988 年 7 月第 1 版，第 175 页。

然的面目暴露无遗；对《受活》中柳鹰雀的戏谑反讽，使这个一心梦想成为受万民崇拜敬仰的父母官的“救世主”跌下神龛；《风雅颂》中对知识分子主人公们的调侃，使平日里为人师表的一干人等斯文扫地。语言的“狂欢”已经成为了小说的内容本身，成为意义表达的一部分，而《坚硬如水》中大段大段对“文革”语言的戏仿铺陈，则使故事本身更荒诞、更疯狂，使小说的意义丰富起来，映射出作家对“文革”本质的深刻反思与揭示。

戏仿是模仿别人的诗文而作的游戏文字，是对被模仿者的戏弄。巴赫金认为，各种形式的戏仿和滑稽改编、降格、亵渎、插科打诨式的加冕和脱冕，都与狂欢节的广场紧密相联。那些对教会圣事和教义的戏仿体复本，如戏仿弥撒的作品，戏仿读经、祈祷、包括戏仿最神圣对象的作品，被巴赫金称为“神圣的戏仿”①。“文革语言”是以大量的铺陈排列、汪洋恣肆地营造出豪气冲天的革命情怀。在那个时代这种语言是以歌颂领袖的伟大、传播领袖思想、歌颂革命的崇高为主要内容，无疑是神圣的语言，而阎连科对“文革语言”的戏仿正可谓是“神圣的戏仿”。

小说中充斥着对联、顺口溜、语录歌、空洞的政治演讲、政治格言、豪言壮语、民间三句半、样板戏等文革语言的大量铺陈排列。所有的日常对话，包括主人公高爱军和夏红梅之间的性爱语言都转化成语录式的革命对话。小说中一段主人公在地道里偷偷幽会时的描述“她就又把她的的确良衫儿脱下了。……赤条条的上身擎在半空中，就像擎在那儿的一尊裸神一样，须晴日，看红装素裹，分外妖娆。俱往矣，数风流人物，还看今朝”，戏仿领袖的诗词来描绘女主人公夏红梅的裸体，解构了“文革”时代神圣语言的崇高性和革命性。小说对“文革语言”的戏仿使人们看到了那个时代日常话语的缺失，人们生活中的自然状态受到权力和政治的挤压，人们的精神处于极度的亢奋之中。阎连科还赋予这种雄赳赳、气昂昂的革命话语以情欲催化剂的特殊功效，更凸现出“文革”这场权力革命的非理性。阎连科曾说：“我重视这种在语言推动下的生活游戏性和荒谬性。如果把‘文革’放在整个历史长河中，会发现‘文革’本身就是一场历史的游戏，非常荒谬，非常可怕，也非常可笑。……或者说，是一场由8亿人参加的政治游戏，具有不可靠的虚构性和不可靠的夸张性。”②小说通过对“文革”语言的戏仿，表达了对“文革”的嘲讽，彻底消解和颠覆了“文革”的神圣性。张志忠说：“‘文革’所造成的影响

① 巴赫金：《巴赫金全集·第六卷》，石家庄：河北教育出版社，1998年6月第1版，第17页。

② 阎连科，梁鸿：《巫婆的红筷子》，沈阳：春风文艺出版社，2002年10月第1版，第29页。

和遗患是多方面的，其中很重要的一个方面就是对于民族语言的败坏，虚假、浮夸、狂妄至极、装腔作势而又铺张扬厉，色厉内荏而又豪气干云，自以为独家掌握了无往而不胜的真理，匍匐于一人之下而训导于万人之上。这样的文风，在‘文革’结束以后接近消失，但是却没有被及时清理，只是封存起来，像一个没有被引爆的炸弹一样，因此就很难说在将来的某一时刻会不会卷土重来。作家们从语言上揭示其荒唐可笑，揭开其谬不可言的假面，用嘲弄和戏仿为其送葬，可以说是为后来的人们打了预防针，增加语言的免疫力，是为彻底否定‘文化大革命’做了一项必不可少的工作。”①阎连科在《坚硬如水》中对“文革”语言的戏仿，成为其“革命＋性爱”的“文革”叙事结构不可或缺的一部分，完成了一次旨在颠覆权威、消解神圣的叙事狂欢。

阎连科是一位对土地充满感情的作家，他对中国底层农民的生活状态与精神内核有着深刻的理解与表现，他在以现代性的眼光审视乡村社会的同时，也融入了对土地的深厚情感。他执着地为每一个故事寻找一种最适合的小说语言，他使用的“陌生化”的话语、“民间化”的叙述、“狂欢化”的表达，使其对农民的感情和社会的思考得以淋漓尽致地表达，也使作品本土化与现代气质相结合，形成喜剧表象下蕴含深层悲哀的特殊审美意蕴，构成了阎连科小说的独特气质。

参考文献

[1] 巴赫金．陀思妥耶夫斯基诗学问题[M]. 北京：三联书店，1988.

[2] 巴赫金．巴赫金全集[M]第三卷．石家庄：河北教育出版社，1998.

[3] 巴赫金．巴赫金全集[M]第六卷．石家庄：河北教育出版社，1998.

[4] 夏忠宪．巴赫金狂欢化诗学研究[M]. 北京：北京师范大学出版社，2000.

[5] 张柱林．神圣的游戏——当代小说中的讽刺、戏仿与反讽[J]. 广西民族学院学报，1998(2)：115－118.

[6] 彭国庆，周兰桂．论区域文化对当代小说意义的消解与重构[J]. 学术论坛，2000(5)：101－102.

[7] 吴秀明．转型期文学叙事现代性的递嬗演进及特征[J]. 浙江大学学报，2001(1)：5－9.

[8] 张志忠．从狂欢到救赎：世纪之交的文革叙述[J]. 当代作家评论，2001(4)：92.

[9] 阎连科．寻找支持——我所想到的文体[J]. 当代作家评论，2001(6)：6－9.

[10] 李凤亮．政治与性爱：公众视角与私人情境[J]. 暨南学报，2003，25(2)：65－73.

① 张志忠：《从狂欢到救赎：世纪之交的文革叙述》，《当代作家评论》，2001年第4期，第92页。

[11] 陈素娥．巴赫金论怪诞现实主义[J]. 湖北大学学报(哲社版)，2003(3)：58－61.

[12] 阎连科，张学昕．文学谈话录：追寻结构和语言的力量[J]. 西部华语文学，2007(4)：5－18

[13] 迟源．颠覆文革最后的神性——从《坚硬如水》的后现代性谈起[J]. 辽宁教育行政学院学报，2007(3)：169－171.

[14] 阎连科．阎连科文集[M]. 长春：吉林人民出版社，1996.

[15] 阎连科．日光流年[M]. 广州：花城出版社，1998.

[16] 阎连科．坚硬如水[M]. 武汉：长江文艺出版社，2001.

[17] 阎连科．阎连科[M]. 北京：人民文学出版社，2004.

[18] 阎连科．受活[M]. 沈阳：春风文艺出版社，2004.

[19] 阎连科．为人民服务[M]. 香港：香港文化艺术出版社，2005.

[20] 阎连科．风雅颂[M]. 南京：江苏人民出版社，2008.

“X 族”类词在中日韩三国语言中的使用及文化意义比较

申慧淑

提　要　汉语、日语、韩国语中都有“族”类词，“族”作为类后缀或后缀在三种语言里都具有强大的生成能力，每年都有新的“族”类词出现。本文从形式上比较了“族”类词中“x”的词性来源、意义、指代方式，又从“族”类词所反映的社会现实和折射出的文化这一角度进行了比较。在三种语言里既有共同的特点与功能，又在各自的文化与社会条件下蕴含着不同的意义。

关键词　“族”类词　指代　来源　社会现实　文化

近年来，汉语里由“族”构成的词语出现的频率越来越高。而作为同样的汉字文化圈，韩国语和日本语中的“族”类词数量也不在少数。通过三种语言里“族”类词的构词特点、所表达的语义以及指代方式的对比，我们可以进一步分析词汇的派生过程，以及词汇和社会文化心理之间的互动关系。

一、“x 族”类词中 x 的词性、结构与来源

三种语言里的“x 族”类词从词性和结构来看，有许多共同点，都以名词性和动词性的词居多，有少量的形容词和拟声、数字形式的，字母形式的在三种语言里都较普遍。名词性的在汉语中有走班族(状中)、飞鱼族(定中)、地摊族、背包族。在韩语中如：주말족(意为周末族)，문화족(意为文化族)，在日语中如：太陽族，原宿族(原宿为地名)。在汉语中常有状中或定中结构的与“族”结合，韩语和日语中较少，因为结构越复杂所需音节就越多。动词性的在汉语中有刷卡族(动宾)、月光族(动补)，在韩语中有봄맞이족(意为迎春族)、몸보신족(意为养身族)，在日语中如くれない族(意为能否帮我……)形容词性的如汉语中有：青春族，韩语中有：엉큼족(意为表面上装的是另一副模样，其实心里有别的打算注意的人)、꼼꼼족

(性格仔细的人)，日语中有：わがまま族(原意为任性，现指结婚后不放弃工作仍坚持社会活动的女性)。拟声、字母、数字形式的：比如咔嚓一族、soho族、26岁一族、NG족、ルート16族等。韩语和日语中字母形式的更多一些。

汉语中还有一些重叠而构成的"族"类词，如"本本族""奔奔族""粉粉族""溜溜族""扣扣族""蹭蹭族"等，据统计，汉语中"族类词"以三音节的居多，这可能是为了上口好听的需要。而日语和韩国语中动词具有标记，单音节无法构成动词，因此日语韩语中这种形式少有。但韩国语里可以出现拟声拟态词组成的族类词，因为韩国语里的拟声拟态词非常发达，"族"又是常指具有共同特征的人群，因此用拟声拟态词可以生动形象地反映这一人群的特点，比如"내공냠냠족"，汉语里和日语里这类词较少。另外韩国语里还出现了一些词组或简单句组成的"族"类词，比如"우리가남이냐족"，这是一个完整的简单句。

从"族"类词的来源看，韩国语和日语里都有固有词、汉字词和外来语以及复合形式。由于韩国语和日语是表音文字，在吸收英语或其他语言的词汇时只要标记发音即可，较方便。汉语则在吸收外来词汇时或意译或音和意兼取，具有强大的消融和转化能力，这一特点也反映在"族"类词的生成方式上。

(1)x为汉字词

韩：영어족(英语族)，주말족(周末族)，문화족(文化族)

日：月光族，太陽族，抵抗族

(2)x为固有词

韩：밤도깨비족(夜猫子族)，그림족(画画族)，몸보신족(养身族)

日：ながら族(边听音乐边学习的年轻人)、あちら族(从美国留学回来并标榜自己的这一经历的人)、くれない族

(3)x为外来词、英文词的缩写或复合形式

韩：슈트케이스족(sutcase族)，몰카족(몰：固有词，意为偷偷地，카：相机的首字母)

日：カメー族、エスカレ族、3D族

相比之下，汉语中"族"类词的x较为简单。一是汉语固有的语素组成的，二是外来词汇或语素组成的。汉语和韩国语中的一些"族"类词来源于日语，比如"御宅族"，日语中原指主要沉溺于电脑和游戏中不出门封闭自己的人群，汉语中借过来使用以后又进一步指在家里工作不用每天上班的人群。

除此以外，韩国语和日语中出现了光靠字面意义很难理解的“族”类词，就是取两到三个词汇的头一个音节来构成 x，这就大大加大了人们理解的难度，所以韩国学界有些学者认为这种造词方法不可取。比如：알부자족(알，韩国语前缀，常表充满义，부자：富翁)，如果按字面意思解释就会跟族类词原本的含义大相径庭，这里的三个音节分别是韩国语三个词汇的首个音节，알(打工这一外来词的首音节)、부(不足，不够的首个音节)、자(学费或资金的首音节)，因此这一词指那些因家境不好必须打工来交付学费的贫困大学生，这一词正是利用字面意义和实际意义反差比较悬殊的效果来达到俏皮和讽刺社会现实的作用，但即使是本国人，恐怕也常会弄错。日语中也常用这一方式，比如ケジコ族，分别取了“现役”“自宅通学”“コネ”三个词的首音节组成，ヘジマ族、分别取了“ヘッドホン”“ ジーパン”“マンガ”三个词的首音节。这是因为韩语和日语表音功能较强但表义功能较弱，有时就需要采取这种方法指代具有三四种共同特征的人，如果不采取这种缩写方法会太长，而汉语中这种组合方式较少。

二、三种语言“族”类词语义与指代方式对比

(一)采用相同字形，但指代人群不同

有些韩国语和日语中以汉字词与“族”构成的词，虽然用相同的汉字，但是语义却完全不同。如汉语中的“暴走族”来源于日语，意为开着汽车或摩托车快速横冲直撞的人群。但现在也指喜欢以长途步行的方式旅游的人群。日语和韩语当中的“暴走族”只有前一个意思。再如，日语中的“月光族”意为，夏天的海滩上亲密的情侣；而汉语中的“月光族”意为，每月把所有收入花光的人群。汉语和韩国语中的“拇指族”，指那些喜欢发短信的人群，因短信需频繁用拇指而得名。日语中的“亲指族”的 x 同样是拇指，除了喜欢发短信的人群以外，还可以指那些喜欢玩弹子球的人群，因玩弹子球时主要用大拇指而得名。日语和韩国语中都有所谓的“企鹅族”，日语中的“企鹅族”其来源久远且复杂，日本的南极观测队在南极卸下观测仪器后据说很多好奇的企鹅凑过来看热闹，因此在日本这一词指喜欢凑热闹的人，而在韩国主要指把妻儿留在国内只身在国外的爸爸。

(二)指代人群相同而用不同词汇

有些“族”类词指代相同的特征人群，却用不同词汇表示。汉语中的“啃椅族”指那些在肯德基等地买上一杯饮料以后坐四五个小时，泡在那里的人群。韩国语中则用코피스족(coffee office 族)一词，因为韩国的肯德基等快

餐店一般空间不大，人们习惯外带而并不在里边用餐，而咖啡馆较多环境也较好，因此在咖啡馆打开电脑工作或学习的中青年人群越来越多。指代的人群相同但因为国情不同，因此使用不同的词汇。还比如韩国语中，没有找到正式工作干临时工却要还房贷的生活不稳定人群为“蚂蚁族”，汉语中则用“奔奔族”表示类似的概念。随着经济水平的提高，人们开始追求健康的生活方式，汉语中称“乐活族”，韩语中称“웰빙족”。韩语中把因未能就业靠父母生活的年轻人叫“袋鼠族”，汉语中靠父母的叫“啃老族”。汉语和日语中，都用“宅”来表示蜗居在家里与外界很少打交道的人，韩语则用蚕蛹的英语词coccon来表示。

(三)命名方式

1. 以动作行为的名称命名

中：刷卡族，外食族，追星族

韩：야깅족(夜里慢跑族)，자출족(自行车上班族)，학점쇼핑족(购买学分族)

日：お見合い上京族(到东京相亲一族)，金归月来族(星期五到东京星期天返回地方的人群)

2. 以动作行为的对象、工具等命名

中：自行车族，电脑族，短信族

韩：BMW族，명품족(名品族)，미니 오토바이족(迷你摩托车一族)

日：五飯族(一天吃五顿饭的中小学生)，纪念日族(自己设定一个纪念日自庆的女性人群)

3. 以动作行为的生存状态、心理感受或所崇尚的观念命名

中：穷忙族，倦鸟族，过劳族，奔奔族，99一族

韩：네네족(NENE族，来自意大利语，指既不工作也不学习的青年)，프리터족(靠打工生活的年轻人)

日：窗際族(因面临退休而不受重视只能望着窗外无所事事的人群)，讨ち死族(因工作劳累找一家宾馆的房间坠入深度睡眠的人群)

4. 以动植物或其他事物来比喻这一人群特性的命名方式

中：向日葵族，蜗牛族，胡萝卜族，草莓族，蛋壳族，管道族，虾米族，跳蚤族

韩：캥거루족(袋鼠族)，코쿤족(蚕蛹族)，개미족(蚂蚁族)，펭귄족(企鹅族)

日：カラス族(乌鸦族)，いちご族(草莓族)

韩国语和日语中还有一些较为特别的命名方式，即缩略形式，它指代具有几种共同特征的人群时，用数字或字母来缩略较复杂的含义，如三D族，三语族，六语族等。

三、“族”类词与社会现实

可以说，新出现的“族”类词很好地反映了每个国家的社会文化经济现实，而且它所反映的速度极快。据曹大为统计，人民日报中1995年到2005年出现了309个“族类词”，1995年有19个，2005年增至44个。韩国语中的“族”也是造词能力最强的一个后缀，分别在2002年造出49个，2003年54个，2004年39个“族”类新词。日语的“族”类词比中国和韩国出现得都早，上世纪50年代开始，一直呈稳步上升趋势。在三国语言中最近出现的“族”类词主要反映以下的社会现实与变化。

(一)随着经济发展加快，新的电子产品如电脑、手机等的普及而出现的新生活方式与观念。

中：秒杀族，电脑族，拇指族

韩：찰나족(刹那族)，디카족(数字相机族)，코피스족(咖啡办公室族)

日：宅配族(常通过快递购物的人群)，周末レンタカー族(不买车，只在周末租车使用的人群)

(二)因就业和生活方面的压力增大而出现了新的生活方式与生活状态。

韩国近年来由于金融危机的影响就业成为年轻人的噩梦，反映就业困难现实的“族”类词非常多。NG族(no graduation)：因找不到工作办休学或故意不修满学分的人群。에스컬레이터족：不断地换专业或插班想提高身价的人群。零点五倍族：在长假时不回老家只因图0.5倍的假期工资留下来打工的人群。장미족：长期没有能就业的人群。공시족(公试族)：准备公务员考试的人群。알부자족：用打工的钱准备学费的人群。서울족(首尔族)：为了就业到首尔来的人群。도시락족(饭盒族)：为了省钱每天带饭盒的大学生人群。5000원족(5000元族)：用韩币5000元维持一天生活的人群。둥지족(巢族)：因害怕进入社会想尽办法想留在学校的人群。공휴족(恐休族)：害怕因不能就业而长期在家的人群。韩国社会的高学历人群早已处于饱和状态，因此就业难成为非常突出的社会问题，而随之出现的各种族类词也反映了这样的现实和大学生为了就业而采取的生活方式。相比之下，就业问题在中国和日本不像韩国那么突出，这类词的数量就不如韩国多。

(三)对具有鲜明特性的女性或男性的称呼。

汉语中此类词较少，但韩语和日语中在描述与传统的男性或女性生活方式、观念具有很大不同的人群时，出现了很多这一类词。如日语中：くれない族(来源于同名电视剧，短语的意思是可否帮我做……？一些家庭主妇热衷于工作，因此经常请求丈夫帮她做一些家务，此为日语中恳请句的表达方式，这也很好地说明了女性自觉觉醒的社会氛围)トウガラシ族：大量使用杀菌效果、保温效果，储存能量效果好的食物的年轻女性。东京フライデ族：星期五晚乘飞机到东京一直到星期天尽情享受东京生活，星期天晚回到地方的年轻女性。韩语中的这类词大多来源于英语国家，如하하족 happy aging healthy & attractive(노무족 no more uncle)：指中年男性，他们事业有成，讲究生活品质，拒绝被称为大叔，努力保持青年时的生活状态。그루밍족(grooming 族)：在打扮自己方面不吝惜投资钱财的男性。쿠거족(cougar 族)：具有经济实力充满自信的单身女性。"Treatage 族"指 25－45 岁的职场女性，她们一般除了工作以外也还继续学习英语或其他专业，不断自我开发，提升自己。RUBY 族(分别取了四个英文单词的首字母，即 refresh，uncommon，beauty，young，指虽已步入中年，但拥有好身材和皮肤及时尚感觉，并追求内在美的女性)。这也反映了越来越多的女性已不满足于相夫教子的传统生活方式，想要开创独立生活空间的意愿日益强烈。

这些词具有共同特点，都与韩国和日本社会中传统的对男性或女性的定位背道而驰，具有叛逆和改革的涵义，把女子在家里相夫教子的角色和男人不应过分修饰外表这种传统观念打破，也反映了社会的潮流和发展方向。中国此类词汇较少是因为新中国成立后中国以自己特有的方式，如政治运动和一些观念文化的普及等方式解决了男女平等问题，因此，在现代社会这一问题不再是一个焦点。

(四)由于与社会现实的紧密相关。

因此"族"类词的产生于消亡也能很好地反映社会的新生事物、被淘汰的事物或流行趋势。比如韩国语中指那些夜里慢跑的人群有两个，一是"Gump 族"，来源于同名电影的名称，当时这部电影很受欢迎，还有一个词为"야깅족"，意为夜里慢跑的人，两个音节分别取自"夜"和"慢跑"的首个音节，前一个随着电影被逐渐淡忘而消失了，可后一个现在依然在用。还有一例，如"글사랑족"，是合成词，字(或可解释为文章、信等)＋爱，是以给孩子留条的方式传达爱的父母，但最近随着电话、邮件、短信的频繁使用，这一词也消亡了。汉语中很多"族"类词也并没有固定下来，有些随着流行事物

或现象的消失而消失，有些则还需要经过时间的检验。

四、"族"类词折射出的不同社会文化

1. 在韩国语和日语中的"族"类词中，有不少以地点和人名为 x 的词。如韩国语中的"청담동족""효리족"日语的"六本木族""原宿族"。日本和韩国的首都一些区域，具有鲜明的地区文化特色，所以常以地区名称来指代具有某种爱好或生活方式的人群。人名主要以明星居多，还有一些来自影视作品的主人公，如汉语中也有"哈哈族"，指非常喜欢哈利波特的人群。

2. 汉语和日语中都有一些以本国小说为 x 成分命名素材的词。如汉语中的"飞鱼"族。"飞鱼族"是指在国内已取得不俗成绩，却放下国内的一切，到国外名校求发展的人群。"飞鱼"一词源自国内第一部以欧美顶级商学院为题材的小说《巴黎飞鱼》，又喻指"本身是鱼，却一心想飞，注定失败"这一意义。日语中"斜阳族"来自以年月太宰治发表的小说《斜阳》为词源，次年六月，这个词语因太宰治跳河自杀而流行起来。它是指战后日本没落的上流阶层。该词带动了以后族类词语的陆续产生。"太阳族"指在夏天的海边，行为放荡不羁的男女。石原慎太郎的《太阳的季节》荣获芥川奖后，石原和大宅北一的谈话中出现了该词。之后，"太阳族"一词便广为流传。石川达三的畅销书《四十八岁的抵抗》中出现了抵抗这个词语。和"太阳族"相对，该词指努力认真工作，向人生进行挑战，抵抗逆境的中年男性。此外还有カイワレ族、クリスタル族、時雨族、ノルウエイ族、ひらひら族等词也都来自畅销小说，有的是指喜欢这一小说的人群，有的指像小说里的主人公那样具有某种品质的人。比较而言，日语中的这类词大大多于汉语和韩国语的同类词。

3. 三国语言的"族"类词中都有以其独特文化为来源的"族"类词，这一类词包含着本国的深层文化底蕴，一般很难仿造和被他语言吸收，是独特的文化象征。

比如汉语中的"阿 Q 族"，指那些无条件必须加班的白领，无论有没有物质或精神方面奖励，想保留工作就得加班，于是他们自嘲为阿 Q，正是借助于鲁迅笔下阿 Q 的自欺欺人、自轻自贱自嘲自解等性格特点来指代现实生活中无奈而又必须自我解脱的白领生存状况。再如"夹心族"，由于中国长期实行计划生育政策，所以现在形成一些中青年夫妇既要赡养双方的四位老人，又要抚养孩子，夹在老人和孩子之间，承受着精神和经济方面的双重压力。这也是中国的国策带来的不可避免的现状。

日语中有"三语族"，以女大学生为中心的年轻女性和他人进行谈话时，

几乎只用「ウッソー」「ホントー」「カワイー」(分别是：不是真的吧？真的。好可爱)这三个词语来表达自己的感情。人们称她们为三语族。这与女性在日本的社会地位以及日本国民性格有关。“3D族”指年轻女性说话时一般用撒娇的口吻提醒对方，说「だってえ」，接着会说「でも」，最后表明观点说「どうせ私は」。社会批判这些缺乏主体性和责任感的女性为3D族。3D是三句口头禅中的三个词的罗马字前一个大写字母而得名。再如日语中“濡れ落ちば族”，这里x的语义为落到地上难以打扫的灰尘，这里指已退休的年老丈夫。在上个世纪80年代，日本出现了“粗大垃圾”一词，原指废弃的大型电器，如电视机、洗衣机等。后来因退休的丈夫在家里既不挣钱又占地方，因此以这个词来形容退休后的男性。退休后的丈夫无事可做，整天围着妻子转，妻子到哪儿就跟到哪儿。这与日本的家庭结构与伦理观念有关。丈夫年轻工作时一般压力大、工作忙，生活中的事全部依赖妻子，而妻子因为经济上不独立全靠丈夫，所以家务、照顾好丈夫和孩子的生活是应当的责任，心理即使有怨气也不能表露，而孩子长大没有负担想自己旅行轻松自在时，丈夫却退休在家在诸方面依赖她，难免产生厌烦情绪。这类词在中国的社会情况和家庭结构条件下很难产生。

韩国有“世宗大王”族。世宗大王是创制韩文文字的人，由于现在网络语言和外来词的盛行引起了一些人的反感，因此这一人群的特点是倡导尽量使用纯正的韩国语，排斥网络语言和外来词。这也反映了韩国的语言社会现实。“零点五倍族”，韩国在中秋和农历新年时大批人要回老家省亲，而一些靠打工生活的年轻人却因为长假时打工的工资为平时的0.5倍，选择留在城市继续工作，这也反映了年轻人所面对的巨大生存压力。

4. 韩国语和日语中有些词汇与社会政治现实有关。比如日语中有“道路族”，指那些在公路相关部门工作的公务员与政治家或工程部门暗地勾结建一些利用价值不大的公路而浪费国税。后韩国语引进了这一词。

五、结语

综上所述，我们从几个方面比较了三国语言中“族”类词的形式与所蕴含的意义以及它所反映的社会现实。从形式上看，三国语言差异不大，汉语所特有的形式是重叠，韩语特有的形式是拟声拟态词构成的族类词。从组合形式来看，韩语和日语中都有取三四个词汇的首个音节而组合成的“族”类词，汉语中除一些英源“族”类词采用首个字母组合的形式外，未发现此类组合方式。从来源看，汉语中较少使用英语字母而多采取意译或其他转写方式，韩语和日语中则较多保留了英语原词的发音，按发音转写的情况多，而且“族”类词中英源词比率较重。从它反映的社会现实看，共同特点就是“族”类词与社会现实联系及其紧密，随着一些新生事物会出现新的“族”类词，而又根据其事物的消亡而消亡。韩国语和日语中指称男性或女性的词较多，这与传统价值观及女性的社会地位息息相关，有些“族”类词所蕴含的是那一国家的经济文化或观念的体现，翻译较困难，在另外一种语言里实用价值较少。由于“族类词”所蕴含的这些信息，因此对于语言和文化学习者来说，也是掌握其语言和文化历史的很好途径。

参考文献

[1] 赵国. “x 族”的语言学分析[J]. 云南师范大学学报，2007(6)：86－89.
[2] 曹大为. 族的类词缀化使用分析[J]. 山东社会科学，2007(5)：150－152.
[3] 马瑞. 韩国语 x 族型新词考[J]. 浙江旅游职业学院学报，2008(4)：62－65.

国外礼貌理论研究概述

樊青杰　白欣艳

提　要　从语言学的角度研究礼貌现象近年来成为一个热点。从研究的角度来看，大致可以分为两类。第一类是从“规则”的角度来研究礼貌，第二类是从“策略”的角度来研究礼貌，还有一些学者将二者结合起来研究，即基于规则和策略的“二元礼貌观”。

关键词　礼貌　交际　策略　面子

从上个世纪70年代开始，语言学研究领域出现了各种与礼貌相关的研究。大致可以分为两大类。第一类是从“规则”的角度来研究礼貌，即把语言中的礼貌看做是为了遵守社会规则，遵守语用规则或者遵守“社会秩序”。第二类是从“策略”的角度来研究礼貌，即将礼貌看做是为实现交际目的而采取的策略。还有一些学者将二者结合起来研究，即采用基于规则和策略的“二元礼貌观”。

一、礼貌作为规则

在早期的文献中，语言中的礼貌并没有被当做语用规则来进行研究，学者们往往认为礼貌是一种标准、规范。在这种情况下，礼貌通常被看做是一种常识性的概念。

Lakoff(1973)首次将礼貌视为一种语言规则。在Grice(1967，1975)的“合作原则”的基础上，Lakoff(1973)指出，说话者进行表达时，不会仅仅考虑他所用句子的字面意思和语法意义，还要考虑语用规则等。她认为，有时候说话者会故意违反合作原则，这样做的目的是为了使自己显得更加有礼貌。她提出两条“语用能力”(pragmatic competence)规则，即：“清楚”(基于合作原则)、“礼貌”。她认为如果说话者想和听话者搞好关系，那么“礼貌”往往比“清楚”更重要。许多会话的目的并不仅仅是为了清楚有效地交换信息，主要是为了维护、巩固会话参与者之间的人际关系。Lakoff 提出了以下三条礼貌原则：(1)不将自己的意见强加于他人；(2)给听话者选择的自由；(3)通过说听话者爱听的话使听话者感到高兴。第一条和第二条原则主要是通过允许听话者决定是否与说话者一起参与会话，来给予听话者自主决定的权利。第三条原则主要是说话者使用一些好听的话，比如称赞、恭维等，或者通过传达平等、关爱等，使听话者内心感到愉悦。

Leech(1983)将礼貌看做是他提出的"人际交际修辞原则"(Interpersonal Rhetorical Principles)的一部分。人际交际修辞理论主要包括以下三个原则：(1)合作原则(the Cooperative Principle)，(2)礼貌原则(the Politeness Principle)，(3)讥讽原则(the Irony Principle)。在礼貌原则之下，Leech 提出六种主要的"礼貌准则"(Politeness Maxims)，Fraser(1990：225)将其概括为以下几点：

(a)得体准则：尽量减少别人的损失，尽量增加对别人的好处。

(a′)元准则：不要将听话者置于说话者或者听话者不得不违反得体准则的境况下。

(b)慷慨准则：尽量减少对自己的好处，尽量增加对自己的损失。

(c)称赞准则：尽量减少对别人的贬低，尽量增加对别人的赞誉。

(d)谦虚准则：尽量减少对自己的赞誉，尽量增加对自己的贬低。

(e)一致准则：尽量减少与自己的不一致，尽量增加与别人的一致。

(f)同情准则：尽量减少对别人的反感，尽量增加对别人的同情。

Leech 提出用五种不同的"尺度"(scales)来衡量与这六个准则相一致的程度：付出—收获尺度(the Cost-Benefit Scale)，选择尺度(the Optionality Scale)，间接性尺度(the Indirectness Scale)，权威尺度(the Authority Scale)，社会距离尺度(the Social Distance Scale)。从理论上来说，这六个准则和五个尺度对分析礼貌行为已经足够了。因为"礼貌"这个词对 Leech 来说含义太宽泛，所以他又提出了四种不同类型的礼貌：竞争礼貌(Competitive Politeness)，社交礼貌(Convivial Politeness)，合作礼貌(Collaborative Politeness)和冲突礼貌(Conflictive Politeness)。然而，他并没有讨论为什么说话者选择这种礼貌而不选择那种礼貌的原因。虽然有些学者认为 Leech 的方法理论性太强，难以在实际的语言运用中操作(如 Fraser，1990)，但是 Leech 对 Grice 理论的详尽阐释还是功不可没的。

二、礼貌作为策略

上文指出，Lakoff 和 Leech 将礼貌视为一套指导人们言语行为的规则，有些学者不同意这种观点。这些学者认为，礼貌行为是说话者的一种交际策略。从某种程度来说，人类所有的交际活动都是有策略的，都是为了达到某种目的，礼貌行为也不例外。我们如果看看学者们对礼貌的定义就会更清楚这一点。有些学者认为礼貌行为的目的就是为了使听话者感到舒服，使双方的会谈更加顺畅，使人与人之间的关系更加和谐。(如，Lakoff，1973；Held，1992)。Watts et al.(1992)引用了古希腊哲学家西奥弗拉斯塔(Theophrastus)关于礼貌的定义：

礼貌是一种包括语言和非语言行为的社会行为形式；它是一种技巧，如果需要，可以用理性的、预先考虑好的方式来达到非常具体的目的；它主要的目的是提高说话者的权威和他在群体中的地位；我们需要详尽地解释礼貌如何在社会语境中运用。(第45页)

Watt将这个定义与Lakoff(1975：64)，Leech(1983：104)，Fraser and Nolen(1981)，Brown and Levinson(1987：1)等现代语言学的定义做了比较，他认为，从准则/规则角度定义的现代语言学意义上的礼貌(如，Lakoff和Leech的定义)与以前定义的礼貌没有什么大的不同之处。他认为这些定义忽略了礼貌行为的基本特征，即：以自我为中心。他指出，从某种程度上说，礼貌是说话者隐瞒内心利己性的面具。

Brown and Levinson(1978，1987)提出一种新的礼貌理论，他们将礼貌视为一套有目的的、依语境而变化的行为策略。他们的定义与Grice的合作原则有些联系，即说话者背离合作原则的目的可能是想显得更礼貌。他们的理论主要有以下两个重要观点：首先，他们认为虽然表达礼貌的具体方式在各种不同的文化中可能有所不同，但是礼貌行为在全世界却是普遍存在的。其次，他们认为说话者会理性地运用礼貌策略来达到自己的目的，而目的之一就是在交际活动中互相给对方“留面子”(maintain face)。“留面子”是他们礼貌理论的核心。他们的理论借用了Goffman(1967)的面子概念。

Goffman在他的《交际礼仪》(Interactional Rituals)一书中指出，面子是一个人想要扮演的理想社会形象。Goffman认为，“面子可以定义为一个人在交往中所拥有的为他人所认可的积极的社会价值。”(1967，第5页)他还提出，说话者应该使其他会话参与者觉得他不仅要给自己留面子，而且也给对方留面子，这种互相给对方留面子的行为是人际交往活动的基本特征。Brown and Levinson将面子的概念引入自己的理论体系中，他们认为说话者的“面子”包括两个方面：“消极面子”(negative face)和“积极面子”(positive face)。“消极面子”是指说话者不愿被对方反驳。每个人都不愿意让他人将意见强加于己，每个人都渴望拥有自己的空间，希望别人维护和尊重自己的空间。“积极面子”是指说话者希望获得别人的认可、理解和尊敬。

Brown and Levinson(1978，1987)与 Goffman(1967)观点的相同之处在于他们都认为，理性的说话者总是想尽力维护别人的消极面子和积极面子，除非有比给作为会话参与者的对方留面子更重要的交际目的。Brown and Levinson(1978，1987)理论体系的优点在于他们认识到礼貌行为对语境有依赖性，这与 Leech 和 Lakoff 等学者提出的从规则/准则角度研究礼貌相比是有优势的。

三、二元礼貌观

二元礼貌观是伴随着 Brown and Levinson(1978，1987)理论的出现而产生的。这种礼貌理论主要是一些东方学者提出的。他们认为，一些存在敬语体的语言，比如日语、爪哇语、朝鲜语等，有着与西方语言不同的礼貌范畴，即表敬意的礼貌。如，Ide(1989)就批评了当时已经存在的几种礼貌理论，他认为这些理论“都不能避免一种偏见，即西方语言和西方视角的种族优越感”。(第 224 页)而且他认为西方学者对有敬语的语言了解不多。他认为使用有敬语语言的说话者主要通过以下两种方式来表达礼貌：(1)“说话者有意采取策略让他的信息为听话者所乐意接受”；(2)“在某话语社团中说话者选择那些符合成员期待的或者与语境相适应的表达方式”(第 225 页)。如果我们把 Ide 的“使信息为听话者所乐意接受”理解成迎合听话者的要面子需求，那么第一种方式似乎与 Brown and Levinson(1978，1987)的礼貌理论是一致的。这种礼貌是说话者有意而为的，因此也可以叫做“有意的礼貌”。Ide 认为 Brown and Levinson 的理论忽视了第二类礼貌。第二种方式的礼貌是成为合格的社团成员所必须要接受的行为标准；因此，如果说话者不符合这个行为标准，就会感受到社团内部的压力。这种礼貌被称为“明辨礼貌”(discernment politeness)。明辨礼貌是指说话者在正式场合会使用符合社会标准的行为(Watts et al. 1990)，也可以指在某社团中为成员所乐于接受的约定俗成的行为标准。这种认为礼貌应该包括明辨社会行为规范的观点也可以被称为“社会标准”观。

参考文献

[1] Lakoff，R. The logic of pliteness；or minding your p's and q's[J]. *Chicago linguistics society*，1973(8)：292－305.

[2] Lakoff，R. *Language and Women's Place*，New York：Harper，1975.

[3] Grice, H.. Logic and conversation[A], in Cole, P. and Morgan, J. (eds.), *Syntax and Semantics* 3. *Speech Acts*[C], New York: Academic Press, 1975, pp. 41—58.

[4] Leech, G. *Principles of Pragmatics*[M]. London: Longman. 1983.

[5] Fraser, B. Perspectives on Politeness [J]. *Journal of Pragmatics*. 1990, 14 (2): 219—236.

[6] Fraser, B. and Nolen, W. The association of deference with linguistic form[J]. *International Journal of the Sociology of Language*. 1981(27): 93—111.

[7] Held, G. Politeness in linguistic research[A], in Watts, R, Ide, S. and Ehlich, K. (eds.), *Politeness in language: Studies in its History, Thoery and Practice*[C], Berlin: Mouton de Gruyter, 1992, pp. 131—153.

[8] Watts, R, Ide, S. and Ehlich, K. (eds.). *Politeness in language: Studies in its History, Thoery and Practice*[M]. Berlin: Mouton de Gruyter, 1992.

[9] Brown, P. and Levinson, S. Universals in language useage: politeness phenomenon[A], in Goody, E. (ed.), *Questions and Politeness*[C], Cambridge: Cambridge University Press, 1978, pp. 56—289.

[10] Brown, P. and Levinson, S. *Politeness: Some Universals in Language Usage*[M]. Cambridge: Cambridge University Press, 1987.

[11] Goffman, E. *Interaction Ritual: Essays on Face-to-face Behavior*, Garden City, NY: Anchor Books, 1967.

[12] Ide, S. Japanese sociolinguistics: politeness and women's language[J]. *Lingua*, 1982, 57(2/4): 357—385.

略论网络语言的交际色彩

惠天罡

提 要 本文以动态视角分析了网络语言的交际色彩，概括出网络语言具有如下色彩类型：联想色彩、形象色彩、谐趣色彩、游戏色彩、戏谑色彩、亲昵色彩、隐晦色彩、詈骂色彩等。同时提出网络语言的色彩类型具有动态性、交融性、开放性、随意性等特点。

关键词 网络语言 交际 色彩

语言在满足了交际者传达概念意义的同时，还需要适时、适地地传达交际者的思想、感情，所以，作为人类最重要的交际工具的语言在传递思想感情的过程中也在不断地传递着色彩意义，交际者很多时候正是在借助语言表达色彩的过程中发挥着自我的创造性，同时也体验着语言给自己带来的种种快感。马克思说过："我在我的生产中物化了我的个性和我的个性特点，因此我既在活动时享受了个人的生命表现，又在对产品的直观中由于认识到我的个性是物质的，可以直观地感知，因而是毫无疑问的权力而感到个人的乐趣。"①。可见，色彩就是交际者用语言表达生命意识的一种体现。

网络是个色彩纷呈的交际平台，在这个平台上使用的网络语言具有丰富的色彩意义。它体现为语言表达中的某种态度、倾向、状态、情趣、风格、氛围等，是客观存在的多种感官属性和网络交际者的主观态度、感觉、体验与语言表达的来源、方式、范围等各个方面的综合反映，使得网上的语言表达自由灵活、风格多样。

色彩意义作为语言系统中的一个重要部分，可以反映客观世界的某些感性属性，体现了交际者的主观意识、情感、体验，在一定条件下可以与词的

① 引自马克思、恩格斯．马克思恩格斯全集(第42卷)[M]．北京：人民出版社，1972，第97页。

基本概念意义融合在一起，也可以依附在词的概念意义上，具备一定的标记和修饰功能。网络语言的色彩意义是在网络这个交际平台上得以释放的，在用于网络交际之前，色彩意义的价值处于潜藏状态，当网络语言在网络交际中得到灵活使用，受到语言整体气氛的烘托，加上网络交际平台的刺激，色彩意义的价值得以实现。

网络语言的色彩意义非常丰富，本文主要就以下几种主要的色彩类型对网络语言的交际色彩做一讨论。

一、联想色彩

“人的大脑天生有一个功能，能够由此与彼的关联想到彼，由彼与此的关联想到此。这就叫联想。”① 交际者本身就具有奇特、丰富的想象力，有心理学家认为两个意义上距离遥远的概念只要经过几步的中间联想，就能从一概念过渡到另一概念。互联网的超媒体特征促使网民有效地利用文字、字母、数字等符号来扩大感官体验，强化联想思维。网络语言中的联想色彩主要表现在语音联想、语形联想及语义联想三个方面。

1. 语音联想

网络语言中的语音联想非常普遍，谐音是实现语音联想的主要手段。因为语音的相同或相近，交际者往往会用不同的形式借助语音的关联表达相应的语义。如：

酱紫（这样子）　　酿紫（那样子）　　一7（夫妻）

r（人）　　0（哦）　U（你，you）Y（为什么，why）

2. 语形联想

网络交际者有时会充分利用语言符号形式上的相似性表达相应的语义，网络上交际者使用的大量的表情符号都属于语形联想。

网络交际者有时会随性地使用“象形文字”为交际增色添彩，如用“S”表示“拐弯抹角”的意思，“Zzzz”则是对睡眠状态的形象描绘，通过几个连写在一起的“Z”，用漫画手法形象地描绘出人打呼噜时发出声音的状态。“orz”看起来像是一个人跪倒在地上，低着头。起初用来表示“悔恨”“无力回天”等意思，随后渐渐延伸出“钦佩”“崇拜”“真受不了你”“被你打败了”等多种含义。

网络交际者有时利用汉字的形体结构来表达网络语言的联想色彩，如“囧”字本意是光明，被赋予的新义是：悲伤、无奈或者极为尴尬的心情。如

① 引自于根元：《说“联想”》[J]. 福建师范大学学报，2006(1).

果把“囧”字看成是一张人脸，那么“八”就可以联想为两道因悲伤和沮丧而下垂的眉毛，“口”则可联想为“张口结舌”的“口”。当一个人说“我很囧”的时候，可以想象他的那副表情完全和“囧”一样。而“囧”字的发音和“窘”完全一致，发音与语义的相似相关性进一步刺激了该词在网络上的流行。

“槑”是“梅”的异体字。由于由两个“呆”组成，被网民联想为“很呆很天真”。

“靐”原指雷声。从字形上看，好像三个“雷”叠在一起，现在被网友用来表达一种未曾想到、不可思议、非常惊讶的情绪。

3. 语义联想

语义联想需要借助交际者的认知语境方能得以实现。如“286”，本来是一种落伍的电脑形式，现在是指某人顽固不化，不与时俱进，比较笨。“吐口水”指在聊天室或论坛发言。“IN”即入流、时髦，“OUT”来自体育比赛的“出局”，即落伍的、应该被抛弃的意思，“板砖”指 BBS 上的评论，“顶”指支持发帖人的观点，“流口水”表示羡慕，“统一”“刷墙”“扫楼”均指整个版面都是一个人的回复，“马桶文章”指烂文章。

实际上，以上的三种联想类型从根本上说都是借助各种相同、相似或相近的关系表达相应的语义，同时还需要一定的网络语境的烘托，才可能使得形音义之间的关系明确化，从而为语义的表达服务。

二、形象色彩

网络语境下的语言交际更多地表现为一种视觉传播，这就强化了网络交际中形象色彩的出现频度，使得直观、形象的图形以及形象色彩突出的词语大量用于交际之中。

刘叔新(1980)曾指出：“很多词语，除代表一定的对象这种理性意义之外，还同时含有关于该对象的某种形象感。这就是形象色彩。”①

形式美就是指“构成事物外形的物质材料的自然属性(色、形、声)以及它们的组合规律(如整齐、比例、对称、均衡、反复、节奏、多样统一等)所显现出来的审美特征，是指某些既不直接显示内容，而又具有一定审美特征的那种形式的美”。②

具体、形象的东西要比抽象的东西更容易让人接受，色彩意义在渗透于

① 引自刘叔新：《词语的形象色彩及其功能》[J]. 中国语文，1980，(2).

② 引自姚鹤鸣：《传播美学导论》[M]. 北京：北京广播学院出版社，2001，第 49 页。

语言概念意义之中时，色彩意义的显现相对容易，色彩意义临时依附于概念意义的时候，色彩意义可能会表现得较不稳定，它可能不会受到概念意义的影响而独自发生变化，形象色彩很多都是已经渗透在概念意义中了，所以即使所指发生变化，其蕴含的色彩意义则会较为稳定地存在，从而为交际的即时需要服务。

塑形、拟声是表达形象色彩的主要手段，相似性则是表达形象色彩的基础。比拟造词使网络词语的色彩意义，尤其是形象色彩突出。如用“冒泡”指论坛里沉默不发帖的人偶尔的发帖行为，用“抛砖”指回帖，用“拍砖”指回帖时持批评态度，用“潜水”指待在聊天室里不说话，用“爬墙头”指只看帖不回帖的行为，用“纯净水”指内容空洞的帖子，用“马甲”指一个人拥有的多个ID。用“飘过”表示网民不经意地看了帖子并离开的行为，用“挖坑”指一些网民发表能吸引其他很多网民不断回复的帖子的行为，如编造故事，写写停停，以吸引网民回帖，提高回帖率。用“帽子”指聊天室的管理员或主持人名字前的一个“@”模样的符号。它是主持人身份的标志。这些词语表达生动、形象，所以在网络上非常流行。

以下是网络交际者借助各种符号表达的形象色彩：

★.°■.☆°＊°●★.歌星啊！真好听　＊　＊.★☆多美妙的声音啊★＊★°°☆＊呱唧呱唧！太棒了！∴°★★°真的是你唱的吗？我怀疑是歌星唱的啊!!　＊◎我醉了!!◇★°掌声为你响起

有时形象色彩与联想色彩是交融在一起的，就BBS中的发帖、回帖的上和下的关系就让交际者联想到“楼上”与“楼下”的关系，于是，“楼主”指发帖者，“楼上的”指上面的帖子回复者，“楼下的”指下面的帖子回复者，“顶楼”指最上面的发帖者，“底楼”指最下面的回帖者。上文“联想色彩”中的“象形文字”同时也体现了强烈的形象色彩，这些形象色彩的实现需要交际者联想思维的参与，这些形象、新颖的色彩附着在这些“象形文字”上，使网上交际显得更为生动，更为鲜活。

三、游戏色彩

网络语境给交际者提供了消遣、娱乐的环境，语言自身又有游戏功能，于是，网络语言的游戏色彩在网络交际中也有所表现。如网络交际中的答非所问、论坛中网民用同样的回帖内容“保持队形”等。网络交际者用“＜@＿@＞”表示醉了，“你好”可以用闪烁的动态效果加以表达，还有BBS上很多在图片上添加与原来图片内容不相符的文字，借助当时的语境增强交际效果等。汉语本来具有的音、形、义的特点为网络语言的色彩意义的表达提供了基础，网络交际者追求轻松、和谐的网络交际环境则为网络语言色彩意义的表达提供了可能，交际者在表达网络语言的游戏色彩时，也缓解了面对电脑屏幕进行交际的陌生感。

四、谐趣色彩

“谐趣是一种原始的普遍的美感活动，凡是游戏都带有谐趣，凡是谐趣也都带有游戏。谐趣的定义可以说是：以游戏态度，把人事和物态的丑拙鄙陋和乖讹当做一种有趣的意象去欣赏”[①]。“‘谐’最富于社会性。艺术方面的趣味，有许多是为某阶级所特有的，‘谐’则雅俗共赏，极粗鄙的人欢喜‘谐’，极文雅的人也还是欢喜‘谐’，虽然他们所欢喜的‘谐’不必尽同”[②]。由此看出，谐趣非大雅之人的专利，谐趣可以雅俗共赏。因为谐趣具有这个特点，它恰恰可以和网络这个雅俗并存的交际平台和谐相容，网络上的交际者非常广泛，参差不齐，但是不妨碍他们有谐趣这样的交际取向。所以具有谐趣色彩的网络用语就显得很有市场。现实生活中每个人的真实身份带来的束缚使得大家彼此之间存在一种无形的交际隔阂。在网络交际平台上，语言的内在机制与交际者的谐趣追求一旦交融，现实中的交际隔阂似乎彻底崩溃，现实生活中的“文明面具”也似乎完全粉碎，交际者在借助语言实现谐趣互动的过程中回到了一种原始状态的“众神狂欢”状态，而这种状态似乎又刺激网络交际者们的一种自然归属感，有助于强化网络语言的“标志功能”。

回头填上长名外加长长密码外加长长长验证码登录只为好帖留名!!! ^_^关键因为都是安徽地嘛 板凳伺候 不 看这劲我得搬张床来大家不要误会休息休息而已　　　　（猫扑论坛）

五、戏谑色彩

网络交际者会经常使用语言彼此开玩笑，协调人际关系，以营造轻松、愉悦的网络交际环境，网络语言的戏谑色彩常常在这种情况下得以体现。如：

恐龙（长相不佳的女性网民）　　青蛙（长相不佳的男性网民）

蛋白质（笨蛋＋白痴＋神经质）　　白骨精（白领＋骨干＋精英）

---

① 引自朱光潜：《诗论》[M]. 北京：生活·读书·新知三联书店，1998，24页。

② 同上。

楼猪真不厚道，N天了也不更新，是不是上火星了（猫扑论坛）

楼猪快来更新啊 蒸发了？　　　　　　　　（天涯论坛）

六、亲昵色彩

网络语言中的重叠式词语在传达亲昵色彩方面表现较为突出。字母重叠式产生的亲昵色彩来源于与之对应的汉字重叠，作为构词部件的汉字，为色彩的体现提供了可能，汉字重叠产生的色彩意义相对稳定，与之对应的汉语拼音字母重叠是以它为基础产生色彩意义的，网民看到字母重叠式的字母词时，往往理解的语义所指，甚至在心里划过的"心理印迹"是与之对应的汉字重叠形式。亲昵色彩的字母词在语用上既满足了网上交际者对简捷的需求，也满足了交际者趋新求异、追求人情味的需要。如"yy"比"衣衣"亲昵，"衣衣"比"衣服"亲昵。叠音词与汉语拼音缩写的叠字母词具有共同的特点，亲昵色彩显现。如：

东东/片片(照片或图片)　BB(宝贝)　CC(醋醋)　DD(弟弟)

网络这个平等的交流环境使网民们愿意积极营造一种轻松、温馨感，所以重叠构词正是这种心理需求的体现。

七、隐讳色彩

隐讳指"因有所忌讳而隐瞒不说"，在网络交际中，交际者在使用语言时会存在"两难"状态，想说但是又不想直接说，于是就会采取一些委婉表达，使得语言有了隐讳色彩。

网络交际者在交际中会使用一些"不文明"用语，因为对语言所指的忌讳，也会使用一些隐讳色彩的词语，主要表现为不使用汉字原形，而使用汉语拼音字母的缩写形式。使用不文明用语并加以隐讳的如：

P(汉语拼音"屁"的字母缩写)

NQS(汉语拼音"你去死"的字母缩写)

TMD(汉语拼音"他妈的"字母缩写)

WBD(汉语拼音"王八蛋"的字母缩写)

马P(马屁)

你这话就透着放pi的味道了。没有那些光荣妈妈，那里来的13亿。马寅初还正是因为这个，被办了。

(汉语拼音"屁"的字母拼写)　　　(凯迪论坛)

虽然反感在这里骂人的朋友，不过确实对QQ的智商表示怀疑。QQ要么是BC，要么就是装疯卖傻的MM。

（汉语拼音“白痴”的字母缩写）（猫扑论坛）

明白了，我还以为你是说把所有的图片发在一个总贴里，因为我前两天看到一个ZZ的贴，但没明白人家怎么弄的，嘿嘿，偶是BD

（汉语拼音“笨蛋”的字母缩写）（猫扑论坛）

哪个男人会喜欢人家称自己的女朋友为BMW呢？

（长舌妇，Big Mouth Woman的字母缩写）（猫扑论坛）

有了怨言有了怒火竟然得忍着！那和真实生活中有啥不同？TNND，要这GP网站干啥?!

（汉语拼音“他奶奶的”“狗屁”的字母缩写）（天涯论坛）

网络语言中的隐讳色彩在形式上的表现主要表现为字母全拼或缩写、数字谐音，并占很大比例，这和传统的表达隐讳色彩的方式有所不同。

八、詈骂色彩

詈骂即责骂。因为网络的门槛很低，网民的素质参差不齐，网下的交际者到了网上，因为身份的隐匿，在网上表现得较为随意，甚至无所顾忌，想说则说，甚至不控制自己的情绪，所以就出现了一定比例的詈骂语。网络新闻因为存在“官方”的干预、引导，以及媒体发布方的重重过滤，加上网络新闻语体的特点，所以，詈骂语在这个领域没有什么表现，网络论坛因为涉及话题十分广泛，网民参与数量和层次也是空前庞大，加上网络身份的隐匿使得交际者对自我的约束力有所下降，在交际中不时会情绪失控，所以交际者在论坛中不时会使用到具有詈骂色彩的语言，网络聊天室也存在一定比例的詈骂语，但是因为参与者没有在论坛上广泛，同时因为观点不同而交锋的几率也远远低于网络聊天室，所以詈骂语在数量上要低于论坛。在网络论坛、聊天室中交际者使用的具有詈骂语色彩的语言也暴露了网络媒体的一些问题，即对交际者的约束力较弱，使得不文明用语的出现有了可能，这也对网络交际者的“网德”提出了更高的要求，对“文明交际”提出了新的要求。

lz放屁　　　　　　（凯迪论坛）

狗屁!!!　　　　　　（凯迪论坛）

靠！楼主！等了三天了！俺也在合肥。楼主在合肥哪儿？（猫扑论坛）

说得跟真的一样，我真是不相信。自己当初是怎么想的啊。笨蛋。（搜狐论坛）

你是猪啊..不调教好了就娶到家里来啊...靠...让老人这么受罪，

你真他妈的秀豆了．　　　　　　　　（搜狐论坛）

LZ 你可以去死了，　　　　　　　　　　（天涯论坛）

路过对帅哥说：有病

路过对帅哥说：看我口型　G———U———N 滚——

路过对帅哥说：没空跟你瞎掰——你该帮什么忙什么去——乖——

上例中“有病”在交际中具有詈骂色彩，接着“G———U———N”“滚～～～”进一步加强了詈骂的强度。

从以上网络语言的几种色彩类型中可以看出，网络语言的色彩意义具有如下特点：

动态性。语言是一个动态开放的体系，语言正是在交际中逐步发展的，作为语言系统的一部分，语言的色彩意义在交际中也在不断地发展变化，网络交际的灵活性使得网络语言表达的交际色彩意义经常发生变化。如单独看“猪头”“有病”看不出什么“詈骂”色彩，在具体的语言环境中，交际者使用该词就有了“詈骂”色彩。

网络语言色彩的动态性还表现为网下的自然语言、生活语言到了网络这个语境下常常会产生色彩，实际上从网下到网上并产生色彩的这些语言有一些共同特点：表情功能较强，如比喻句，UC 上的游戏大厅里有“某某像热锅上的蚂蚁”等等，原来因为修辞手段的运用，它就产生了一些色彩，这些色彩随着使用的频繁，色彩受到磨损，趋于稳定，所以在日常语言中已经不能很明显地感觉到它们的色彩，但是当它们到了网络这个语境下，原来产生时具有的色彩就会重新浮现出来，令人感到色彩丰富，有助于网络下的交际顺利完成。

交融性。网络语言的色彩意义不是没有关联的，各种色彩意义好像一个连续统，有时可以相互交融、互为补充，因为语境的修饰作用，在具体的语言表达中，某一方面的色彩会表现得突出一些，所以某种语言表达可能具有多种色彩意义，但并不会影响交际者想突出其中的某种色彩意义。如“ZT”(汉语拼音“猪头”)既有“詈骂”色彩，又有“隐讳”色彩，要根据具体的语言环境来判断哪个色彩程度更高一些。因为网络语言的色彩意义的表达受交际者主观情感的影响很大。

开放性。色彩永远不能自足，因为交际中对色彩的需求是无止境的。

随意性。网络交际者使用语言表达色彩时又是具有很强的随意性。

参考文献

[1] 马克思、恩格斯．马克思恩格斯全集(第42卷)[M]. 北京：人民出版社，1972：97.
[2] 朱光潜．诗论[M]. 北京：生活·读书·新知三联书店，1998.
[3] 姚鹤鸣．传播美学导论[M]. 北京：北京广播学院出版社，2001.
[4] 刘叔新．词语的形象色彩及其功能[J]. 中国语文，1980(2).
[5] 于根元．说“联想”[J]. 福建师范大学学报，2006(1).
[6] 惠天罡．网络词语构词探析[J]. 修辞学习，2006(2).

"雷"语流行及其理据

杨玉玲

提　要　本文分析了新词语"雷"的各种用法，并对其生成机制和理据进行了探讨。在"表达空缺"的外部拉动下，通过隐喻的手段，"雷"将其语义逐渐引申，并将其语法功能逐渐扩大，于是就产生了"雷"之新义。

关键词　新词新义　雷　表达空缺　外部理据　内部理据

前言

社会无时无刻不在发生着变化。这些变化或明或暗，或好或坏，都需要用语言去记录。对社会发展中所出现的一些新事物、新现象、新观念，我们通常用创造新词的办法来表达。所以我们说新词语就像是一面镜子，一面最能直观迅速地反映社会变化、最能体现世情民心的镜子。正是因为新词语记下了我们改革中走过的每一个脚印，展现了我们改革中的每一幅历史画卷，无论是万马奔腾、百花争艳还是万马齐喑、百花凋零，无论是光明磊落还是黑暗龌龊，在新词语中都有所反映，所以对这些新词语无论你是贬还是褒，懂还是不懂，都无法摆脱它，更不能漠视它。"雷"就是这样时下颇为流行的新字眼，尤其是年轻人更是常挂在嘴边。我们打开全球最大的中文搜索引擎百度，轻轻一击，就会发现 11083274 个"雷人"网页，其中"雷倒"1363126 个，"雷到"875286 个，"雷晕"134627 个(2010 年 8 月 6 日)。从很多纸本媒体和现实语言中我们还可以发现，"雷"从网络迅速占领其他领域，但有的"雷"字头上仍然被打上了一个"",电脑默认状态经常判"新雷"死刑，足见其新，但我们也发现其各种不同于"旧雷"的用法。所以我们无法对之视而不见。

一、"雷"字新义新用

"雷"作为现代汉语普通话的基本词汇之一，其形体和意义在甲骨文中已有记载。随着网络的发展，其词义发生了新的变化，并逐渐构成了一系列“雷族词”。那么这些新“雷”比起旧“雷”，有哪些不同呢？“旧雷”是指一种自然现象，即“云层放电时发出的响声”，是名词(《现代汉语词典》第5版)，而“新雷”大致是出人意料、让人感到震惊、被惊吓之义。从语法功能上看，“新雷”主要有两种用法：

(一)用作动词：“雷”用作动词主要体现为以下几点：

1. 可带各种补语，带结果补语的如：累倒(1363126个)、雷到(875286个)、雷坏(5702个)、雷晕(134627个)、雷死(418874个)等。例如：

①“女明星”赘肉出镜雷坏观众。[①]

②雷死人的山寨品牌，你被雷过吗？

③她还用“梦中怀孕”这个借口，实在是存心想把人雷晕。

带状态补语的如：

①据悉，法官下令离婚夫妇建“隔离墙”的离奇判决曝光后，许多美国人都被雷得目瞪口呆。

②虽然自己已经打各种宣传照片上看过女演员那著名的“铜钱头”，打了心理预防针，但看电视时依然被雷得外焦里嫩。

③网络雷人“凤姐”整容惊艳新造型被赞像蔡依林，雷得我头发都直了。

带数量补语的如：

①网上发现一首歌，把歌词发来雷一下大伙！

②好了出名了，然后一定要“可持续出名”才算真正成功。也就是说，站一期节目肯定是不够的，站得越久，就越有机会雷一下观众朋友们。

③我昨天又被雷了一次。

带可能补语的如：

①雷不住你不叫机器舞。

②不怕雷不晕你的14张图。

③超级经典、超级强悍、超级雷人，不相信雷不倒你。

2. 可带宾语，单个“雷”可以带宾语，如雷你、雷他、雷大家、雷人等，更多的是“雷带补语”后带宾语，如累倒观众等。如：

① 我是被迫来雷大家的。

②新《倚天》造型累倒众生。

③我同学撰写的能累倒易中天的历史作业。

---

① 文中例句如无特别说明均来自搜狐网页，不再一一说明。

④或许当事人并没有意识到，不过当这些“白领腔”流露出来的时候，即便是不经意的一句“你好，请讲”，就已经足以“累倒”身边的家人和朋友了。

其中“雷人”已经逐渐变成了形容词，如：

①真雷人！

②太雷人了！

③雷人＋N，雷人语录、雷人广告、雷人发型、雷人台词、雷人服装等。

④好雷人啊，芙蓉姐姐开个唱了。

⑤史上最雷人的打工创意。

其实，汉语中带了宾语后变成形容词的同类例子并不少见，如吓人、吸引人、感人、动人等。

3. 可重叠，如：

①有什么好玩的，发来雷雷大家。

②没关系，雷雷更健康么。

③雷雷更健康，每天被凤姐雷一雷，让我精神百倍。

④雷人的人一般都有性格，反正现在法律没有规定雷死人要偿命。所以能雷人的，能雷到人的，能雷死人的，赶紧出来雷一雷，过期不候。

⑤生活不易，笑一笑，心情佳，雷一雷，肠胃好……

4. 最能体现“雷”动词性的是用在对动词有绝对要求的“把”字句和“被”字句中。如：

①应映儿被她的声音雷得全身鸡皮疙瘩乱跳。

②80 后的我彻底被 90 后的女友累倒了。

③据说 10 个男的看了有九个被雷倒了。

④某国的电视节目把我雷坏了。

⑤曾哥把我雷坏了。

⑥借用目前流行的一句网络用语“太雷人”了，整个把全世界人民都雷傻了。

(二)用作形容词：

1. 最能体现“新雷”形容词的是可受程度副词的修饰。如：

①央视二套你的栏目主题歌实在是太雷了太雷了

②这狗的脸看起来就很雷！结果真的很雷！

③没有最雷，只有更雷。

④这哥们还真雷。

⑤《我爱河东狮》一点也不雷啊，轻喜剧而已！

2. 可带程度补语。如

①史上最有型的裁判，动作雷极了。

②味道，雷极了。

3. 直接修饰名词。如：

①网友自创的雷人雷事排行榜风靡网络。

②一个动作的差异，就可能是天堂与地狱的结果，要确保安全运行，减少事故乃至灾难的发生，最基本的要求就是司机在工作中应该专心致志，一点不能分心。而仙岳路上的那位公交司机那种“雷人雷动作”，……

二、“新雷”的源流和理据

对于“新雷”之来源可以说是众说纷纭，大致有如下三种：一是来自日本动漫说：日本动漫人物在受到惊吓或见到不可思议之事时，头上常出现被强烈电波冲击的电波状，漫迷们看到令人惊讶的事物时也会出现此“强烈电波”似的语言，后索性被简化为“被雷到”。第二种说法是来自于江浙及闽南方言的“雷人”、“雷到”说：在江浙方言中，“雷人”有“无语”之义，闽南方言中有“整死”之义。“雷到”在浙江东北部地区，发“leidao”音，是指听到别人的话很惊讶很吃惊或难以理解，类似普通话中的“无语”。第三种说法是来自东北方言即“雷死人”说，但东北话的“雷死人”是“捶死人”的意思，并无惊讶之义。

对其来源暂且不去探究，我们关心的是，在没有新事物产生的情况下为什么会产生新词新义呢？我们知道，新词语的产生常常是因为产生了新事物，可“雷族词”并不是为了表达某种新生事物或现象，为什么会存在呢？

我们知道任何一个旧词新意的产生都是内部理据和外部理据共同作用的结果。所谓“内部理据”指的是词语内部的语音、语义和语法方面的理据；而“外部理据”指的是词语外部的文化、社会等方面的理据，主要体现为词语与外部世界的关系。下面我们就从“雷”的外部理据和内部理据来探讨“新雷”的语义生成机制。

“新雷”的产生首先涉及其外部理据。我们可以用表达空缺来解释这种现象。表达空缺就是人们需要表达的认识或情感在语言系统中对应的零形式（胡建纲 2007），也就是说人们在实际生活中已经产生了表达某种认识或情感的需要，但却找不到合适的语言形式来表达。表达空缺的存在就会为某新词或新义的产生提供了前提条件。进入网络以来，人们的思想空前活跃，文化的传播速度也十分惊人，各种思想、观念层出不穷，尤其是网络交流的主体主要是青年人，青年人都喜欢标新立异，特别是在语言表达方面喜欢追求与众不同和创新，甚至可以说“语不惊人死不休”。所以有时虽然已有表达某意的某词，但在年轻人看来还不够“惊人”，他们还会创造另一个新词或者借用旧瓶装新酒，赋予旧词以新义。比如在“雷”产生之前，汉语是用“震惊”、“惊讶”、“惊奇”等来表达“出乎意料、吃惊”之义。但“震惊”、“惊讶”、“惊奇”和“雷”比起来，明显少了调侃、诙谐的色彩。所以当“雷”一旦出现于网络，就满足了年轻人调侃诙谐，标新立异的心理需求，填补了原有的表达空缺，并迅速流传开来。

①全球最令人震惊的泄密事件。

②女性特工令人吃惊的特殊训练内容，……

③叶大师很可能为这次新版《红楼梦》赔上自己经营多年的名声。前两批造型推出后，骂声不绝，如今再推贾府“元迎探惜”四位小姐的定妆照，额妆不变、鲜花堆头、蕾死满身、妆容神奇，网友称其“雷死人不偿命”。(《羊城晚报》2008 年 7 月 4 日)

通过对比，我们发现用“雷”显得更加传神，幽默诙谐。

正是由于词汇系统中存在“表达空缺”，才产生了填补空缺的需要，填补空缺的需要才使得“雷族词”显示出旺盛的生命力。

那么我们关心的第二个问题是为什么我们单单选中“雷”，而不选择别的词语来表达呢？这涉及内部理据。我们发现“新雷”的语义生成主要是依靠语义变化、语法功能的变化来实现的。“旧雷”的常规义项主要有：

(1)云层放电时发出的响声，如：春雷、雷电、雷雨等；

(2)军事上用的爆炸武器，如：地雷、水雷、鱼雷、雷区等；

(3)像雷一样的震响或像雷一样的迅疾，如：雷动、雷鸣、雷厉风行等

(4)姓。

“新雷”主要是通过“旧雷”的语义变化和语法功能的扩大来完成的。“旧雷”由于声音惊人、速度迅疾等语义特征，所以我们经常通过“像打雷一样响”这一比喻方式构成词或成语，比如“雷”作为语素经常和“惊、炸”等构成“惊雷”、“炸雷”等，“雷”作为词构成的成语如“如雷贯耳”、“雷霆万钧”、“雷厉风行”等，在感知相似性的基础上，依靠隐喻手段，把“旧雷”的语义引申出“吃惊、震惊、出乎意料”的新义就不足为怪了。由此“新雷”便极度巧妙、极度夸张、极度诙谐地描述出了个人的心理感受。“新雷”的语法功能也出现了很大的变化。“旧雷”主要用为名词，是对客观自然的描述，而“新雷”则主要用为动词，主要是对人物主观感受的描写。

“表达空缺”和网络的推波助澜，使得“新雷”以这种“似曾相识”却又让人“刮目相看”的面貌出现在网络并迅速被人接受。对其产生我们可以图示如下：

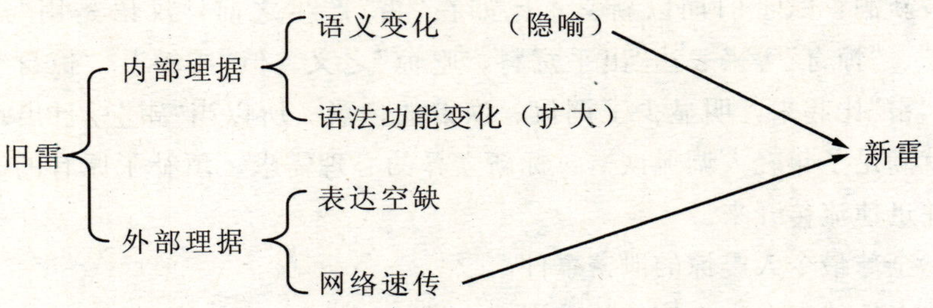

参考文献

[1] 胡建纲．表达空位与“忽悠”流行[J]．语言文字应用，2007(2)．

[2] 刁宴斌．试论“程度副词＋一般动词”形式[J]．世界汉语教学，2007(1)．

[3] 盛新华，唐芳．网络流行词语及产生新义的方法—以“雷”为例[J]．湖南大众传播技术学院学报，2009(4)．

宋代“说话”业产生的社会背景

李启洁

提　要　都市经济在宋代得到了空前的发展，工商业有了较大发展，城市人口也大大超过以往，这就为以“说话”为代表的宋代娱乐业提供了发展的空间，使得“说话”出现了前所未有的繁荣局面。

关键词　“说话”　娱乐业　城市

一、宋代都市经济发展的水平

（一）宋代农业、手工业和商业的繁荣

宋代是中国古代社会的重大转折时期。两宋三百年间，由于先进的生产工具得到了推广和普及，农业生产总水平有了大幅度的提高。宋代的官营和私营手工业与前代比较，分工更细，规模更大，技术更先进，产量也有了成倍的增长。在当时的世界上，宋代的经济文化和科学技术发展水平都居于前列。

在农业、手工业生产发展的基础上，宋代城市商业出现了前所未有的繁荣。我国早期的城市主要是政治中心或者军事要塞，所以城市的建设也有大体固定的格局。到了宋代由于商品交换的活跃和经营规模的扩大，城市原有的封闭式商业格局被打破，大城市中旧有的坊市制度逐渐崩溃。由于商业的发展，早在宋建国以前坊市的格局就已无法适应城市发展的要求了。周显德年间，汴京已是“华夷辐辏，水陆会通，时向隆平，日增繁盛”，“加以坊市之中，邸店有限，工商外至，络绎无穷”，当时“人户侵占官街”的现象就已经十分严重了。[①]到了北宋，坊市制度便更加难以维持了。宋神宗年间，用来宣布开市、闭市的禁鼓已经名存实亡了，“二纪以来，不闻金鼓之声，金吾之职废矣。”[②]这意味着京师大小铺面的营业时间不再受限制了。商业区和居民区之间也不再有高墙相隔，出现了很多商业街，甚至还出现了夜市和早

市。到了宋仁宗中期以后街鼓被废，坊市制度彻底崩溃，商业网点遍布全城。张择端的《清明上河图》也生动地表现了坊市制度成为历史遗迹后，城市商业的繁华的新格局。“除汴河两边的大量店铺外，专门画街市店铺的部分，约占全图的三分之一多一点。闹市可分为两部分，城楼以东，尚不甚热闹，以西则商店林立，屋宇雄壮，门面广阔，人群熙熙攘攘，沿街字号，琳琅满目，生意兴隆。”[③]而且由于店铺开设越来越多，有的店铺还要扩大营业面积，连通衢大道、桥梁也遭侵占，影响交通，因而朝廷不得不屡次下诏干涉，“在京诸河桥上，不得百姓搭盖铺占栏，有妨车马过往。[④]”在居民区沿街设置店铺，打破了前代都城对商业活动在空间和时间上的限制，极大地促进了商业的繁荣。[⑤]

（二）宋代城市的发展

宋代城市商业繁荣的另一个有力证据城市数量的增加和城市规模的扩大。随着都市商业的发展，旧城区已经无法容纳不断增加的商户，城郭的限制也随之被打破了。北宋之初的大、中城市主要是政治中心或者军事要地，故而城市建筑规模不大，限制了商业的发展。随着商业的发达和人口的膨胀，为了满足城市人口的需求，在一些大、中城市的近郊，出现了一些定期贸易的场所——草市，并逐步发展成为新的商业城市，从而在商业上取代了旧城的地位。如南宋前期鄂州（武昌）城外的南市就是一个突出的例子，这个由于鄂州商业发展的需要成长起来的新城，紧邻在鄂州城外，成了周边地区货物交换的集散地。据范成大的《吴船录》所载：“南市在城外，沿江数万家，廛闬甚盛，列肆繁如栉，酒垆楼栏尤壮丽，外郡未见其比，盖川、广、荆、襄、淮、浙贸迁之会，货物之至者无不售。且不问多少，一日可尽，其盛壮如此。[⑥]”鄂州的现象并不是孤立的，在全国的大中城市周围还出现了一批这样的卫星城市。

除了依附于大中城市的新兴卫星城市，由于商品经济的繁荣，宋代还出现了一批镇市。依据宋代设镇的标准，许多的自然集镇由于定居人口和税收的增加升格为镇市，有的镇市甚至成为新的县治所在地。“杭州有县者九，独钱塘、仁和附郭，名曰赤县，而赤县所管镇市者一十有五。……今诸镇市，盖因南渡以来，杭为行都二百余年，户口蕃盛，商贾买卖者十倍于昔，往来辐辏，非他郡比也。”[⑦]“镇市自北宋初年以来即不断发展，到元丰年间全国镇市已发展到 1871 个。”[⑧]

随着宋代城市经济的繁荣，出现一系列由大中城市、镇市和村落墟市组合而成的区域性市场，这些区域性市场大体上可以分为以汴京为中心的北方市场、以东南六路为主的东南市场以及以成都、梓州为中心的蜀川市场，虽然尚未形成统一的国内市场，宋代国内市场开拓的广度也已经超越了以往。

除了国内市场以外，政府还积极开拓海外市场，在广州、明州、杭州三地设市舶司，与南宋进行贸易的国家达五十多个，商品达上百种。宋朝的最高统治者也颇感市舶利厚，贸易额巨大，动辄百十万缗，神宗熙宁五年，诏书中提道："东南之利，舶商居其一。"[9]因而把对外贸易看做是政府财政收入的重要来源，所以宋代的对外贸易无论在数额上还是在范围上都大大超过了前代。

货币的发展也从一个角度反映了宋代商业发展的程度。除了主要货币铜钱以外，金、银、铁也都成为宋代的通货。作为主要货币的铜钱，宋神宗元丰年间的铸造额达500万贯以上，是唐代的近20倍，铜钱年流通总量达1亿贯以上。同时货币流通的范围也随着与周边国家的贸易交往扩大了，宋代的货币不但在国内和周边的金、辽流通，而且还在南海诸国之中流通[10]。除了发行金属货币，宋代还产生了纸币和有价证券，即会子、交子[11]。伴随着商品货币经济的发展，还形成了商业资本和高利贷资本。

另一个能反映宋代商业发展水平的数字是商业税收额的增长。宋代规定"凡州县皆置务，关镇亦或有之……行者赍货，谓之'过税'，每千钱算二十；居者市鬻，谓之'住税'，每千钱算三十。"[12]据全汉升的《唐宋政府岁入与货币经济的关系》一文中统计，从宋太宗至道年间到宋神宗宁熙年间全国的镇市商业税收呈逐年增长的态势，而且占政府货币财政收入的17%以上。而据宁熙十年商税记录材料统计，全国71座大中城市的商品交换量又占全国商税总额的36%，也就是说商品交换的中心是中等以上的城市。[13]

综合起来看，宋代城市开放式格局的形成、城市规模的扩大、数量的增加、区域性市场的形成、货币种类和发行量的扩大以及商业税收额的增长，都表明城市经济发展水平远胜前代。此外，还有一个重要的现象——城市人口的大幅度增加，可以说明城市的发展和城市化的进程，关于这一点将在第三节中进行专门论述。

二、经济发展对社会观念的影响

宋代商业空前发展，对传统的价值观念产生了极大的冲击，在主流的儒家文化之外，又形成了一个商业亚文化。

(一)享乐之风对"农本商末"观念的冲击

宋代社会物欲横流，对金钱和物欲的追求渗透到了社会生活的各个角落。宋太祖策划陈桥兵变，夺取了后周天下之后，听从赵普的建议，在饮酒谈笑间轻而易举地解去了石守信等人的兵权，他劝谕石守信等人“人生驹过隙尔，不如多积金，市田宅以遗子孙，歌儿舞女以终天年。[14]”宋太祖加强了中央集权，又没有像汉高祖一样留下杀功臣的恶名，手腕可谓高明，却在客观上助长了社会上奢靡享乐之风的泛滥。另外宋朝历代皇帝都在物质上优待官吏，本意是要换取官吏的效忠，但实际情况是官员们“假享上之名，济营私之欲，渔夺百姓，无所不至。”[15]吏治败坏，制度紊乱。陈与义在《书怀示友》一诗中说：“有钱可使鬼，无钱鬼揶揄”。[16]士人不再讳言钱财，更有一些士人不惜与商贾联姻，甚至直接经营获得钱财，朱彧《萍州可谈》卷一载：“近岁富商庸俗与厚藏者嫁女，亦于榜下捉婿，厚捉钱，以饵士人，使之俯就，一婿至千余缗”。[17]论财娶妻的风气愈演愈烈，以至于哲宗时丁骘上疏专论此事，“窃闻近年，进士登科娶妻论财，全乖礼义……市井驵侩，出捐千金，则贸贸然而来，安以就之”[18]世风如此，宋代的一些高官权贵也开始贩鬻经营，与民争利。如宰相赵普，看到经营邸店利润颇丰，就“遣亲吏诣市屋材，联巨筏至京师治第；吏因之窃货大木，冒称普市，货鬻都下”，张永德曾派属下“贩茶规利”，熙宁间有魏继宗上言：“京师百货无常价，贵贱相倾，富能夺，贫能兴，乃可以为天下。今富人大姓，乘民之亟，牟利数倍，财既偏聚，国用亦屈。”[19]面对着日下的世风，罗大经曾感叹：“今世儒生，竭半生之精力，应举觅官。幸而得之，便指为富贵安逸之媒，非特于学问切已事不知尽心，而书册亦几绝交。”[20]由于他们无餍地牟利，积累了大量财富，“今之所谓钱者，富商巨贾阉宦权贵皆盈室以藏之”。[21]“兼并豪猾之家，居物逐利，多蓄缗钱，至三五十万以上，少者不减三五万。”[22]不少官僚经营商业追求利润达到了不择手段的地步，王安石在《上仁宗皇帝言事书》中就说：“今者官大者，往往交赂遗，营资产，以负贪污之毁；官小者，贩鬻乞丐，无所不为。夫士已尝毁廉耻，以负累于世矣，则其偷惰取容之意起，而矜奋自强之心息，则职业安得而不弛，治道何从而兴乎。”[23]南宋的循王张俊豪富，曾遣一老卒赴海外诸国贸易获利几十倍。[24]这些例子都从不同的方面，说明了金钱在宋代社会生活中所起的重要作用。

社会商品等价交换的原则更带来了“等贵贱”新道德规范，使得魏晋以来士族阶层所享有的特权变成了历史陈迹。张载在他著名的《西铭》中也曾阐述过这种平等的新观念：“乾称父，坤称母。……民，吾同胞，物，吾与也。大君者，吾父母宗子，其大臣，宗子之家相也。尊高年，所以长其长；慈孤弱，所以幼其幼；圣其合德，贤其秀也。凡天下疲癃残疾，茕独鳏寡，皆吾兄弟之颠连而无告者也，于时保之，子之翼也；乐而不忧，纯乎孝者也。”[25]

工商从业人员的地位得到了提高。秦代以来，工商业者一直被视为末技游食之人，封建统治者一方面在经济上对他们进行盘剥，另一方面在政治上对他们进行歧视。到了宋代，工商业者的社会地位大为改观。居住在城市中的中小工商业者，在宋代第一次被列入封建国家的户籍，得到了封建国家的承认。宋代官办工业中工匠中，出现了越来越多拿雇值的‘和雇匠’，封建国家对独立工匠的控制相对削弱。宋代工商业者有了自己的组织——行会。宋代废除了科举等级限制，废除了官位世袭，教育和科举向下层转移，百姓无论贵贱，皆可应举入仕，甚至准许工商业者的子弟应试。因连中三元被时人称为“冯三元”的冯京，就出身于一个小商人的家庭。[26]更突出的例子是宣和年间升任宰相的李邦彦，他本是一个名叫李浦的银匠的儿子，他于大观三年(1109年)及第，进入仕途。李浦死后，北宋朝廷还追赠他龙图阁直学士，谥曰‘宣简’。这件事虽然被传为笑柄，但却说明宋代工商业者社会地位的明显提高。后来的王安石在推行新法的过程中，又从实践上进一步破除了传统的等级尊卑之分，大胆破格提拔青年才俊，甚至经常将“市井屠沽之徒，召而登政事堂”。仁宗时的茶商陈子城欲将其女送入宫中待选皇后，几乎运作成功。一些宗室也甘愿屈尊降贵与富商结亲，“富家多赂宗室求婚，苟求一官，以庇门户，后相引为亲。京师富人如大桶张家，至有三十余县主。”[27]一家之中竟然娶了三十多个宗室女儿，足以说明商人地位的。

(二)义利之争

在社会风气的熏染之下，学术思想领域在压倒众声的重农轻商观念之外，出现了代表新兴商业文化的呼声，虽然呼声微弱而零星，但毕竟是可贵的。如陈亮在《四弊》一文中，把官、民、农、商并列，认为四者的关系是“古者，官民一家也，农商一事也。上下相恤、有无相通，民病则求之官，国病则资诸民，商藉民而立，农赖商而行，求以相辅而非求以相病”。[28]这是宋代商品经济发展在意识形态中的反映。

在商业文明的发展中，与传统的儒家道德格格不入的利己主义开始抬头，产生了宋代学者的“义利”之争。宋仁宗初年，李觏是其中最为激进的一个，公开肯定了“利”在道德评价中的作用。并指出了儒家道德的虚伪。他说：“利可言乎？曰人非利不生，曷为不可言！欲可言乎？曰：欲者，人之情，曷为不可言！言而不以礼，是贪与淫，罪矣。不贪不淫而曰不可言，无乃贼人之生，反人之情，世俗不喜儒以此。孟子谓‘何必曰利’，激也。焉有仁义而不利者乎？其书数称汤、武将以七十里、百里而王天下，利岂小哉？

孔子七十，所欲不踰矩，非无欲也。”[29]李觏的义利并生的观念与儒家思想针锋相对，给宋代的思想界带来了不小的震动。大部分思想家试图在儒家道德原则与李觏的观点之间找到平衡。张载、王安石从民本的思想出发对他的观念进行了修正，如张载认为“义”是“公天下之利”，“利，利于民则可谓利，利于身、利于国皆非利也。”[30]王安石基本赞同张载的观点，只是王安石认为不能把为国谋利归于私利，因为为国谋利并不只是为君主一人，而是为了整个国家，“因民之利而利之”。[31]主张存天理、灭人欲的二程、朱熹，也不得不承认“利”的存在。“夫利，和义者善也，其害义者不善也”。“凡顺理无害处便是利，君子未尝不欲利……不遗其亲，不后其君，便是利。仁义未尝不利”。[32]

宋代思想界的义利之争中的两派：一是以李觏为代表的一派，直接传达来自市民阶层的呼声，认识到了儒家道德的虚伪性，敢于公开承认利的合理性。二是以朱熹为代表的一派，虽然极力指责“人欲之私”，但在商品经济空前发达的社会背景之下也不得不承认利存在的合理性。而且宋代理学大兴的局面也正好从反面说明了，由于市人的趋利情况，已经危及了儒家传统的道德在人们心中的稳固性，社会大众的道德生活尺度发生了新的变化，出现了新的道德规范。从而引起了儒家思想家的警醒，纷纷起而维护封建道德的权威性，试图将人们心中萌生趋利的欲望扼杀掉。[33]

三、城市人口的构成

(一)城市人口的增长

自唐至宋，由于都市商业的发展，城市人口急剧增长。北宋的汴京在徽宗崇宁年间，城市总人口达一百七十万左右，是当时世界上人口最多的大城市，其中工商业和其他服务行业的人口约占总数的十分之一。[34]建炎初年南宋政府把杭州作为临时都城，“故都及四方市民商贾辐辏。[35]”发展到南宋后期临安的人口也达到了一百五六十万，[36]而且经过南宋百余年的经营，其繁荣又远胜当年的东京汴梁，“自六蜚驻跸，日渐繁盛。湖上屋宇连接，不减城中。‘一色楼台三十里，不知何处觅孤山。’”[37]

除了都城，武昌、建康、扬州、成都、长沙都是万户以上乃至10万户的都市。据初步估计，宋代351州，州城人口总计42万户，县城总人口为71万户，镇市户口总计66万户。加上汴京、临安等大都市的人口，全国城市人口当在200万户以上，占宋神宗元丰年间全国人口的12%以上。[38]这12%的城市人口的确给娱乐业带来了商机，也的确造就了城市娱乐业的繁荣。

一些研究者因此认为宋代出现了一个新的社会阶层——市民阶层[39]，并且出现了供市民阶层娱乐消闲的通俗文化。但是“市民阶层”只是一个从西方历史中借用过来的概念，宋代的城市居民成分十分复杂，无论从政治上还是从经济上，笼统将之归为“市民阶层”都欠妥当。只有对宋代城市居民的组成及他们的经济地位、消费能力作出切合历史的分析后，才能更为准确地评估宋代文化市场的发育程度。

我国城市的起源比欧洲早得多，城市的规模也大得多，很多研究者喜欢将历史上的中西城市发展进程进行比较：“中国早在战国秦汉之时就有了数十万人口的大城市，而在西方，直到14世纪，两万人口的大城市就可以被称之为大城市。”[40]但是中国的城市发展从一开始走的就是一条与西欧各国不同的道路。从西欧的历史上看，封建统治者并不居住在城市里，而是住在封建庄园里。城市的主要居民是手工业者和商人，城市是商业与手工业发展的产物，是商业贸易中心，手工业者和商人都属于生产性人口，城市人口的增加、城市规模的扩大意味着商品经济发展，这与我国古代的城市有着很大的差别。

(二)以消费人口为主的城市人口构成

中国早期的城市主要是政治中心或者军事要塞，并不是工商业的中心，城市中的人口虽多，但居民成分主要是消费性人口。由于城市对农村保持着政治上的统治和经济上的剥削，消费性人口的基本生活必需品可以通过赋税地租取得。“杭州人烟稠密，城内外不下数十万户，百十万口。每日街市食米除府第、官舍、宅舍、富室，及诸司有该俸人外，细民所食，每日城内外不下一二千余石，皆需之铺家。”[41]这里说得很清楚，居住在城中的皇族、官吏、富室大户吃的米并不是在市场上买的，而是直接通过实物地租获得的。

宋代有大量的消费性人口居住在城市里，例如北宋的都城汴京和南宋的都城临安都是皇室、豪门、官僚和被称为“遥佃户”的乡绅的聚居地，此外还居住了大量的军队、宦官、宫女、娼妓、僧侣等，这些人寄生在城市里，不事生产，沉于享乐，从而带动城市奢侈品和娱乐业的消费，造成城市商业和娱乐业的病态繁荣。“表现为奢侈品贩运贸易的空前兴盛和城市消费水平远远超过其商品生产水平的虚假繁荣。”[42]据孟元老，《东京梦华录·大内》记载东京“东华门外，市井最盛，盖禁中买卖在此，凡饮食、时新花果、鱼虾鳖蟹、鹑兔脯腊、金玉珍玩衣着，无非天下之奇。”时令菜蔬新上市，每对价值高达三五十千，却不愁没有卖家，“诸阁分争以贵价取之”。[43]南通巷上的金银彩帛买卖更是“每一交易，动即千万，骇人听闻。”[44]各种奢侈品从全国各地源源不断地涌入大城市，“海南收税，较船之丈尺，谓之‘格纳’。……买物自泉、福、两浙、湖、广至者，皆金银物帛，直或至万余缗。”[45]

有研究者根据相关史料研究认为：天禧五年(1021 年)东京约有十一万户，崇宁二年(1103 年)约有 13.7 万户，按照每户 7 口计算，崇宁年间东京的人口已达百万，其中皇室(包括宫女、宦官等依附人口)不下万人，驻军和家属约 40 万人，官营作坊和衙门中的工匠近 10 万人，而真正从事工商业的人口大约只有 1.5 万余户，也就是说工商从业人员仅占城市人口的十分之一。[46]南渡之后临安又迅速发展成一个超大城市，其城市人口的构成与汴梁也很相似，“姑且假定城内(临安)居住 90 万人，城外分住 60 万人。城外职业人口的主体是 12 万左右的工匠、商业、运输业劳动者、蔬产专业农户，而军户、种粮农户、官户、吏户、僧道户(包括家属)约 48 万人；城内则为工商业劳动者、其他从业人员 16 万人，皇族、官户、吏户、僧道户、军户、士绅、工商经营者阶层约 74 万人。”[47]

上面这些数字说明无论是东京还是临安的居民绝大部分都是消费性的人口。“由于非劳动人口占很大比例，大多数城市成为一个个消费中心，而不是生产中心。消费性城市的基本特点是商品的大量输入，较少的商品输出。”[48]城市中的娱乐业消费与奢侈品消费被这些消费性人口烘抬起来，使其出现了超乎经济发展水平的繁荣景象。大量皇室、贵族、官僚、胥吏、军队和一些遥佃户构成的消费人口，加上坊郭户中的上、中户，在他们居住的京城中形成了一个很大城市娱乐消费市场，也为“说话”在宋代的空前兴盛提供了社会经济动力。

结论

“说话”的历史很长，这种古老的娱人的方式可以上溯到上古时代，到了宋代“说话”发展到了鼎盛阶段。在唐代以前，讲故事的艺人可分为职业的、民间的两类。出自民间的艺人，他们将讲故事作为在劳动之余的娱人与自娱；职业艺人则是作为封建经济的附庸而存在的，他们只为统治者和有闲阶层提供消遣。《淮南子·缪称训》中载：“侏儒瞽师，人之困慰者也，人主以备乐。”[49]《韩非子·难三》中也说：“而俳优侏儒，固人主之所与燕也。”[50]

这两类艺人都不靠卖艺营利，讲故事还不是一种商业行为。但是到了唐代，寺院俗讲盛极一时，流风所及一些民间艺人开始把“说话”表演作为自己谋生的手段。唐吉师老的《看蜀女转昭君变》诗中就记载了唐末出现职业“说话"的事实。[51]

到了宋代，由于当时商品经济发展的刺激、城市人口的不断增加，娱乐业已脱离了封建庄园经济的束缚，逐渐成为一种独立的行当，"说话"成为一种新兴的职业，"说话"伎艺也作为一种艺术商品开始在市场上流通，这对于"说话"业来说是一个质的改变。

关于艺术生产与经济基础的关系，袁勇麟和李薇有一段较为精当的论述："艺术作为特殊的精神生产是在一定的经济基础上产生的，它不能脱离一定时代的物质生产条件，特别是物质资料的生产方式的制约。艺术的高度发展，尽管有其社会的、政治的原因，但通常总以经济因素为最终根源。它或作为经济繁荣的结果，或由于经济发展的需要。而这两种情况往往又是结合在一起的，一定的社会生产方式的经济发展水平会造成与这一方式和水平相适应的某种艺术生产方式的产生。"[52]"说话"在宋代的繁荣和发展正好说明了这一点，"说话"是一种以商品形态存在的艺术形式，其生产过程完全是由娱乐市场的规模决定的，只有出现了大量对娱乐产品有需求的消费者，形成稳定的市场，才能出现相应的艺术商品和职业艺人。这与宋代娱乐业赖以生存的社会经济、文化环境是分不开的。

附注

①王溥《五代会要》卷二十六，中华书局，1985 年，北京。P320

②宋敏求《春明退朝录》卷上，中华书局，1980 年，北京。P11

③周宝珠《试论〈清明上河图〉所反映的北宋东京风貌与经济特色》，辽宁省博物馆编《〈清明上河图〉研究文献汇编》，万卷出版公司，2007 年，沈阳。P598

④徐松《宋会要辑稿》方域，卷三一之二一，中华书局，1957 年，北京。P7540

⑤关于宋代坊市制度的崩溃参见漆侠，《中国经济通史・宋代经济卷》下，经济日报出版社，1999 年，北京。P1064－1066

⑥范成大《范成大笔记六种》，《吴船录》卷下，中华书局，2002 年，北京。P226

⑦吴自牧《梦粱录》卷二，"两赤县市镇"条，《东京梦华录(外四种)》，上海古典文学出版社，1956 年，上海。P238

⑧漆侠《中国经济通史・宋代经济卷》下，经济日报出版社，1999 年，北京。P1071

⑨脱脱等《宋史》，志第一百三十九，食货下八，中华书局，1977 年，北京。P4560

⑩漆侠《中国经济通史・宋代经济卷》下，经济日报出版社，1999 年，北京。P1060

⑪脱脱等《宋史》，志第一百三十四，食货下三，中华书局，1977 年，北京。P4403

⑫脱脱等《宋史》，志第一百三十九，食货下八，中华书局，1977 年，北京。P4541

⑬漆侠《中国经济通史・宋代经济卷》下，经济日报出版社，1999 年，北京。P1156

⑭脱脱等《宋史・石守信传》，卷二百五十，中华书局，1977 年，北京。P8810

⑮脱脱等《宋史》，志第一百三十二，食货下一，中华书局，1977年，北京。P4363
⑯陈与义《简斋集·书怀示友》卷二，文渊阁四库全书。1129集部，别集类，上海古籍出版社，上海。P672
⑰朱彧《萍州可谈》卷一，丛书集成本，中华书局，1985年，北京。P16
⑱丁骘《请禁绝登科进士论财娶妻》，吕祖谦《吕祖谦全集·皇朝文鉴》卷六一，浙江古籍出版社，2008年，杭州。P162
⑲脱脱等《宋史》，志第一百三十九，食货下八，中华书局，1977年，北京。P4548
⑳罗大经《鹤林玉露》，乙编卷二，《宋元笔记小说大观》，上海古籍出版社，2001年，上海。P5259
㉑脱脱等《宋史·杨万里传》，卷四三三，中华书局，1985年，北京。P12866
㉒宋祁《景文集》卷二八，“乞损豪强优力农札子”，中华书局，丛书集成本，1985年，北京。P358
㉓王安石《临川先生文集》，卷三十九，中华书局，1959年，北京。P416
㉔罗大经《鹤林玉露》，丙编卷二，《宋元笔记小说大观》，上海古籍出版社，2001年，上海。P5335
㉕张载《张载集·正蒙·乾称篇第十七》，中华书局，1978年，北京。P62
㉖罗大经《鹤林玉露》，乙编卷四，《宋元笔记小说大观》，上海古籍出版社，2001年，上海。P5285
㉗朱彧《萍州可谈》卷一，丛书集成本，中华书局，1985年，北京。P2
㉘陈亮《龙川文集》，卷十一，丛书集成本，中华书局，1985年，北京。P117
㉙李觏《李觏集·杂文·原文》卷二十九，中华书局，1991年，北京。P326
㉚张载《张载集》，《拾遗·性理拾遗》，中华书局，1978年，北京。P375
㉛王安石《王文公文集》卷八，《答曾公立书》，上海人民出版社，1974年，上海。P98
㉜程颢，程颐，《二程遗书·伊川先生语五》卷十九，上海古籍出版社，2002年，上海。P302
㉝姚瀛艇主编《宋代文化史》河南大学出版社，河南开封，1992年。P12－P14
㉞周宝珠《宋代东京城市的发展及其在中外经济文化交流中的地位》，《中国史研究》，1981年第二期。
㉟陆游《老学庵笔记》，卷八，《中国历代笔记精华》上，京华出版社，1998年，北京。P161
㊱徐吉军《南宋都城临安》，杭州出版社，2008年，杭州。P313
㊲周辉《清波杂志》，卷三《钱塘旧景》，《清波杂志校注》，中华书局，1994年，北京。P117
㊳漆侠《中国经济通史·宋代经济卷》下，经济日报出版社，1999年，北京。P1066
㊴谢桃坊《中国市民文学史》，四川人民出版社，1997年，成都。P14
㊵孙自铎《中国历史上的商品经济发展与思考》，合肥工业大学出版社，2004年，合

肥。P68

㊶吴自牧《梦粱录》卷十六，“米铺”条，《东京梦华录(外四种)》，上海古典文学出版社，1956年，上海。P269

㊷梁太济《两宋阶级关系的若干问题》，河北大学出版社，1998年，保定。P3

㊸孟元老《东京梦华录》，“大内”，《东京梦华录(外四种)》，上海古典文学出版社，1956年，上海。P9

㊹孟元老《东京梦华录》，“东角楼街巷”《东京梦华录(外四种)》，上海古典文学出版社，1956年，上海。P14

㊺脱脱等《宋史》，志第一百三十九，食货下八，中华书局，1977年，北京。P4544

㊻周宝珠《宋代东京城市的发展及其在中外经济文化交流中的地位》，《中国史研究》，1981年第二期。

㊼[日]斯波义信《宋代江南经济史研究》，江苏人民出版社，2001年。P330—331

㊽魏天安《宋代东京工商户数比率考》，《宋代历史文化研究》，暨南大学中国文化史籍研究所编，人民出版社，2000年，北京。P389

㊾何宁校注《淮南子集释》，“缪称训”，中华书局，1995年，北京。P711—712

㊿韩非，陈奇猷校注《韩非子集释》，“难三”，中华书局，1998年，北京。P372

51韦縠辑《才调集》卷八，吉师老《看蜀女转昭君变》，文渊阁四库全书，1332，集部，总集类。上海古籍出版社，2003年，上海。P522

52袁勇麟，李薇编著《文学艺术产业：趋势与前瞻》，成都，四川大学出版社，2007年。P40

参考文献

[1] 孟元老等，东京梦华录(外四种)，[M]，上海古典文学出版社，上海，1956.
[2] 脱脱等，宋史，[M]，中华书局，北京：1977.
[3] 宋敏求，春明退朝录，[M]，中华书局，北京：1980.
[4] 徐松，宋会要辑稿，[M]，中华书局，北京：1957.
[5] 范成大，范成大笔记六种，[M]，中华书局，北京：2002.
[6] 朱彧，萍州可谈，丛书集成本，[M]，中华书局，北京：1985.
[7] 罗大经，鹤林玉露，宋元笔记小说大观，[M]，上海古籍出版社，上海，2001.
[8] 张载，张载集，[M]，中华书局，北京：1978.
[9] 陈汝衡，说书史话，[M]，人民文学出版社，北京：1987.
[10] 胡士莹，话本小说概论，[M]，中华书局，北京：1980.
[11] 程毅中，宋元小说研究，[M]，江苏古籍出版社，杭州：1998.
[12] 萧相恺，宋元小说史，[M]，浙江古籍出版社，杭州：1997.
[13] 谭正璧，话本与古剧，[M]，上海古典文学出版社，上海：1956.
[14] 陈桂声，话本叙录，[M]，珠海出版社，珠海：2001.

[15] 漆侠，中国经济通史·宋代经济卷，[M]，经济日报出版社，北京：1999.
[17] 徐吉军，宋都城临安，杭州出版社，[M]，杭州：2008.
[18] 余江宁，论宋代京城的娱乐生活与城市消费，[J]，安徽教育学学报，2004(2).

副词“都”的会话含义分析

——兼论新格莱斯原则在汉语作为第二语言教学中的运用

卫　斓

提　要　格莱斯提出“会话含义理论”，发展了一种新的推理形式：语用推理。Levinson 等人的新格莱斯原则进一步发展了这种语用推理，使之可以处理日常话语中‘正常’意义的一般理解。本文利用新格莱斯原则，特别是其中的数量原则分析汉语中的副词“都”所含有的会话含义，并探讨新格莱斯原则在对外汉语教学中的运用。

关键词　会话含义　量原则　信息原则　方式原则　副词“都”

一、前言

格莱斯在 20 世纪 60 年代提出“会话含义理论”完成了从意义(meaning)到含义(implicature)的过渡，发展了一种新的推理形式：语用推理。但“会话含义理论”还有很多不完善的地方，“合作原则”是争论的焦点。对此，学者们有三种看法：一种观点认为合作原则不具有普遍性，缺乏解释力；第二种观点是以卡舍(Kasher)“理性原则”和 Sperber 和 Wilson 的关联原则为代表，认为合作原则不能充当制约交际行为的原则，要另立新原则。第三种观点认为合作原则在普遍性、应用性和解释的充分性方面有局限，应该对“合作原则”进行修正并加以发展。这一派的代表人物有 Horn、Gazdar、Atlas 和 Levinson。其中 Horn 提出了 Q/R 两原则，Levinson 在概括前面这些学者的研究成果的基础上分别于 1987 年和 1991 年提出他的会话含义“三原则”，并在 1991 年的文章中正式将他的三原则称为新格莱斯会话含义理论(Neo-Gricean theory of conversational implicature)，从而使格莱斯的“古典格莱斯会话含义理论”发展为“新格莱斯会话含义理论”。本文主要介绍 Levinson 的“新格莱斯会话含义”理论并运用该理论来分析现代汉语中的副词

“都”的会话含义。

二、Horn 的二原则和 Levinson 的三原则

Horn 在齐波夫(Zipf)“省力原则(the principle of least effort)”的基础上，把 Grice 准则减少为两条—Q 原则和 R 原则。其中 Q 原则是基于听话人的，指的是：

1)你的话语要充分(make your contribution sufficient)；

2)说得尽可能多(Say as much as you can)(given R)(在符合 R 原则的前提下)

也就是说，说话人要提供充足的信息，最大信息，听话人可以因此推断其意义不能超越上限意义。

R 原则是基于说话人的，指的是：

1)你的话语应是必要的(Make your contribution necessary)

2)只说必须说的(在符合 Q 原则的前提下)(say no more than you must [given Q])

此时，说话人只提供了最小信息，听话人可以推断他所提供的意义不够充分，要超越上限意义才行。

Levinson 在荷恩等人研究的基础上进一步完善，明确提出 Levinson 三原则：即数量原则、信息量原则、方式原则。如同 Horn 的二原则，这三个原则中每个原则都区分了说话人和听话人，提出说话人准则以及听话人由此得出的推论。

1)Q-原则(量原则)

说话人准则：在你的知识范围允许的情况下，不要说信息量不足的话，除非提供足量的信息违反信息原则。

听话人推论：相信说话人提供的已是他所知道的最强的信息，因此

(i)如果说话人说 A(W)，而<S，W>形成荷恩等级关系，以致 A(S)⊢A(W)，则可推导出 K～(A(S))，即说话人知道较强的陈述是不能成立的；

(ii)如果说话人说 A(W)，而 A(W)并不蕴涵内嵌句，但 Q 却为一个较强的陈述 A(S)所蕴涵，且{S，W}是一个对比集，则可推导出～K(Q)，即说话人不清楚 Q 是否可以成立。

因此可以简化为：

Q-原则：

说话人：不说比要求的信息少的话。(Do not say less than is required)

听话人：没说的就是不成立的。(What is not said is not the case.)(huang 2001)

荷恩在提出 Q 原则时，提出了著名的"荷恩等级(Horn-scale)"，Levinson 在他的基础上发展了荷恩等级，并下了一个比较清晰的定义。Levinson 把荷恩所说的数量等级(quantitative scale)称为"语言等级"，定义如下："一个语言等级包括同一语法范畴的一组可替换词语或对立成分，并按信息量程度或与语义强度排列。这种等级将采用下列由语言表达式或等级谓词，e_1，e_2，e_3，…e_n，组成的有序集合的形式：$<e_1, e_2, e_3, \cdots, e_n>$。如果我们把 e_1，e_2 等带入句子框架 A 中，我们就可以得到一些合格的句子 $A(e_1)$，$A(e_2)$ 等，其中 $A(e_1)$ 蕴含(entail)$A(e_2)$，以此类推。即有这样的一个等级，说话人说一个较低或较弱的句子，就可以推出在这个等级中较高或较强的是不成立的。因此我们可以从等级谓词中得到一条等级含义(Scalar implicature)的规则：在 $<e_1, e_2, e_3, \cdots, e_n>$ 等级中，如果说话人说 $A(e_2)$，那么可以推出 $\sim A(e_1)$，如果他说 $A(e_3)$，就可以推出 $\sim A(e_2)$ 或者 $\sim A(e_1)$，以此类推。"

他还认为能够构成荷恩等级的必须是有词汇形式的，有同样的词类、语体等，而且应该有相同的语义关系或同样的语域。

语言等级的一个特点就是它是通过推断没有说的而得出一个会话含义。第二个特点是我们可以从 $A(e_2)$ 中推出说话人知道不是 $A(e_1)$($K\sim A(e_1)$)，而不是 $\sim A(e_1)$。因此传递的信息是说话人对 $\sim A(e_1)$ 的认识(speaker's commitment to his knowing that $\sim A(e_1)$。)因此，我们可以很清楚地看到会话含义的语用特征一是参与者的知识状态(participants' knowledge states)

2)I-原则(信息原则)

说话人准则：最小化准则(the maxim of minimization)

("说得尽可能少")，即只提供最少语言信息，只要能达到交际目的就够了(注意到量原则)

听话人推论：充实规则(the rule of enrichment)

该原则可以简化为：

说话人：不说比要求的多的话(注意 Q 原则)

听话人：说话人所说的是常规的具体的意义。(句子实际传递的信息比字面表达的要充分)

也就是说，I 原则包括两方面：说话人的表达倾向于最小化，而听话人的理解力求把话语信息最大化。

3)M 原则(方式原则)

说话人准则：用有标记的表达式来指示一个不正常的，非常规的情况，这跟用一个相对应的正常地、常规性的情况形成对比。

听话人推论：说话人用一种非正常的手段所说的指示一种非正常的情况，或者用有标记的信息指示有标记的情况。

简化后的 M 原则是：

说话人：不要无端使用一个有标记的表达式。

听话人：如果说话人选用了有标记的表达式 M，他的意思跟用无标记的表达式 U 的意思是不一样的——即他在避免 U 的定型联想和信息量含义。

前者是一个一般的含义，后者则表示了一个不同于前者的含义。

可以说新格莱斯会话含义理论不只是关心“非常”的言外之意，而且“可以处理日常话语中‘正常’意义的一般理解”(徐盛桓)，使语用学在研究日常语言运用的一般规律方面有更重的任务。

三、现代汉语中的副词“都”的会话含义分析

根据上述对新格莱斯原则的介绍，我们可以利用新格莱斯原则，尤其是其中的数量原则来分析汉语中的会话含义。本文以“都”出现的语句来分析带有“都”的语句的会话含义，并通过这种分析来探讨新格莱斯原则在汉语作为第二语言教学中的应用。

对于“都”，学者们有不同的看法，本文旨在分析“都”所带来的会话含义，因此不讨论“都”的意义到底是一个还是三个，在此我们采取以下说法：副词“都”在现代汉语中的意义及用法有三个，“$都_1$”、“$都_2$”、“$都_3$”。其中“$都_1$”表示总括全部，“$都_2$”是甚至的意思，如“这个字小孩子都认识。”，“$都_3$”有“已经”的含义，如“都大学生了”“都大学毕业了”。

表示总括意义的“都”的含义比较清楚，本文不作重点讨论。表示“甚至”义和“已经”义的“都”所构成的格式主要有以下几个：

(1)A 都 X，(B…)

(2)A 都不 X，(B…)

(3)V. 都不 V.

(4)比 A 都 X。

(5)都 NP 了，(…)

(6)都(要/快)VP 了(…)。

其中，(1)、(2)、(3)可以归为一类，是一种极性表达。(4)、(5)、(6)归为一类。

(一)表示极性表达的几个格式会话含义的分析

(1)A 都 X，B…

例如：这个字小孩子都认识(何况是我/你还不认识?)。

说话人在说这句话时，是有一个比较等级的。即使后半句说话人不说出来，听话人听到“这个字小孩子都认识”的时候，他也会去寻找这样的一个等级：＜小孩子，X＞，因此小孩子认识可以蕴含 X 认识。听话人也可以根据常理推断 X 指的是一般的人。那么听话人就可以根据上下文语境来推断说话人的含义：即“我们不是小孩子了，这个字当然应该认识。”但是反过来，为什么听话人不会认定这个等级是＜X，小孩子＞呢？因为按照常理，小孩子应该处于等级序列的后面，但是在有“都”的句子中，说话人所说出的应该是一个最不可能的情况，也就是说，X 是大家认为应该认识这个字的人，是共识，而小孩子认识这个字所含有的语义强度要高于 X 认识，因此这个等级序列应该是＜小孩子，X＞。

再如：“小狗都知道报恩。”说话人在说出“小狗都知道报恩”时，听话人可以根据常理推知他所要对比的是“小狗知道报恩”和“X 知道报恩”。因此＜小狗知道报恩，X 知道报恩＞，前者蕴含后者，由此可以得知小狗知道报恩，那么 X 自然应该知道报恩。根据常理，听话人可以推断 X 指的是人。因为人可以跟小狗形成一个对比。

在这一类中还有一部分表示夸张的句子，如“腿都跑细了”“肺都气炸了”等，我们很难找出一个对比项。但是根据常理，我们依然可以判断，“腿跑细/肺气炸了”这样的事情是不太可能发生的，它在数量等级序列中一定居于前项，因此可以蕴涵着其他可能的对比项，从而可以推导出说话人的含义：很累/很生气等等。

(2)A 都不 X，(B…)

例如：他中学都没毕业(别说大学了)。

＜大学，中学，小学＞形成一个等级序列，如果一个人说“他中学毕业了”，根据数量等级，＜S，W＞，A(W) 推知～A(S)，则可以推知他可能没上大学，也可能大学还没毕业。但是在否定句中，“‘否定’可使语用量级倒置”(郭锐，2006)，因此上述等级序列需要倒置成为＜小学没毕业，中学没毕业，大学没毕业＞，说话人说“他中学都没毕业”就蕴涵着“他大学没毕业。”

再如：他们招呼都没打就走了。

＜X，打招呼＞形成一个数量等级，“打招呼”是人与人交往过程中最起码的礼节，它处于等级序列的末位。其他一系列事件应该排在前列。反之，其否定形式的等级倒置，即＜没打招呼，没 X＞，因此没打招呼蕴涵着没 X。这样听话人就可以推断“他们”什么也没做就走了。

(3)V. 都不 V.

例如：我给他的书，他看都不看。

＜X，看＞形成一个数量等级，在这句话中，“看”是一个最起码的行为，那么否定之后，否定“看”则否定了 X，诸如“研究、考虑、思考”等。由此就可以得出这句话的含义为“我给他的书，他没有看，更不要说研究…了，他不感兴趣。”

综上所述，现代汉语句子中使用“都”表示“甚至”义时，会产生一些会话含义，这些含义的产生与数量等级有关。我们在理解这样的句子时，实际上要运用数量等级之间的蕴涵关系来理解。也就是说，说话人在使用“都”的时候，往往通过两个对比项的对比来表达自己的意思。他往往把语义强度强的放在数量等级的前列，而另一个对比项较弱，在等级序列中居后。那么听话人理解的时候，就需要找出这两个对比项，从而通过蕴涵关系得出说话人的真正含义。

在表示总括的范围副词“都”的运用当中，这种蕴涵关系同样存在。例如：大家都走了。＜大家，个人＞“大家都走了”就蕴涵着“每个人都走了”。同样，“谁都不在。”中的“谁”是个周遍性主语，同样蕴涵着每个人都不在。在“一个人都没有”这样的句子中，虽然一个人是一个最小的量，一般在数量等级中应该居于最后，但是由于这个格式只能使用否定，因此根据前面所说的否定时，每一项在数量等级中的地位要发生倒置，这个等级就变成了＜没有一个人，没有两个人，……没有很多人＞，同样“没有一个人”就蕴涵着没有很多人，即没有人。由此可见，范围副词“都”也同样可以通过蕴涵关系找到对比项，得出说话人的含义。由此可以说表示总括和“甚至”义的“都”是依靠对比项之间的蕴涵关系来进行推理从而得出正确的含义的。

(二)其他格式中的“都”所带有的会话含义分析

除此之外，“都”还可以出现在以下这些格式中，但是不同的是如果省去“都”，句子依然成立，如：

a. 这孩子比大人都懂事。	b. 这孩子比大人懂事。
都大学生了，……	大学生了，……

都退休了，还这么忙？　　　　　　退休了，还这么忙？

脸上都有皱纹了。　　　　　　　　脸上有皱纹了。

但是a组句子的含义与b组句子不完全一样，因此这里的“都”我们认为是一个标记，因此根据Levinson的三原则，如果一个句子中有标记，那么要运用方式原则进行推理，即说话人采用有标记的形式，必然有不同于无标记的b组表达式的含义。

(1)比A都X。

现代汉语中有很多这样格式的句子，例如：

他比姚明都高。

他的腿比我的胳膊都细。

做个好老婆比作CEO都难。

如果不用“都”，“比AX”只是简单地陈述了一个事实，使用“都”以后，“比A都X”就需要有一个预设，即A是大家公认的一个标准。例如姚明很高是大家公认的，那么用“B比A都……”时，则是把B跟这个公认的标准相比较，从而显出说话人的主观态度，即“他比姚明高”是个跟常人的共识不一致的事实，这一点是难以置信的。再如“他的腿比我的胳膊都细”。对比“他的腿比我的胳膊细。”，后者只是一个简单的比较，而用了“都”以后，则突出了这个与一般常识所不一致的方面，从而隐含了“他太瘦。”这样的含义。又如：“做个好老婆比作CEO都难。”，其中的预设是做CEO是很难的。如果只说“做个好老婆比做CEO难。”，只是一个简单的比较。但是说话人用了“都”，就显示出说话人的态度，即说话人认为做好老婆比做CEO难是出人意料的，是大家所想不到的。

(2)都NP/VP了，(…)

这个格式有两种含义，第一个含义一般是“都NP/VP了，……还觉得(较早的时间)。”例如：

a. 都大学生了，我还觉得他是个小孩儿呢

b. ？大学生了，我还觉得他是个小孩儿呢。

其中b句没有“都”，除非在口语中，有特定的语气，否则这个句子会显得有些别扭。而a句“我还觉得他是个小孩呢。”中，＜大学生，中学生，小学生/小孩儿＞构成一个数量等级，说话人的印象中的“他”是个小孩儿，听话人就可以衍推说话人认为“他”还是个孩子，没长大，而是实际上“他”已经长大了，已经上大学了。因此用了“都”可以显示出事实与说话人的印象的不一致之处，从而可以推知说话人对时间过得很快的一种惊讶的感觉。

再如：都快放假了，我觉得刚开学。

同样，没有“都”的句子比较别扭，而a句中的“放假”和“开学”处于同一个事件的时间轴的两端，通过这两个时间的对比可以推知出说话人对时间过得快的一种感受。

这个格式的另一个含义通常出现在以下几种情况下：

a_1．都大学生了，生活应该能自理了。　　b_1．大学生了，生活应该能自理了。

a_2．退休了，还这么忙？　　b_2．退休了，还这么忙？

a_3．（年纪轻轻的，）脸上都有皱纹了。　　b_3．脸上有皱纹了。

前者和后者仅差一个“都”，b句是一个客观的评论，而a句加了“都”，则意味着说话人想表达不同的含义。“都”可以引导听话人去推导说话人的真正含义。其中，b_1只是一个客观事实，即大学生应该有生活自理能力。a_1则可推知对方是大学生了，可是生活不能自理，这是与人们一般的想法是不相符的，说话人想表达自己的不满或者劝告。b_2是一个疑问句，是一个一般的疑问，这样的疑问是针对人们的共识“一个人退休了就应该很轻松，不再忙了。”而提出的，a_2则不同，它不仅仅是一个疑问，而且说明说话人认为对方“退休”后所做的事情这个事实与一般人的共识是相反的，并通过这种不一致来表达自己的一种不满情绪。（见表）

工作时	退休了
很忙	很轻松，不忙了
事实：这个人退休了，但是还很忙	含义：说话人对此不满

在第三个句子中，存在一个等级＜年长者，年轻人＞，一般来说，年长者脸上会出现皱纹，如果说某个人是个年轻人，则可以衍推他不老，脸上不应该有皱纹。反之，如果脸上有皱纹了，就与其年龄不相符，换言之，意味着他显老了。

年长者	年轻人	
有皱纹	没有皱纹 有皱纹	含义：显老了

由此可见，说话人在上述两个格式中使用“都”可以凸显说话人所说的和一般人的共识之间的不一致，从而表达出说话人不同的主观态度。

（三）小结

综上所述，副词“都”在表示总括以及用来表示“甚至”义时，往往显示出一种蕴含关系，听话人可以通过蕴含关系找出与说话人所说情况形成对比的事物，从而推知说话人的真正含义。“都”在另一类格式(即表示“已经”含义时)中，“都”是一个标记，标志着说话人想表达一个特别的含义，这时，说话人往往通过说明一个与常理或人们的共识不相符的事实来表达自己的一种主观感受。

另外，在使用“都”进行极性表达时，后半句说话人往往可以省略不说，即使如此，我们依然可以运用信息原则，根据常规关系推导出说话人省略掉的另一个对比项。

四、副词“都”的会话含义分析在汉语作为第二语言教学中的应用

通过上述分析，我们已经了解了“都”所带有的含义，这可以帮助汉语作为第二语言的学习者正确理解“都”所带有的含义，同时，也可以指导我们的教学。上述分析是对“都”的含义的分析。在教学中，则可以把这个分析过程倒过来，从而使学习者了解到“都”所带有的含义的产生过程，指导他们说出正确的句子。

如上所述，表示强调的“都”可以通过蕴涵关系来找到对比项，那么我们同样可以据此将推理过程倒过来，引导学习者理解、运用“都”来表示强调，例如回答“这个字你认识吗?”学习者想表达“这个字很简单”这个意义，首先确定他想表达的是“我认识。”然后就可以利用数量等级，找到一个语义强度比“我”强的词语，例如“小孩子”，然后用“都”就可以表达为“这个字小孩子都认识，(我当然认识了。)”通过这样的办法，可以让学习者在一定的语境中通过寻找一个语义强度大(即＜S，W＞中的S)的表达式的方式来掌握“都”表示强调的用法，进而能掌握相关的“连……都……”、“甚至”等句式和词语。

同样，在学习“一……也不/没……”这个句式时，学习者常常会用其他的数字来代替“一”，如果用数量等级的方式让他们理解这里的“一……也不/没”实际上表示的是一个最大的量，那么这个问题也就解决了。

由此看来，新格莱斯原则不仅可以处理一般会话含义的理解，还可以帮助解决汉语作为第二语言学习者在学习过程中遇到的一些难点问题。

参考文献

[1] 郭春贵．时间副词“已经”和“都”的异同[J]．世界汉语教学，1997(2)：35－41.

[2] 郭锐．衍推与否定[J]．世界汉语教学，2006(2)：5－19.

[3] 黄衍．Neo-Gricean Pragmatic Theory：looking back at the past；looking ahead to the future[J]．外国语 2004(1)：2－25.

[4] 姜望琪．当代语用学[M]．北京：北京大学出版社，2006：128－136．

[5] 蒋静．"都"总括全量手段的演变及其分类[J]．汉语学习，2003(8)：72－76．

[6] 刘振，刘倩．"都"的句法和语义特征[J]．沈阳师范大学学报(社会科学版)，2006(2)：109－112．

[7] 沈家煊．语言的"主观性"和"主观化"[J]．外语教学与研究，2001(4)：268－275．

[8] 史锡尧．副词"都"语义语用综合考察[J]．汉语学习，1990(4)：6－10．

[9] 徐盛恒．新格赖斯会话含义理论和语用推理[A]．束定芳．中国语用学研究论文精选[C]．上海：上海外语教育出版社，2001：177－193．

[10] 索振羽．语用学教程[M]．北京：北京大学出版社，2000：153－180．

[11] 项成东．等级含义的语用研究综述[J]．当代语言学，2006(4)：334－380．

[12] 徐以中，杨亦鸣．副词"都"主观性、客观性及语用歧义[J]．语言研究，2005(3)：24－29．

[13] Levinson，S. C. *Pragmatics*[M]．北京：外语教学与研究出版社，2001 年．